# ヒューム　因果と自然

Hume on Causation

Hume on Causation

萬屋博喜
Hiroyuki Yorozuya

keiso shobo

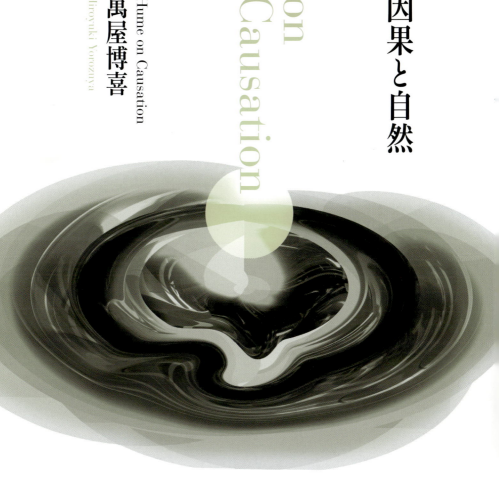

# 序

因果関係は、私たちの生活のいたるところに張り巡らされている。[1] たとえば、なぜ商品の売り上げが伸びたのかを調査したり、新しい教育プログラムの効果がどうなるかを検証したりするとき、私たちは、何が何によって引き起こされているのかを明らかにしようと試みるだろう。また、私たちは自分の経験していないことについても、どういう結果が起こるのかを事前に予測できる。たとえば、前方の車と自分の車の距離が十分に確保されていないとき、「相手が急ブレーキをかけたら、追突事故が起こるかもしれない」と予測して十分な車間距離をとることで、追突事故を未然に防ぐことができるだろう。

このように、私たちは日常生活のさまざまな場面で、因果関係の網の目を読み取って生活を営んでいる。野家啓一の指摘するように、「とりわけ、われわれが因果関係を意識し、原因を探し求めずにいられないのは、何らかの不具合や不都合な結果が生じ、日常生活に支障をきたすような場合である」(野家 2008, 54)。たとえば、コンロの火が突然つかなくなってしまったら、コンロが故障した原因が何なのかを探るだろう。より深刻な場合で言うならば、大規模なトンネルの崩落事故が発生した場合に、工学的観点から安全性の向上を目的とした原因調査が実施されたり、法学的観点から当事者の刑事責任が追及されたりすることになるだろう。このように、日常生活だけではなく科学的探究においても、因果関係は私たちにとって中心的な位置を占めているのである。

　以上のように私たちが重要だと考えているはずの因果関係について、するどい懐疑の目を向けた哲学者がいる。十八世紀のスコットランドを生きたデイヴィッド・ヒュームである。一般に知られているヒュームの見解を要約すれば、次のようになるだろう。ヒュームによれば、ある事象が別の事象を引き起こすとき、私たちは事象の間に因果関係そのものを観察することができない。私たちが観察できるのは、ただ一方の事象がそれに引き続いて起こる他方の事象にいつも伴ってきたということ、すなわち、事象の間の恒常的連接（constant conjunction）だけである。たとえば、私たちは地震の発生と家屋の倒壊という事象をそれぞれ観察できる。だが、地震の発生が家屋の倒壊を「もたらす」あるいは「引き起こす」という関係そのものを、どうやっても観察することはできない。けれども、一方の事象が他方の事象に引き続いて起こるのを観察すると、私たちの心のなかに一つの変化が生じる。それは、一方の事象を観察すれば他方の事象を思わず考えてしまうという、習慣（custom）が心の中に形成されるという変化である。こうした心の習慣によって、私たちは事象の間に因果関係があると思い込んでしまう。このようにして、何かが何かを引き起こすということは、事象の間の恒常的連接と心の習慣によって説明されることになる。

　以上の議論は、私たちの日常的な感覚からすると奇妙なものに思われるだろう。というのも、もしヒュームの言い分が正しければ、私たちは雄鶏の鳴き声が夜明け前に聞こえるのを繰り返し経験すると、雄鶏の鳴き声を夜明けの原因としてみなさざるをえなくなると思われるからである。こうした主張は単に奇妙なものであるだけでなく、因果関係を基軸とする科学的探究を否定する法外なものとしても評価されてきた。スコットランド常識学派の一人として知られるジェームズ・ビーティは、「ヒューム氏は、彼の先駆者よりも巧妙かつ大胆であり、よりいっそう常識の破壊へと向かったのである。そして、その代わりとして、きわめておぞましい構造の学説を建てた。もしも仮にその材料がもろくなれば、すべての信念、美徳、学をその基礎から覆すのに十分な道具が容易に組み立てられうることだろう」(Beattie 1770, 248) という評価を下している。

しかし、ヒュームの因果論に対する以上のような評価は妥当だと言えるのだろうか。私たちは因果関係に関する哲学的議論について、ヒュームを破壊者としてみなすのが適切なのだろうか。

**本書の目的**

以上の問題意識をふまえ、本書では、ヒュームの因果論に対して評価を下す前に、あらかじめ取り除いておくべき誤解や偏見を明らかにした上で、因果関係に関するヒューム自身の議論が正確にはどのようなものかを、綿密なテクスト読解を通じて明らかにすることを目指す。この目的を達成するために、まずはヒュームの因果論に関する一般的な理解がどのようなものかを確認しておけば、以下のようになるだろう。

($T_1$) 帰納推論は、事象の原因の推定や結果の予測を目的として用いられる。しかしながら、帰納推論はいかなる仕方でも正当化することができない。よって、帰納推論は不合理である。

($T_2$) 原因や結果に関する蓋然的信念は、主観的な信念の度合いによって理解することができる。こうした信念の度合いは確率によって表現されず、むしろ勢いや生気といった心的状態によって表現される。

($T_3$) 因果的性質や因果的事実は、世界の側には実在していない。世界の側に実在するのは、個別の事象とそれらの間の規則性だけである。また、私たちの因果判断は、実際には実在していない因果的性質や因果的事実についての誤った認知にもとづいている。

($T_4$) 原因と結果の間の必然性は、世界の側には実在していない。また、因果的必然性に関する判断は、世界の側の必然的性質や必然的事実の認知を前提する。こうした性質や事実が実在しなければ、その判断は誤った認知にもとづいており、判断としては常に偽になる。したがって、因果的必然性に関する判断は常に偽になる。

（$T_5$）自然法則は、世界の側には実在していない。世界の側に実在しているのは、個別の事象とそれらの間の規則性だけである。私たちは、規則性と法則性を混同している。

（$T_6$）帰納推論や因果判断は、理性的な根拠を欠いているため、私たちの日常生活や科学的探究の基礎にはならない。

以上のテーゼは、因果論の個別のトピックに関するヒュームの主張として、一定の支持を集めてきた解釈である。これらのテーゼがテクスト解釈として正しければ、ヒュームは因果関係についての私たちの常識を揺るがす法外な懐疑論者としてみなされたとしても仕方がないだろう。しかしながら、私は（$T_1$）から（$T_6$）までのすべてのテーゼが誤解や偏見にもとづいており、ヒューム自身の主張ではないと考える。

では、ヒュームは因果関係についてどのような見解を提示したのだろうか。私の理解では、因果関係の考察におけるヒュームの基本的な姿勢は、次のようなものである。すなわち、因果関係そのものに直接アプローチするのではなく、因果関係を理解するという私たちの実践の観点から、因果関係の本性を解明しようとする姿勢である。こうした姿勢のもとで、ヒュームは因果論において次の三つの考察を展開している(2)。

①意味論的考察：私たちが「原因」や「結果」といった因果関係にかかわる言語表現で何を意味しているのかを明らかにする考察。

②心理学的考察：私たちの帰納推論や因果判断がどのようにして生じるのかを明らかにする考察。

③認識論的考察：私たちの帰納推論や因果判断がどのようにして正当化されるのかを明らかにする考察。

これらの考察は、それぞれ異なる問題関心に沿ってなされる。まず、意味論的考察にとっては、因果的な発話や判断に含まれる言語表現の意味とは何か、という問題関心が中心になっている。たとえば、「トンネル崩落事故の原因を調査してほしい」と職場の上司から命じられたときに、その上司はいったいどのような意味で「原因」という言葉を用いているのだろうか、ということが問われるだろう。

次に、心理学的考察にとっては、因果推論によって事象の原因や結果を推定したり、事象の原因や結果について判断したりするときに、それらがどのような心的プロセスによって生じるのか、という問題が重要となる。たとえば、トンネル崩落事故が起きた原因について、ああでもないこうでもないと考えているときに、その人の心的状態はどうなっているのか、どういう心的プロセスで推論がなされるのか、といったことが問われる。

そして、認識論的考察にとっては、なぜ私たちは事象の原因や結果について推論したり信じたりしてよいのか、という問題が焦点となる。たとえば、「トンネル崩落事故の原因は設計ミスである」という判断を下したときに、そうした判断を正しいとみなしてよいのかどうか、ということが問われるだろう。

以上の三種類の考察は、ヒューム自身が自らの論の中で明確に区別しているわけではない。むしろ、それぞれの考察が複雑に交差しながら展開されている、というのが実情である。こうした事情のために、私たちは個別のトピックに関してヒュームが何を論じているのかをある程度明確に理解できるのに対して、結局のところ全体として何が言われているのかはわからない、という印象を受けがちなのである。

以上のことをふまえ、本書では、①〜③の考察がそれぞれ議論においてどういう役割を担っているのかを整理しつつ、因果関係についてのヒュームの議論を包括的な観点から解釈したい。ここで、あらかじめ本書の解釈を提示しておこう。

($H_1$)帰納推論は、理性的推論によって正当化できないにもかかわらず、正当なものとそうでないものを区別できる。

($H_2$)原因や結果に関する蓋然的信念は、主観的な信念の度合いによって理解することができる。こうした信念の度合いは確率によって表現される。

($H_3$)因果性は、本当は実在していないにもかかわらず、私たちの社会の中であたかも実在するかのようにふるまい、現実に実在するときと同様の機能を果たしている。そのため、因果性の実在を前提する発話や判断は、誤った認知にもとづくものと考える必要がない。

($H_4$)原因と結果の間の必然性は、本当は実在しないにもかかわらず、私たちによって実在するように語られ、受け入れられている。こうした必然性に関する発話や判断は、原因から結果（あるいは結果から原因）への推論の傾向性を表出する機能をもっており、何らかの性質や事実の認知を前提しないため、誤っているとはみなされない。

($H_5$)自然法則は、本当は実在していないにもかかわらず、私たちによって実在するように語られ、受け入れられている。こうした自然法則に関する発話や判断は、いくつかの制約条件によって、単なる規則性に関する判断から区別される。

($H_6$)帰納推論と因果判断は、理性的な根拠がなかったとしても、人間の自然本性に根差した感情のゆえに、日常生活や科学的探究の基礎となる。

本書の解釈によれば、以上の一連のテーゼは「意味」の概念を基軸として包括的に理解することによって、ある一つの構想へと収斂することになる。その構想とは、人間の自然本性に根差した、私たちの探究――狭義の科学的探究ではなく、道徳や政治や歴史を含めた広義の科学的探究――のための新たな論理（logic）の構築というものである。このことは、ヒュームが、当時の標準的な論理学の教科書だった『ポール・ロワイアル論理学』の提示する論理に変わる、新たな論理の構築を目指していたということを意味する（cf. Buckle 2001, 41）。それによれば、ヒュームは「論理学」を狭義の記号論理学としてではなく、『ポール・ロワイアル論理学』から継承した「思考の技術（art of thinking）」として理解したのである。こうしたモチーフのもとで、ヒュームは従来の論理学の限界を示しつつ、人間の自然本性に根差した新たな探究の論理の構築と展開を目指したのだと言える(3)。

したがって、本書の解釈によれば、ヒュームの因果論は全体として「論理学」研究の一環として理解されることになる。「論理学」研究の一環としてのヒュームの因果論がいかなる構造をもち、いかなる目的と根拠のもとで展開されたものかということが、本書の議論によって明らかになるだろう。このことは、ヒューム哲学における因果と自然のかかわりの一端を描き出すことにも繋がると考えられる。

## 先行研究と本書の位置づけ

さて、本書の解釈を詳細に展開する前に、ヒュームの因果論に関する先行研究と、本書の位置づけについて述べておくことにしよう。先行研究に見られる大きな傾向について言えば、ヒュームの議論における意味論的・心理学的・認識論的考察をそれぞれ別個のものとして扱い、それらのうちのいずれかだけを重視することによって、ヒュームの因果論の本質を特徴づけがちだったという点を指摘することができる。

まず、意味論的考察を重視する論者は、ヒュームの立場を実証主義（positivism）として解釈する傾向にあったと言える。ジョナサン・ベネットによれば、ヒュームは感覚経験によって検証可能なことだけを有意味な言明の対象とみなした上で、そうした経験にもとづかない言明を無意味なものとみなしている（Bennett 1971）。たとえば、「モアイ像はイースター島にある」という言明は観察によって真であるかどうかを確かめることができるのに対して、「ブレーキの作動と車の停止の間に必然的なつながりがある」という言明は観察によって真であるかどうかを確かめられない無意味な言明だということになる。

次に、心理学的考察を重視する論者は、ヒュームの立場を連合主義（associationism）として解釈する傾向にあったと言える。ドン・ギャレットは、心理学者としてのヒューム哲学の意義を高く評価して、認知や情動に関する心理学的研究の先駆者の一人としてヒュームを解釈しようとしている（Garrett 1997）。最近では、想像力や信念についての認知心理学的研究、あるいは共感や道徳感情についての社会心理学的研究の先駆けとして、ヒュームの心理学的考察が再評価されつつある（Prinz 2016）。

そして、認識論的考察を重視する論者は、ノーマン・ケンプ・スミスの先駆的論文である「ヒュームの自然主義」（Kemp Smith 1905）が発表されたことによって、ヒュームの立場を自然主義（naturalism）として解釈する傾向にあったと言える。この解釈は、私たちが理性によって信念を正当化できないにもかかわらず、自然本性によって信念をいだかざるをえないというヒュームの議論に光を当てたものである。バリー・ストラウドによれば、ヒューム哲学は、知識や行為といった人間の営為を一種の自然現象として理解しようとしているという点で、哲学と自然科学の連続性を強調する自然主義の態度を打ち出していることに最も重要な特徴があると言える（Stroud 1977）。

こうした先行研究の動向は、現代哲学においてヒューム主義（Humeanism）と呼ばれる見解の形成に大きく貢献してきたと評価できるだろう。特に、ヒュームの因果論を単なる過去の遺物とみなすのではなく、現代における形而上学、心の哲学、認識論の発展に寄与するものとみなすことは、私たちがヒュームを生きた古典として読むときにいつも念頭に置かれるべき姿勢である。たとえば、現代形而上学者のデイヴィッド・ルイスは、ヒュームの『人間知性研究』で提示される「原因の定義」を手がかりとして、反事実的条件法による因果関係の概念分析を試みている（Lewis 1973）。ルイスのねらいはヒュームのテクストを解釈することではなく、ヒューム主義の観点から因果関係に関して哲学的な論証を展開することにあるため、テクストの解釈の観点からルイスの議論を評価するのは筋違いである。しかし同時に、ルイスの議論に影響を受けた研究者が、論証の定式化や過度の単純化を優先するがあまり、ヒューム自身の議論を形骸化してしまう傾向にあった。このことがヒュームの因果論に潜む豊穣な思索の広がりを歪め、すでに述べたようなありふれた誤解や偏見に影響を与えてきたと考えられる。

以上の現状認識をふまえ、本書では、多くの先行研究に見られる典型的な誤解や偏見をときつつ、包括的な観点からヒュームの議論を再構成することで、ヒュームの因果論を適切に評価するための土台を築くことを試みる。ただし、本書では以下のことを試みないという点に注意してほしい。まず、ヒュームの議論に依拠して、因果関係に関する独自の哲学的立場を提案するということ。また、ヒュームが活躍していた当時の論争状況において、彼の議論を思想史的観点から適切に位置づけること。これらの主題は言うまでもなく重要であるが、本書で論じることのできる範囲を大幅に超えている。そのため、本書ではヒューム因果論の擁護と展開、ならびにその哲学史的・思想史的意義というきわめて大きな課題には立ち入らず、あくまでもテクストの整合的な解釈を目指したい。

## 本書の構成

以下、本書の構成を示しておく。まず、第一章「合理性と帰納推論」では、帰納推論に関するヒュームの議論がどのようなものかを論じる。伝統的に、ヒュームは「私たちの帰納推論が正当化できるのかどうか」という帰納の問題（the problem of induction）を提出したと解釈されてきた。しかし、実際にはヒュームは帰納の問題を提出していないという論点を確認する。その上で、ヒュームは帰納の問題とは異なる仕方で、正当な帰納推論と正当でない帰納推論がいかにして区別されねばならないかという問題に取り組んでいることを明らかにする。そして、こうした問題に対し、ヒュームが人間の自然本性に訴える自然主義の観点から解決を試みていることを示す。

次に、第二章「蓋然性と帰納推論」では、蓋然性に関するヒュームの議論がどのようなものかを論じる。従来の解釈では、ヒュームは蓋然性を確率とは無縁なものとみなしていると理解されてきた。しかし、ヒュームが蓋然性を確率によって解釈していたと理解できるということ、さらには、蓋然的信念の確証に関してベイズ主義（Bayesianism）と呼ばれる立場をとっていたということを確認する。これらのことを確認したのち、ヒュームの蓋然性理論をベイズ主義の観点から解釈する上では、主観的ベイズ主義と客観的ベイズ主義という二つの道があることを見る。そして、主観的ベイズ主義解釈の問題点を指摘したのち、客観的ベイズ主義解釈の方に分があることを示す。

第三章「因果性と意味理解」では、「原因」や「結果」といった言葉の意味に関するヒュームの議論がどのようなものかを論じる。従来の研究では、ヒュームが『人間本性論』と『人間知性研究』で提示した「原因の二つの定義」をめぐる解釈論争が展開されてきた。しかし、この論争は意味に関するヒュームの見解を十分に理解しないまま、彼の主張に対して不当な評価を下してきたと考えられる。そのためここでは、意味に関するヒュームの見解の再評価を軸として一九九〇年代以降に展開された、いわゆるニュー・ヒューム論争（The New Hume Debate）を検討することで、従来の解釈のメリットとデメリットを明確にすることを試みる。特に、ニュー・ヒューム論争では見落とされてきた意味に関するヒュームの見解をテクストから析出することで、ヒュームが意味の使用説（the use theory of meaning）の観点から「原因」や「結果」という言葉の意味を解明しようとしたことを示す。

第四章「必然性と精神の被決定性」では、必然性の思考に関するヒュームの議論がどのようなものかを論じる。ヒュームによれば、必然性の観念の起源は、一方の対象や出来事を思い浮かべれば他方の対象や出来事を思い浮かべてしまうという精神の被決定性（the determination of mind）にある。だが、精神の被決定性という心的状態がいかにして必然性の思考を生じさせるのかということが、先行研究では解明されないままだったと言える。こうした謎を解くために、ここでは『人間本性論』に登場する「精神の被決定性を感じる」という表現をいかに解釈すべきか、という問題に焦点を当てることにしたい。「精神の被決定性を感じる」という表現については、錯誤説解釈（error theoretic interpretation）と表出説解釈（expressivist interpretation）がそれぞれ対立した見解を示している。これら二つの解釈のうち、錯誤説解釈よりも表出説解釈の方に説得力があるということを示す。

第五章「法則性と偶然的規則性」では、自然法則に関するヒュームの議論がどのようなものかを論じる。伝統的に、自然法則に関するヒュームの見解は、法則性を単なる規則性にすぎないものとして理解する規則性説（regularity theory）として解釈されてきた。しかし先行研究によって、ヒュームは自然法則そのものを論じようとしたのではなく、自然法則に関する私たちの信念が成立する条件が何であるかを模索しようとしたのだという点が明らかにされている。これは、自然法則に関する認識説（epistemic theory）という考え方である。それによれば、ヒュームは自然法則に関する信念の成立条件として、帰納的支持の条件（the Condition of Inductive Support）と予測的確信の条件（the Condition of Predictive Confidence）を挙げている、というのである。けれども、以上の条件だけでは、自然法則と単なる規則性の境界があいまいになるという困難がある。この困難を克服するために、理想的観察者の条件（the Condition of Ideal Observer）がもう一つの成立条件だと論じる先行研究を批判的に検討する。こうした検討をふまえた上で、自然法則に関する信念についてヒュームが正確にはいかなる議論を展開したのか、また、そこに残されている課題があるとすれば、それはいかなるものであるのかを明らかにする。

第六章「確実性と懐疑論」では、ヒュームが因果論と懐疑論の関係をいかなるものとして考えているのかについて論じる。伝統的に、ヒュームは因果関係に関する徹底した懐疑論者として解釈されてきた。だが、実際には自然主義の立場から人間の自然本性に訴えることで、懐疑論の無力さを示そうとしていたのである。ここでは、ヒュームにおける懐疑論と自然主義の関係を明確にするため、彼が『人間本性論』において提示した「理性に関する懐疑論」と「探究に関する懐疑論」を取り上げ、それらに対するヒュームの態度がどのようなものであったのかを明らかにする。特に、ヒュームはこれら二つの懐疑論を独自の仕方で無効化することによって、理性の習慣的基盤と探究の感情的基盤をあらわにすることを目論んでいた、という解釈を示す。

以上のことから、ヒュームは、私たちが探究を行う際にしたがうべき「論理」の解明を自らの因果論で試みたと同時に、探究の出発点となる特殊な感情の「論理」の解明を自らの情念論で試みることへと向かった、ということが明らかになるだろう。

## テクストの扱いに関する方針

最後に、本書におけるヒュームのテクストの扱い方について、基本的な方針を示しておきたい。第一に、本書では『人間本性論』と『人間知性研究』を主なテクストとして扱う。これらのテクストに加えて、本書では必要に応じて『道徳原理研究』や『道徳・政治・文芸論集』に収められているエッセイも参照する。こうした方針をとる理由には、ヒュームの因果論が、彼の人の同一性論や外界存在論、そして道徳論や宗教論の基礎をなしているということ、そして、多数の著作やエッセイの中に因果論に関連する議論が散りばめられているということがある。以上の事情をふまえて、ヒューム因果論のエッセンスを取り出すためには、『人間本性論』と『人間知性研究』にテクストを限定せず、その他の著作も視野に入れた包括的な視点からテクストを読解する必要があると考えられる（ただし、本書では『宗教の自然史』（*The Natural History of Religion*, 1757）や『自然宗教に関する対話』（*Dialogues concerning Natural Religion*, 1779）といった宗教的著作、そして『イングランド史』（*The History of England*, 1754–1761）といった歴史的著作にまでは配慮することができなかった。これらの著作の検討は今後の課題としたい)。

第二に、本書では『人間本性論』と『人間知性研究』が内容的に連続しているのかどうかという論争に立ち入らない。むしろ本書では、ヒュームの因果論にかかわる範囲に限って、現代哲学やそれを背景にした解釈から距離を測りつつ、集中的にテクストを分析する手法をとることにしたい(この手法については、久米 2005 を参考にしている)。

ヒューム　因果と自然

目　次

序

郵便はがき

恐縮ですが切手をお貼りください

112-0005

東京都文京区水道二丁目一番一号

勁草書房

愛読者カード係行

(弊社へのご意見・ご要望などお知らせください)

・本カードをお送りいただいた方に「総合図書目録」をお送りいたします。
・HPを開いております。ご利用ください。http://www.keisoshobo.co.jp
・裏面の「書籍注文書」を弊社刊行図書のご注文にご利用ください。ご指定の書店様に至急お送り致します。書店様から入荷のご連絡を差し上げますので、連絡先(ご住所・お電話番号)を明記してください。
・代金引換えの宅配便でお届けする方法もございます。代金は現品と引換えにお支払いください。送料は全国一律100円(ただし書籍代金の合計額(税込)が1,000円以上で無料)になります。別途手数料が一回のご注文につき一律200円かかります(2013年7月改訂)。

# 愛読者カード

10267-9　C3010

本書名　ヒューム　因果と自然

お名前《ふりがな》　　　　（　　歳）

ご職業

ご住所　〒　　　　お電話（　　）　－

本書を何でお知りになりましたか
書店店頭（　　　　書店）／新聞広告（　　　　新聞）
目録、書評、チラシ、HP、その他（　　　　）

本書についてご意見・ご感想をお聞かせください。なお、一部を HP をはじめ広告媒体に掲載させていただくことがございます。ご了承ください。

◇書籍注文書◇

最寄りご指定書店

市　　町（区）

書店

| | | |
|---|---|---|
| （書名） | ¥ | （　　）部 |
| （書名） | ¥ | （　　）部 |
| （書名） | ¥ | （　　）部 |
| （書名） | ¥ | （　　）部 |

## 凡　例

1. 本書における引用中の傍点について、引用者による強調の場合は末尾にその旨を明記した。とくに断りのない場合は原文におけるイタリックを示している。また、引用中の〔　〕について、とくに断りのない場合は引用者による補足である。

2. ヒュームの著作からの引用・参照箇所は以下のように示す。

・『人間本性論』（*A Treatise of Human Nature*, first published 1739-40）については、Tと略記し、ノートン版の巻・部・節・段落・注の数字を記す（例：T 1.4.7.5）。なおノートン版とは、*A Treatise of Human Nature*, edited by D. F. Norton and M. J. Norton, Oxford: Oxford University Press, 2000 を指す。

・『人間本性論摘要』（*An Abstract of a Book lately Published; Entituled A Treatise of Human Nature, & c. Wherein the Chief Argument of that Book is farther Illustrated and Explained*, first published 1740）については、Aと略記し、再録されている *A Treatise of Human Nature* のノートン版の段落番号を記す（例：A 10）。

・『人間知性研究』（*An Enquiry concerning Human Understanding*, first published 1748 as *Philosophical Essays concerning Human Understanding*）と『道徳原理研究』（*An Enquiry concerning the Principles of Morals*, first published 1751）については、それぞれ EHU、EPM と略記し、ビーチャム版の章・（部）・段落・注の数字を記す（例：EHU 12.3.11; EPM 1.4）。なおビーチャム版とは、*An Enquiry concerning Human Understanding*, edited by T. L. Beauchamp, Oxford: Oxford University Press, 1999 および *An Enquiry concerning the Principles of Morals*, edited by T. L. Beauchamp, Oxford: Oxford University Press, 1998 を指す。

・『道徳・政治・文学論集』（*Essays, Moral, Political, and Literary*, first published 1741）については、Eと略記し、ミラー版のページ数を記す（例：E 127）。なおミラー版とは、*Essays, Moral, Political, and Literary*, edited by E. F. Miller, Revised Edition, Indianapolis: Liberty Fund, 1987 を指す。

・『ヒューム書簡集』（*The Letters of David Hume*, ed. by J. Y. T. Greig, 2vols., Clarendon Press, 1932）と『新ヒューム書簡集』（*New Letters of David Hume*, eds., by R. Kibansky and E. Mossner, Clarendon Press, 1980）については、それぞれL、NLと略記し、各書簡に付された通し番号と宛先を記す。

3．原書からの訳出にあたっては以下の訳書を参考にさせていただいたが、議論の都合上いくつかの箇所で訳文・訳語を変えたところがある。

・大槻晴彦訳『人性論（一）〜（四）』、岩波文庫、一九四八年。
・木曾好能訳『人間本性論第一巻　知性について』、法政大学出版局、一九九五年。
・石川徹・中釜浩一・伊勢俊彦訳『人間本性論第二巻　情念について』、法政大学出版局、二〇一一年。
・伊勢俊彦・石川徹・中釜浩一訳『人間本性論第三巻　道徳について』、法政大学出版局、二〇一二年。
・渡部峻明訳『人間知性の研究・情念論』、哲書房、一九九〇年。
・斎藤繁雄・一ノ瀬正樹訳『人間知性研究――付・人間本性論摘要』、法政大学出版局、二〇〇四年。
・渡部峻明訳『道徳原理の研究』、哲書房、一九九三年。
・田中敏弘訳『ヒューム　道徳・政治・文学論集』、名古屋大学出版会、二〇一一年。

# 第一章　合理性と帰納推論

帰納推論は、すでに得られた情報から、まだ得られていない情報をもたらしてくれるという意味で、日常生活だけでなく科学的探究においても重要な役割を果たしている。たとえば、これまでに観察されたどのネコも尻尾をもっていたということから、すべてのネコは尻尾をもつだろうと推論することがある。これは、枚挙的帰納法と呼ばれる種類の帰納推論であり、個別の事例から何らかの特徴を一般化するという役割をもつ。あるいは、これまで熱湯に触れたら火傷したということから、これからも熱湯に触れれば火傷するだろうと推論することもある。これは、因果推論と呼ばれる種類の帰納推論で、過去の事例から未来の事例を予測したり制御したりするという役割をもつ。こうした帰納推論がなければ、私たちは科学的探究を行うことが難しくなるばかりか、日常生活に支障が出てしまうだろう。

しかし、こうした帰納推論は私たちの理性によって正当化できないと主張した哲学者がいる。デイヴィッド・ヒュームである。カール・ポパーによれば、ヒュームは帰納推論が合理的な根拠をもつかどうかという帰納の問題（the problem of induction）[1]を提出した上で、次のように論じたことになっている。

ヒュームの論理的問題とはこうである。〔改行〕経験した事例から、まだ経験していない他の事例を推論する点において、私たちは正当化されているか。〔改行〕この問題に対するヒュームの答えは、反復の数がどれほど多かったとしても「否」というものである。(Popper 1979, 4)

ポパーの解釈によると、ヒュームは、帰納推論が理性によって正当化できるかどうかという問題に対して「できない」という否定的な答えを与えている。それは、帰納推論が合理的な根拠をもたない「当てずっぽう」にすぎないという結論であり、帰納推論についての私たちの常識を根本から揺るがすものである。ポパーの解釈するヒュームによれば、私たちは現に帰納推論が合理的であると信じているにもかかわらず、実のところ帰納推論はまったく合理的ではないことが明らかになる。以下では、この解釈を伝統的解釈と呼ぶことにしよう。

さて、ヒュームが提示したとされる帰納の問題は、これまで多くの哲学者たちによって繰り返し解決が試みられてきた。それにもかかわらず、問題の実質的な解決には至っていないのが現状であると言える。チャーリー・ブロードによれば、ヒュームの懐疑論について哲学が無力であり続けてきたことは「哲学のスキャンダル」(Broad 1951, 143)であり、帰納の問題は外界存在の証明と並ぶスキャンダラスな哲学問題として残り続けている(cf. 久米 2005, 1)。

しかしながら、ヒュームは帰納の問題を実際に提出したと言えるのだろうか。もしヒュームが実際には帰納の問題を提出していなかったとすれば、帰納推論に関する彼の議論に対して伝統的解釈とは異なる評価を与えることができるのではないか。こうした可能性を探るのであれば、私たちはヒューム自身が帰納推論について論じているテクスト、つまり『人間本性論』と『人間知性研究』という哲学的著作へと戻る必要があるだろう。

本章の目的は、ヒュームが実際には帰納の問題を提示していないにもかかわらず、それとは異なる仕方で「いかなる帰納推論が正当か」という問題に取り組んでおり、その問いに対して習慣による帰納推論が「正当」なものだという答えを与えようとしていた、という解釈を提示することにある。このことを示すために、まずは伝統的解釈を批判的に検討することで、ヒュームが実際には帰納の問題を提出していないことを明らかにする（第1節）。次に、帰納推論に関するヒュームの議論は、「帰納推理（inductive inference）」と「帰納推論（inductive reasoning）」を区別した上で、それぞれに関する心理学的・認識論的考察を展開することに主眼があったという点を論じる（第2節）。最後に、ヒュームにとっての「正当な帰納推論」とは、帰納推論に関与する習慣が信頼可能な仕方で働いていると同時に、そうした習慣の信頼性が人間の自然本性によって保証されているものだという、帰納推理の正当性に関するヒュームの議論を明確化する（第3節）。

## 1　帰納の問題と整合性問題

では、伝統的解釈を検討することから議論をはじめよう。この解釈によれば、ヒュームは理性による帰納推論の正当化ができるかどうかという「帰納の問題」を立て、それに対して「否」と答えたのである。以上の解釈が適切かどうかを確かめるため、ここで伝統的解釈が提示するヒュームの議論を再構成しよう。この解釈が典拠とするテクストは、主に『人間本性論』第一巻第三部第二節〜第六節と『人間知性研究』第四章である。

### 伝統的解釈

⑴帰納推論は、「過去の事例は未来の事例と似ているだろう」という自然斉一性の原理にもとづいている。

⑵もし帰納推論が推論としての資格をもつとすれば、帰納推論の基礎である自然斉一性の原理が理性によって正当化されねばならない。

(3)もし自然斉一性の原理が理性によって正当化されるとすれば、それは演繹推論か帰納推論のいずれかによって正当化されねばならない。

(4)自然斉一性の原理は演繹推論によって正当化できない。なぜなら、自然斉一性の原理が成り立たないこと、つまり、「過去の事例は未来の事例と似ていない」という命題を考えることは、いかなる論理的矛盾も含まないからである。

(5)自然斉一性の原理は帰納推論によっても正当化できない。なぜなら、「これまで自然斉一性の原理が成り立ってきた」ということから、「これからも自然斉一性の原理が成り立つだろう」ということを帰納推論で導くためには、すでに自然斉一性の原理を前提していなければならないが、それは正当化を要する原理を前提するという悪しき循環に陥っているからである。

(6)したがって、自然斉一性の原理は理性によって正当化できない。(∵(3)〜(5))

(7)それゆえ、帰納推論は推論としての資格をもたない。(∵(1)、(2)、(6))

このような議論をヒュームが実際に提示していたのだとすれば、彼は帰納推論に関する不合理主義者としてみなされたとしても仕方がないだろう。というのも、ヒュームは帰納推論が正当な推論としての資格をもたないことを暴きながら、日常と科学を営む人間の不合理さを皮肉たっぷりに描写していることになるからである (Russell 1945)。では、こうした評価へと至る解釈が妥当かどうか、以下で詳しく検討していこう。

まず(1)については、ヒューム自身が明確に主張していることである。第一に、ヒュームは『人間本性論』第一巻第三部第二節・第六節と『人間知性研究』第四章第二部において、私たちの推論が「論証的推論 (demonstrative reasoning)」と「蓋然的推論 (probable reasoning)」(もしくは「事実に関する推論 (reasoning about matters of facts)」) に限られると述べている（T 1.3.2.2; T 1.3.6.5-6; EHU 4.2.18）。ここでの「論証的推論」という言葉は演繹推論（deductive reasoning）に対応しており、「蓋然的推論」という言葉は帰納推論（inductive reasoning）に対応しているとおおよそ考えて問題ないだろう[2]。

以上のことについて、ここでいくつかの補足説明をしておこう[3]。演繹推論とは、すべての前提が正しければ導かれる結論が必ず正しくなる推論のことである。例を挙げれば、①ミオがショートケーキを食べたのならば、ミオの口元にはクリームがついている。②ミオの口元にはクリームはついていない。③それゆえ、ショートケーキを食べたのはミオではない、というものである。これに対し、帰納推論は、すべての前提が正しかったとしても導かれる結論は必ずしも正しいとは限らないが、私たちの情報量を増やしてくれる推論のことである。例を挙げれば、①これまでユウコは素手で熱湯に触れると火傷したということから、②次にユウコが素手で熱湯に触れると火傷するだろう、というものである。

第二に、『人間本性論』での主要な議論を要約した『人間本性論摘要』において、「蓋然的推論」は、「自然の行程が斉一的に同じであり続けるだろうという想定にもとづいている」（A 13）と述べられている。ここでヒュームが述べているのは、帰納推論が「過去の事例は未来の事例と似ているだろう」という自然斉一性の原理（the principle of uniformity of nature）を仮定しているということだ。もう少し正確に述べれば、「似たような条件のもとでは、これまでと似たようなことがこれからも起こるだろう」という仮定である。自然斉一性の原理は帰納推論にとって欠かすことのできない仮定であると言える。なぜなら、この仮定がなければ、さきほどのユウコは「次に素手で熱湯に触れたら火傷するからやめておこう」ではなく「今度は素手で熱湯に触れても大丈夫」という結論を導き出してもよいことになるからである。このことは、帰納推論が自然斉一性の原理を前提していなければならないということを意味するだろう。以上のことを総合すれば、⑴の解釈は適切だと考えられる。

また⑶から⑹についても、ヒューム自身が提示している議論である。第一に、ヒュームは『人間本性論』第一巻第三部第六節と『人間知性研究』第四章第二部で、私たちの帰納推論にとって重要な自然斉一性の原理の正しさが、いかなる推論によっても正当化されないことを論じている。まず、「過去の事例は未来の事例と似ているだろう」という自然斉一性の原理が演繹推論によって正当化できないことは、次のように論じられている。[6]

私たちの先の論法は、「経験されなかった事例は、経験された事例に類似する」ということを証明するいかなる論証的議論もありえないことを、容易に確信させるだろう。私たちは少なくとも、自然の歩みが変わることを思い浮かべることができるのであり、このことは、そのような変化が絶対に不可能ではないということを、十分に証明する。(T 1.3.6.5)

現在の事例において、いかなる論証的議論も存在しないことは明らかであるように思われる。なぜなら、「自然の行程は変化しうる」ということ、また、「異なる結果や反対の結果が、すでに経験したものと似ているように見える対象に伴われることがありうる」ということは、いかなる矛盾も含んでいないからである。(EHU 4.2.18)

ここで展開されている議論を敷衍しておこう。たとえば、「最小の完全数は6である」という命題は、「最小の完全数は6ではない」という仮定から矛盾が導かれることを背理法で示すことによって、その正しさを証明することができる。その一方で、「過去の事例は未来の事例と似ているだろう」という命題は、「過去の事例は未来の事例に似ていないだろう」という仮定から矛盾を導くことができないので、その正しさを演繹推論によって証明できない。したがって、自然斉一性の原理は演繹推論によって正当化できないということになる。

第二に、ヒュームは『人間本性論』第一巻第三部第六節と『人間知性研究』第四章第二部において、自然斉一性の原理が帰納推論によっても正当化できないということを次のように論じている。

……蓋然性は、経験された対象と経験されたことのない対象のあいだの類似性の仮定にもとづいているので、この類似性の仮定が蓋然性から生じることは不可能である。同じ一つの原理が他のものの原因であると同時に結果であることは不可能なのである。（T 1.3.6.7）

したがって、蓋然的議論、すなわち存在に関する議論によって、この最後の想定〔「未来は過去に一致するだろう」という想定〕を証明しようと努めることが、循環論、つまり、まさに問題としている点を自明とみなすことに陥らざるをえないのは明らかである。（EHU 4.2.19）

ここでの議論は次のようなものである。「これまで過去の事例と未来の事例は似てきた」という前提から「これからも過去の事例と未来の事例は似るだろう」という結論を論理的に導くためには、「過去の事例は未来の事例と似ているだろう」という自然斉一性の原理を推論の前提として仮定しなければならない。だが、私たちは帰納推論によって自然斉一性の原理を論理的に導くことができない。次の推論式を見てほしい。

（$P_1$）これまで過去の事例は未来の事例に似てきた。
（$P_2$）過去の事例は未来の事例と似ているだろう。
（C）これからも過去の事例は未来の事例に似るだろう。

この推論において（$P_1$）から（C）を論理的に導くためには、（$P_2$）が成立していなければならない。しかしながら、

（$P_2$）は自然斉一性の原理そのものであるから、自然斉一性の原理を論理的に導くために自然斉一性の原理を前提するのは循環論法である。「私たちは、経験された対象と私たちの知りうる範囲を超えたところにある対象との間に、類似性があるはずだと仮定はするが、けっしてそれを証明できない」（T 1.3.6.11）。以上の議論をふまえると、(3)から(6)までの解釈も適切であると考えられる。

ここまでのところ、解釈上の問題点は見当たらない。しかし、(2)の解釈には議論の余地がある。一見すると、(2)はヒューム自身が述べていることであるように思われる。『人間本性論』第一巻第三部第六節における次の箇所を見てほしい。

もし理性が私たちを決定する（determine）のだとしたら、理性は「経験されなかった事例は、経験された事例に必ず類似し、自然の歩みは、常に一様であり続ける」という原理にもとづいて、そうするだろう。（T 1.3.6.4）

ここにおいて、「もし理性が私たちを決定するのだとしたら」という反実仮想の表現を「もし理性が私たちの帰納推論を正当化する（justify）のだとしたら」と読むことができれば、少なくとも伝統的解釈による(2)の読み方は支持されることになるだろう。

けれども、右で引用した箇所の直前でヒュームが実際に提示しているのは、帰納推論が理性によって正当化されるかどうかという問いではない。引用しておこう。

……次の問題は、経験がこの〔原因または結果と呼ばれる対象の〕観念を生み出すのは、知性によるのか、それとも想像力によるのかということ、すなわち、私たちの〔印象から観念への〕移行を決定する（determine）のは、理

性であるのか、それとも知覚の何らかの連合と関係であるのか、ということである。（T 1.3.6.4）

この文脈において、ヒュームは、なぜ私たちは帰納推論が正当化されていると信じるべきなのか、という認識論的な問いを提出していない。むしろ、いかにして私たちの行う帰納推論が生じるのか、という心理学的な問いを提出しているだけである。そのため、「もし理性が私たちを決定するのだとしたら」という表現は、「もし理性が私たちの帰納推論の原因となるのだとしたら」と解するのが自然だろう。以上のことから、多くの解釈者はヒュームが実際には帰納の問題を提出していないとみなしたのである[4]（Connon 1979, 121：神野 1984, 260：久米 2005, 88：Beebee 2006, 43）。

もちろん、このことは帰納の問題が哲学的にまったく意義をもたないということを意味しない[5]。たとえば、コリン・ホーソンは帰納の問題に対してベイズ主義の立場からの解決を試みている（Howson 2000）。また、カンタン・メイヤスーは帰納の問題に対して思弁的解決という独自の道筋を示すことで、思考との相関から切り離された「実在」を擁護する思弁的実在論の可能性を示している（Meillassoux 2006）。

このように、帰納の問題は哲学の重要問題の一つとして、現在でもさまざまな解決が試みられている。だが、ここでおさえておくべきなのは、少なくともヒューム自身が帰納の問題を提出したわけではない、ということである。「ヒュームが「ヒュームの問題」〔＝帰納の問題〕を提示したという話は、哲学史研究によってしばしば指摘される種類の神話の一つである」（久米 2005, 88）。

以上の議論によって、ヒューム自身が帰納の問題を提出していないということは明らかになったと言えるだろう。しかし、ことはそう単純ではない。確かに、ヒュームは帰納推論が「習慣（custom）」、すなわち連合の原理（a principle of association）」（T 1.3.7.7）という「理性」以外の原理によって生じることを示している。しかし、ヒュームが帰納の問題を提示していないとしても、理性によって帰納推論を正当化することはできないという主張を提示していることに変わりはない。そうだとすると、ヒュームは結局のところ、帰納推論に関する不合理主義に陥ったことになるのではないか。というのも、やはりヒュームの議論の最終的な着地点は、帰納推論を合理性の領域から排除することで、帰納推論から推論としての資格を剥奪することにあったと考えられるからである。

その一方で、ヒュームは『人間本性論』第一巻第三部第六節と『人間知性研究』第四章第一部において、帰納推論が「正当（just）」であることを認めている。

> この関係〔原因と結果の関係〕は、私たちがある対象から別の対象への正当な（just）推論をそれにもとづけることができる、唯一の関係である。（T 1.3.6.7：強調引用者）

> 熱と光は火の並列的な結果であり、一方の結果は他方の結果から正当に（justly）推論されうるのである。（EHU 4.1.4：強調引用者）

以上の引用において、ヒュームは帰納推論について「正当」かどうかの評価が可能であると考えている。また、ヒュームは『人間本性論』第一巻第三部第十五節で、帰納推論によって下される因果判断の正しさを判定するための「規則（rules）」（T 1.3.15.1）を定めてもいる。こうしたことから、ヒュームは「正当な帰納推論」と「正当でない帰納推論」の区別を試みようとしていた、と解釈する道が開かれる(6)。

けれども、ここで一つの疑問が生じる。すなわち、理性による正当化の可能性を排除しておきながら、なぜヒュームは依然として帰納推論が「正当」なものだと主張できるのかという疑問である。もしヒュームが帰納推論は「不当」であると同時に「正当」でもある推論だと主張していたのだとすれば、彼は自らの議論において不整合に陥ったのだということになるだろう。

要するに、ここで生じるのは、帰納推論についての不合理主義的にみえる議論と、帰納推論を「正当」であるとみなす主張とが、ヒュームにおいてどう整合的になるのかという問題である。私はこの問題を整合性問題と呼び、次節以降で問題の解決を試みたい。

## 2　帰納推理と帰納推論

前節で見たように、ヒュームは、帰納推論が理性によって正当化されるか否かという帰納の問題を考察しておらず、帰納推論がいかにして生じるのかという問いを考察したとみなされる。ところが、ヒュームは、帰納推論の心理学的考察が帰納推論の正当性に関する主張と整合しないという困難、すなわち整合性問題に直面していると思われる。しかし、私の見解によれば、整合性問題は見かけ上の困難にすぎない。それが困難に見えるのは、帰納推論に関するヒュームの心理学的考察がどのようなものであるのか、ということが十分に理解されていないからである。

以上のことを示すため、ここでは特に久米暁の解釈をとりあげて検討したい（久米 2005, 第三章）。久米によれば、ヒュームは帰納の問題を提出するかわりに、帰納推論の生成メカニズムに関する心理学的な探究を行っている。以下ではまず、久米の解釈を手短に紹介する（1）。次に、久米の解釈から得られる論点として、帰納推理と帰納推論を区別することの重要性を明らかにする（2）。そして、帰納推論に関する心理学的考察の眼目は、帰納推理が「自然性」と「原初性」という二つの性質をもつことを示す点にあったと論じる（3）、（4）。

### (1) 久米の解釈

まず、久米の解釈を簡潔に紹介しておこう。「目の前にコップがある」という物体存在の信念、「過去の事柄は未来の事柄と似ている」という自然斉一性の信念、そして「昨日の私と今日の私は同じ人である」という人の同一性の信念、これらの信念は、私たちの科学的探究や日常生活を支える基盤であるという意味で、基礎的信念（basic belief）と呼ぶことができる。物体存在の信念や自然斉一性の信念をもっていなければ、明日東京で雨が降ることを予測できないばかりか、こうしてキーボードを打つことすらできないだろう。

前節で紹介した伝統的解釈によれば、ヒュームは、認識論の出発点において基礎的信念を前提することなく、そうした信念をいわば外側から疑いにかけ、他の信念群によって正当化しようとした、ということになっている。自然斉一性の信念について言えば、帰納推論を行うときに前提している自然斉一性の信念をいわば括弧に入れた上で、そうした信念が理性によって正当化されるか否かを確かめる視点に立ち、帰納推論の合理性を疑う帰納の問題を提出したと解釈されたのである。

しかし久米によれば、ヒュームは帰納の問題を提出しておらず、はじめから帰納推論の心理学的考察に従事していたのである（久米 2005, 57）。たとえば、「砂糖を一定温度の紅茶に入れるときはいつでも、砂糖は溶けた」という過去のデータから、「次に砂糖を一定温度の紅茶に入れるときにも、砂糖は溶けるだろう」ということを帰納推論によって予測するとしよう。このとき、ヒュームは、私たちがいかなる心的状態にあるのか、また、そうした推論の心的プロセスやメカニズムがどうなっているのかを明らかにしようとしている、というのである。

以上の解釈のポイントは、ヒュームの心理学的考察にとって、被験者がいくつかの基礎的信念を受け入れている点は探究の前提になっているということである。たとえば、さきほどの砂糖と紅茶についての帰納推論を行う被験者は「砂糖や紅茶が（フィクションではなく）現実に存在する」ということや、「紅茶が入っているティーポットやティーカップは一定時間変化しない」ということを信じているだろう。また、ヒュームは『人間本性論』第一巻第一部第一節で子どもが色や味を学習する場面に触れるときにも、たとえば「目の前にミカンがある」という信念を疑いにかけていない。

> 子どもに緋色や橙色、甘さや苦さの観念を与えるために、私は対象を提示する、言いかえれば、子供たちにそうした印象を与える。（T 1.1.1.8）

ここで、被験者としての子どもが周囲の対象や環境によって影響を受けるということは探究の前提とされている。ある子どもが「橙色」を学習する場面で、その子どもにいかなる心的プロセスやメカニズムが働いているのかを明らかにすることが考察の主題になっているのである。このような観点から、久米は、ヒュームが心理学者の観点から、帰納推論を行う被験者の心の働きを説明しようとしているのだという解釈を与えている。

### (2) 帰納推理と帰納推論

以上の久米の解釈において重要な論点となるのが、帰納推理（inductive inference）と帰納推論（inducitve reasoning）の区別である。[7] 以下では、久米の議論を適宜補いながら、両者の区別がいかなる意味で重要なのかを明らかにしておこう。

まず、ヒュームは『人間知性研究』第四章第二部で、帰納推論が理性的推論によって生じるのではないことを論じているが、そこでは「推理（inference）」と「推論（reasoning）」が次のような仕方で区別されている。少し長くなるが該当箇所を引用しておこう。

「私はそのような一つの対象が常にそのような一つの結果に伴われていたのを見出した」という命題と、「私は外見上類似する他の対象が、類似する結果に伴われるだろうことを予見する」という命題、これら二つの命題は、同一であるはずがない。お望みなら、一方の命題が他方の命題から正当に推理されるかもしれないことを認めてもよい。実際、私はそうした命題が常に推理されることを知っている。しかし、もしその推理（inference）が推論の連鎖（a chain of reasoning）によってなされると主張するならば、その推論を提示してほしい。これらの命題間の結合は直観的ではない。よって、そこにはある媒介項が要求されることになる。すなわち、もし実際に推理（inference）が推論と議論（reasoning and argument）によって導き出されるのならば、こうした推理を精神に可能とさせる媒介項が要求されることになるのである。率直に言って、その媒介項が何であるのか私にはわからない。その媒介項を提示する責任は、それが実際に存在し、それが事実に関する私たちのあらゆる結論の起源だと主張する人びとにある。（EHU 4.2.21）

この引用では、「推理」と「推論」が明確に区別されており、「推理」は「推論」によって生じないということが強調されている。しかしながら、ここでヒュームは、両者がいかなる点で異なるのか、そしてなぜ両者を区別する必要があるのかについて、はっきりしたことを述べていない。そこで、以下では「推理」と「推論」の区別に関するヒュームの議論を、できるかぎり言葉を補いながら明確化することにしよう。

まず、次の推論式を見てほしい。

（P）これまでかき氷を食べると頭痛がすることが何度もあった。

---

（C）次にかき氷を食べるときにも頭痛がするだろう。

ヒュームの言う「推理」とは右の推論式によって表現される推論であり、本書ではこの推論を「帰納推理」と呼ぶことにしよう。帰納推理は、たとえば「①すべての高校生は学生証をもっている、②ツヨシは高校生である、③したがってツヨシは学生証をもっている」といった演繹推論とは異なって、一定の形式にはしたがっていない。それでも(P)から(C)への移行を一定の形式にしたがった推論とみなしたいのであれば、私たちはその推論を「(P')過去の事例は未来の事例と似ているだろう」という前提が隠された省略三段論法(enthymeme)として理解する必要があるだろう。つまり、

(P) これまでかき氷を食べると頭痛がすることが何度もあった。
(P') 過去の事例は未来の事例と似ているだろう)

---

(C) 次にかき氷を食べるときにも頭痛がするだろう。

という推論である。ヒュームの言う「推論」とはこのタイプの推論であり、以下ではこの推論を「帰納推論」と呼ぼう。帰納推論においては、(P)から(C)を論理的に導くために自然斉一性の原理を表現する(P')という前提を補っており、そのことによって三段論法の形式にしたがった推論として考えられることになる。

さて、帰納推理と帰納推論の区別について考える上で重要なのは、私たちが帰納推論を行うときに用いる自然斉一性の原理をいかに理解するかという点である。すでに見たように、自然斉一性の原理は演繹推論によっても帰納推論によっても得ることができない。しかしヒュームによれば、自然斉一性の原理は、私たちが帰納推論を行うときに「いかなる証明も許さず、私たちがいかなる証明もなしに当然のこととして前提する」(A 14)ものである。

久米によれば、ここで「自然斉一性の原理を前提する」ということには二つの意味がある(久米 2005, 94)。第一

に、自然斉一性の原理は命題知ではなく実践知として、私たちの帰納推論という実践を可能にする岩盤として「前提」されているということである。たとえば、ふたたび以下の推論式を考えてほしい。

（P）これまでかき氷を食べると頭痛がすることが何度もあった。

---

（C）次にかき氷を食べるときにも頭痛がするだろう。

この推理は、一定の形式にしたがった推論ではない。だが、（P）から（C）への移行は、自然斉一性の原理という実践知を背景としているがゆえに「正当な」推論としてみなされる。久米の言うように、「この〔自然斉一性の〕原理・岩盤は、「未知のことは既知のことと似ている」という命題知として推論式の前提にあるのではなく、そうした原理に沿った仕方で動く精神の傾き・働き・行いとして存在する」（久米 2005, 93）。以上のような意味で、自然斉一性の原理は、習慣の働きによって実践知として帰納推論という実践のなかに組み込まれているのである。

第二に、私たちは、自然斉一性の原理を命題の形で明示化することで、帰納推論の仮定として「前提」することもできる。このことを理解するために、複雑な形式の帰納推論を例として挙げておこう（この例は Salmon 1999, 15 による）。


（$P_1$）スケート選手は腕を体に引きつけている。

（$P_2$）スケート選手は角速度を変えるような仕方で物体と相互作用していない。

（$P_3$）スケート選手は回転している。

（$P_4$）外力が働かなければ、角運動量は一定に保たれる。（角運動量保存則）

（C）スケート選手の回転率は上がるだろう。

以上の推論式において、（$P_1$）～（$P_4$）がいずれも真であり、それらに関連する適切な証拠が十分に与えられているとき、私たちは（C）が真であることを受容できる。(8) この推論において、（$P_4$）の角運動量保存則が確立された自然法則であるということを受容するためには、実験や観察から得たデータによる確証が必要となるだろう。

このとき、「これまで角運動量は一定に保たれてきた」ということから「これからも角運動量は一定に保たれるだろう」ということを保証する自然斉一性の原理は真である、ということが受容されなければならない。こうした自然斉一性の原理が真であることを受容するためには、以下の帰納推理によって自然斉一性の原理を命題の形で明示化して得ておく必要がある。

（P）これまで何度も過去の事例は未来の事例に似てきた。
（C）これからも過去の事例は未来の事例と似ているだろう。

この推理を繰り返すことによって、私たちは「過去の事例は未来の事例と似ているだろう」という自然斉一性の原理を命題知として獲得することができる。このような仕方で獲得された自然斉一性の原理は、帰納推論の前提として用いることができるだけでなく、原因と結果を判定するための一般規則として用いることもできる（T 1.3.15.6）。

まとめると、帰納推理と帰納推論は、すべての前提が正しかったとしても導かれる結論は正しいとは限らないが、私たちの情報量を増やしてくれるという点で共通している。しかし、帰納推論は推論の形式が推論の正しさに寄与するのに対し、帰納推理はそうではないという違いがある。そして、帰納推理には実践知としての自然斉一性の原理が組み込まれているのに対し、帰納推論は帰納推理によって明示化された自然斉一性の原理を命題知として使用できるという違いがあると言える。

以上の区別を明確にすることこそ、帰納推論についてヒュームが心理学的考察を行ったことの眼目だったと考えられる。私たちは心理学的アプローチを採ることによってのみ、帰納推論が帰納推理に依存するということを明らかにできる。久米の示唆するように、科学社会学において、科学的探究を制約するパラダイムの選択が社会心理学的アプローチによってのみ解明されるように、ヒュームにおいては、帰納推論を制約する帰納推理の働きが心理学的アプローチによってのみ解明されるというわけである（久米 2005, 67）。ヒュームは、「正当」とみなされる帰納推理がいかなる性質をもつのかを心理学的に解明しようと試みていたのであり、その試みが「なぜ帰納推論は理性によらずとも「正当」だと信じてよいのか」という認識論的考察に寄与すると考えていたのである。このようにヒュームの議論を理解することによって、私たちは先の整合性問題を解消するための道筋を得ることができる。

そこで以下では、帰納推理がいかなる性質をもつのか、ということに関するヒュームの見解を明らかにしたい[9]。そのためにまず、帰納推理の主体が、人間と高等動物であることを確認する（3）。次に、帰納推理を心理学的に考察することによって、自然性と原初性という二つの性質が明らかになることを示す（4）。

### (3) 帰納推理の主体

本項では、帰納推理の性質について論じる前に、そうした推論の主体が何であるのかを明確にしておきたい。というのも、一ノ瀬正樹が指摘するように、帰納推理の主体は、いったい「誰」であるのかという疑問が向けられるかもしれないからである（一ノ瀬 2002, 248）。これに対するヒュームの答えは、「人間と高等動物」というものである。以下、このことをテクストにもとづいて示そう。

ヒュームは『人間本性論』第一巻と『人間知性研究』において、人間が「一般人（vulgar）」と「哲学者（philosopher）」に区別されると繰り返し論じている。[10]「一般人」とは、子どもや農夫や詩人のように、理性的な熟慮や反省なしに判断や推論をする人びとである。それに対し、「哲学者」とは、職業哲学者に限定されるものではなく、理性的な熟慮や反省で自らの判断や推論を訂正できる人びとである（T 1.3.12.4; EHU 8.1.13）。帰納推論を考察する際にヒュームがこうした区別を意識していることは、『人間本性論』第一巻第三部第十二節の次の箇所を見れば明らかである。

> 農夫は、時計が止まった理由として、その時計がしばしば正しく動かなくなることがあるということよりも、すぐれた理由を挙げることができない。しかし時計職人は、ぜんまいや振り子の同じ力が常に同じ影響を歯車に及ぼし、それが通常の結果を生み損なうのはおそらく一粒の砂によるのであり、これが時計全体の運動を止めるのだということを容易に見て取る。（T 1.3.12.5）

たとえば、一般人は「時計が正しく動かなくなる」ことが「時計が止まる」ことに恒常的に連接してきたということから、時計の故障の原因が「時計が正しく動かなくなる」ことにあるはずだと推論する。これに対して哲学者は、時計が故障した複数の可能性を考慮して、その中から時計を故障させた蓋然性が最も高い要因を選び、「一粒の砂が歯車を妨害している」ことが時計の故障の原因だと推論するだろう。このように、哲学者は一般人とは異なって、帰納推論によって原因を追究する場合があるのだと言える。

しかしヒュームによれば、哲学者が帰納推論を行うためには、そもそも一般人と同様に帰納推理ができていなければならない。『人間知性研究』第九章では次のように述べられている。

哲学者自身も、生活のすべての活動的部分においては、だいたいは一般人と同じであり、同じ格率に支配されている以上、推論に導かれていない。よって、自然は、より容易でより一般的な使用や応用のできる、何か別の原理を与えていたに違いない。原因から結果を推論するときの推断のような、生活のなかのこうした膨大な推断の作用を、推論や論証の不確実なプロセスに委ねることはできないのである。（EHU 9.5）

このように、哲学者は一般人と同様に帰納推理を行うのであり、帰納推論だけを行うというわけではない。哲学者であっても、帰納推理ができなければ、帰納推論を行うことができないのである。そのため、一般人であれ哲学者であれ、あらゆる人間は帰納推理の主体とみなされることになる。

また、高等動物が人間と同じ仕方で帰納推理を行っているということも重要である。『人間知性研究』第四章第二部と第九章では、高等動物も帰納推理の主体になることが次のように強調されている。

どれほど無知で愚鈍な農夫であろうとも――いやそれどころか幼児や野生動物さえもが――経験により向上し、そして自然的対象の性質から由来する結果を観察することにより、そうした対象の性質を学ぶということは確実である。（EHU 4.2.23）

人間と同様に動物も、多くの事柄を経験から学び、同じ出来事がいつも同じ原因に続いて生じるだろうと推理する、ということは明白であるように思われる。（EHU 9.2）

このように、ヒュームは人間だけでなく、イヌやトリ（T 1.3.16.5-7）、ウマやグレイハウンド（EHU 9.2）といった高等動物も帰納推理の主体になりうると考えている。『人間知性研究』第九章では、高等動物の帰納推理が理性（推論）

によって導かれていないということが述べられている。「動物は、こうした〔同じ出来事がいつも同じ原因に続いて生じるだろうという〕推理を行うとき、推論に導かれていない。子どもたちもまた、推論には導かれない。人類の大多数もまた、その日常的な行為や推断において、推論に導かれていない。……推論による導きが人間について疑わしいなら、獣類についてもそうであることは疑問の余地がないと思われる」（EHU 9.5）。そのため、高等動物は人間と同様に、理性による正当化がなかったとしても、帰納推理を行っている。以上のように、ヒュームは人間と高等動物が帰納推理の主体であると考えた上で、そうした推論に認められる性質を解明しようとしたのである。(11)

### ⑷帰納推理の性質

本項では、心理学的考察が帰納推理の自然性と原初性という二つの性質を明らかにする、というヒュームの議論を確認しておこう。

まず、ヒュームは帰納推理の自然性について、次のように論じている。ヒュームによれば、心理学的考察によってまず明らかになるのは、帰納推理の原因が「習慣、すなわち連合の原理」（T 1.3.7.7）だということである。習慣は「過去における反復から何の新たな推論もなしに生じるすべてのもの」（T 1.3.8.10）であり、たとえば沸騰したばかりのお湯から火傷の予測を導くような帰納推理を形成する原理である。こうした原理が「自然的関係（natural relation）」（T 1.3.6.16）であるということについて、ヒュームは『人間本性論』第一巻第三部第六節において次のように述べている。

それゆえ、因果関係は、隣接、継起および恒常的連接の関係を含意するものとして、一つの哲学的関係であるが、私たちがそれにもとづいて推論し、それから何らかの推論を行うことができるのは、ただそれが一つの自然的関

係であり、観念の間に結合を生み出すことができるものである限りにおいてである。（T 1.3.6.17）

ヒュームによれば、「自然的関係」は類似性、隣接、因果関係という「連合の原理」であり、これは帰納推理を生じさせる「習慣」と同等のものである。こうした原理にしたがって行われる推論の「自然性」は、『人間本性論』第一巻第三部第八節において「人為性」と対比されている。

> 重力や衝突や固体性などの場合の連接のように、もっとも確立されたもっとも一様な、原因と結果の連接のすべてにおいて、精神は、その目をわざわざ過去の経験を考察することに、けっして向けはしない。しかし、その他のよりまれで珍しい、対象の間の連合においては、精神が、習慣、すなわち観念の移行を、そのような反省によって助けることがありうる。それどころか、ある場合には、そのような反省が習慣なしに信念を生み出すということ、より正しく言うならば、反省が習慣を間接的で（*oblique*）人為的な（*artificial*）仕方で生み出すということが見られる。（T 1.3.8.14）

このように、習慣によって形成される帰納推理は、例外事例を除けば、基本的には人為による介入なしに自然に行われる振る舞いの仕方であるということが、心理学的考察によって明らかになるのである。

また、ヒュームは帰納推理の原初性について、次のように論じている。ヒュームによれば、帰納推理は、私たちの理性による正当化探究と原因探究の限界を共に示しているという意味で原初的である。『人間知性研究』第五章第一部の次の箇所を見てほしい。

> この原理とは習慣（CUSTOM）ないし習癖（HABIT）である。なぜなら、ある個別の行為や作用の反復が、いかなる推論や知性の過程にも促されることなしに、同一の行為や作用を再現させる傾向性を生み出すときはいつでも、私たちはこの傾向性が習慣の結果であると言うからである。この用語を用いることによって、私たちはこうした傾向性の究極的理由を示したと主張しているのではない。私たちは人間本性の一原理を指示しているにすぎず、この原理は普遍的に承認されており、またその結果によって十分に知られている。おそらく、私たちの探究をこれ以上推し進めること、すなわちこの原因のそのまた原因まで指定しようなどと主張することはできず、むしろこの原理が、経験に由来する私たちのすべての結論について、私たちが付与できる究極的原理なのだとして満足する他はないだろう。（EHU 5.1.5）

このように、帰納推理は、理性による考慮や査定に先立つという意味で原初的なものであり、私たちの理性による正当化・原因追及の営みの限界を示している。そしてこのことは、帰納推理の心理学的考察を経てはじめて明らかになる論点である。高等動物と共通する帰納推理という自然的な振る舞いの仕方を習得していなければ、私たち人間は理性的な推論や正当化を始めることすらできない。「私たちのあらゆる思考と行為の基礎であり、それがなくなれば人間本性はただちに破滅してしまうほかない」（T 1.4.4.1）という意味で、帰納推理は私たちにとって原初的なものなのである。

以上のように、ヒュームは、帰納推理が単に自然的であるだけでなく、原初的な振る舞いでもあるということを心理学的考察によって明らかにしようとしたのである。こうしたヒュームの考察の重要性は、いわば理性の領域の外部に横たわる自然の働きを示したことにあると言えるだろう。

## 3　帰納推理と整合性問題

では、自然性と原初性という性質をもつ帰納推理は、いかなる意味で「正当」とみなされることになるか。ヒュームによれば、帰納推理は習慣によって形成される自然的で原初的な振る舞いの仕方である。このことは、帰納推理が理性によって正当化されないけれども、それとは別の仕方で「正当」とみなされるという道筋を示唆している。

以上のことを明らかにする上では、『人間本性論』第一巻第三部第九節において展開されている議論が参考になる。そこにおいてヒュームは、「教育」の影響によって行われる帰納推理が人為的であるために「不当」だと考えているようである。引用しよう。

> 教育（education）は人為的な原因であって自然的な原因ではないし、また、教育が与える諸原則はしばしば理性に反し時と場所が異なれば互いに相反する。この理由で、教育は哲学者によって認められない。（T 1.3.9.19）

この引用において、ヒュームは習慣を「正当」な原理とみなし、教育を「不当」な原理とみなしている。しかし、帰納推理を生み出す習慣が「正当」とみなされる条件は何であるのか。何が習慣と教育を区別する条件になっているのだろうか[12]。

以下では、以上の問いに対して適切な応答を与えることのできる解釈を提案したい。ただし、ここで私は、ヒュームが『人間本性論』や『人間知性研究』で「正当」という表現を用いているということだけから、彼が事実として帰納推理の正当化を問題にしていたとまで強弁するつもりはない。というのも、ドン・ギャレットやデイヴィッド・オーウェンの指摘するように、「正当」という言葉が用いられているとしても、ヒューム自身は一貫して心理学的考察に従事していたのであり、正当化に関する認識論的考察にはまったく従事していなかったという解釈も可能だからである（Garrett 1997, Chapter 4; Owen 1999, Chapter 6）。以下の議論は、ヒュームが帰納推理の正当化という課題に従事していたことを示すテクスト上の決定的な証拠を与えるものではないが、できるかぎりそうした解釈を支持するための基盤を提供したい。

## 4　帰納推理の正当化

本節では、帰納推理に関わる正当化概念についてのヒュームの捉え方を確認した上で、ヒュームが習慣による帰納推理の正当化を試みていたという解釈を提示しよう。

従来のヒューム研究では、正当化に関するヒュームの議論は、認識主体の信念や推論が正当化されるかどうかを決定する要素として、そうした主体が反省のみによってアクセスできるもの（内観や推論）に限定される、という内在主義（internalism）の立場から理解されるものとしてみなされてきた。[13] しかし近年、ヒュームにとって認識主体の信念や推論を正当化する要素は、反省的アクセスの対象以外のもの（外的世界や環境のあり方）を含んでいる、という外在主義（externalism）の解釈が登場している。[14] この解釈によれば、ヒュームの批判する「理性による正当化」は、反省における理性的な推論によって導かれたものだけを正当化の要素とする点で内在主義的な正当化理解の上に立っている。それに対し、ヒュームが目指した見解は、外的世界や環境のあり方をも正当化の要素として認める外在主義的な方向性で理解されねばならないことになる。つまり、正当化に関する内在主義はヒュームの批判対象であって、彼自身の立場ではないということである。[15]

私は、帰納推理の正当化に関する外在主義的解釈におおよそ賛同する。外在主義的解釈にはさまざまなものがあるが、ここでは正当化概念を信頼性（reliability）、とりわけ、習慣が帰納推理を生じさせる心の働きの信頼性によって理解する解釈を検討したい[16]。

### (1) 信頼性主義解釈

ヒュームの正当化概念を信頼性によって理解する解釈の中には、プロセス信頼性主義解釈（process reliabilist interpretation）と徳信頼性主義解釈（virtue reliabilist interpretation）という二つのものがある。プロセス信頼性主義解釈によれば、帰納推理が習慣によって正当化されるのは、その推理において習慣が信頼可能なプロセスによって信念を生じさせるときである（Crean 2010; 萬屋 2013）。これに対し、徳信頼性主義解釈によれば、帰納推理が習慣によって正当化されるのは、その推理において習慣が示す知的徳によって信念が生じるときである（鵜殿 2013; Schafer 2014）。

#### ①プロセス信頼性主義解釈

まず、プロセス信頼性主義解釈から見ておこう。この解釈の基本的なアイデアは、帰納推理が習慣によって正当化されるのは、その推理において習慣が信頼可能なプロセスによって信念を生じさせるときである、という主張をヒュームから読み取ることにある[17]。ヘレン・ビービーは、帰納推理と帰納推論の区別をふまえた上で、帰納推理の正当化について次のように述べている。

> ヒュームは、因果推論についての信頼性主義的正当化（reliabilist justification）を提案している。因果推論が正当化されるのは、それが正常に働いている、すなわち、私たちの推論的習慣が自然の行程と調和しているからであ

る。（Beebee 2006, 73）

このようにビービーは述べ、ヒュームが正当化概念を信頼性によって理解したと解釈する方向性を示している。それによれば、習慣による信念形成プロセスと、外的世界の行程との間に一種の「対応」が成り立つことが保証されており、かつ、そうした「対応」が保証された信念形成プロセスが信頼可能だとみなされているとき、帰納推理は習慣によって正当化されていると言えることになる。

以上の解釈を支持するテクストを挙げておこう。まず、ヒュームは『人間知性研究』第五章第二部において、思考のあり方と外的世界のあり方の間に一種の「対応」が成り立つことを次のように述べている。

> ここには、自然の行程と私たちの観念の継起とのあいだに一種の予定調和（a kind of pre-established harmony）がある。かくして、前者を支配している力と活力は私たちにとってまったくの未知であるとしても、私たちの思考と想念は、私たちが見るところでは、自然の他の作品と同一の連続をなして進行していったのである。習慣こそ、この対応（correspondence）をもたらした原理であり、人間の生活のあらゆる事情や出来事に際して、私たち人類の維持と私たちの行為の規制にとってきわめて必要なものである。（EHU 5.2.21：強調引用者）

ここでの「調和」や「対応」は、私たちの習慣が真理を追跡するという性質を示している。習慣の真理誘導性（truth-conductiveness）である。たとえば、ミサトが「いま稲光が見えたので、すぐに雷鳴が轟くだろう」という帰納推理を行うとき、ミサトの推理において働く習慣は、実際に外界で生じている稲光や雷鳴を追跡しようとしていることになる。このように、思考と外的世界の間の対応関係が成り立つと想定しなければ、私たちは科学的探究を行うどころか、日常生活を満足に送ることさえできなくなるだろう。

また、ヒュームは『人間本性論』第一巻第三部第六節において、真理誘導的な習慣による信念形成プロセスが信頼可能なものとみなされると考えている。信念が形成される仕方には、知覚、推測、自己欺瞞、軽率な一般化などさまざまなものがある。そのなかで、外的世界の行程との「対応」が想定されている信念形成プロセスが、真なる信念を形成するものとして信頼される。習慣は、自己欺瞞や軽率な一般化などの影響によって真なる信念を形成しないこともあるが、たいていの場合には自然の行程を追跡する仕方で信念を形成するような原理なのである (cf. T 1.3.6.13)。以上の限りで、習慣による信念形成プロセスは、真なる信念をたいていの場合に形成するという意味において、信頼可能なものであるとみなされる。

こうしたことから、プロセス信頼性主義解釈は、ヒュームが次のように考えていると結論づける。すなわち、真理誘導的な習慣による信念形成プロセスが信頼可能であるとみなされるとき、帰納推理は習慣によって正当化される。特に、個別の帰納推理が正当化されるのは、個別の信念形成プロセスが、たいていの場合に真なる信念を導く信念形成プロセスの標準的なパターンと合致するとみなされることによってである。

しかし、プロセス信頼性主義解釈には次の問題点がある。カール・シャファーや鵜殿慧の指摘するように、習慣の真理誘導性は、帰納推理の正当化にとって必要であるが十分ではない (Schafer 2014; Udono 2014)。たとえば、「いま稲光が見えたので、すぐに雷鳴が轟くだろう」というミサトの帰納推理についてふたたび考えてみよう。このとき、「雷鳴が轟く」というミサトの信念の形成プロセスが正常に働いており、実際に雷鳴が轟いたとすれば、ミサトの推理は正しかったことになる。だが、ミサトの推理がたまたま外的世界のあり方と「対応」したのではないことを、いったい何が保証するのだろうか。これは、習慣の真理誘導性だけでは、帰納推理がたまたま運良く成功したのではないということを保証できないのではないか、という疑問である。習慣の真理誘導性を挙げるだけでは、ヒュームが教育よりも習慣を優先すべき理由を与えることができないように思われる。

### ②徳信頼性主義解釈

そこで、徳信頼性主義解釈は、プロセス信頼性主義解釈の欠点を補うために、以下のような議論を展開する（鵜殿 2013, 78–79 : Schafer 2014, 10–18）。この解釈によれば、ヒュームは、私たちが信頼可能な推理や信念を獲得するためには、認識主体の側の「注意深さ（carefulness）」や「明敏さ（sagacity）」といった能力が必要であると考えている。こうした能力は、認識的な善（真なる信念や知識の獲得など）を達成するのに必要な知的徳（intellectual virtue）である。たとえば、ヒュームは『人間本性論』第一巻第三部第十五節において、次のように述べている。

> 自然の中の現象はどれも、きわめて多くの異なる条件によって複合され変様されているので、決定的な結論に到達するためには、私たちは、余計なものを注意深く（carefully）分離し、最初の実験に見られた個々の条件のすべてがそれに本質的なものであるのかどうかを、新たな実験によって探究しなければならない。これらの新たな実験も、同種の討論を経なければならないので、私たちに自らの探究をたゆまず続けさせるためには、この上ない志操の堅固さが要求され、提示される多くの道の中から正しい道を選ぶためには、この上ない明敏さ（sagacity）が要求されるのである。（T 1.3.15.11 : 強調引用者）

ここにおいてヒュームは、私たちがものごとの原因や結果を探究するときに、偶然的で余計な条件を排除する能力が必要なことを強調する。たとえば、なぜエアコンが故障したのかをユウコが調べているとしよう。エアコンの故障の原因として、ユウコは「冷媒ガスが抜けている」と考えたり、「オーバーヒートしている」と考えたりするだろう。

しかし、たまたま室外機の周りに物が置いてあって、それによって熱が排出されない状態にある場合は、エアコンが冷媒ガスやオーバーヒートによって故障したわけではない（というより、そもそもエアコン自体は故障していないかもしれない）。ここでは、エアコンの故障にとってどの要因が重要で、どの要因が余計なのかを見分けるための能力が必要なのである。

以上のように、徳信頼性主義解釈は、知的徳としての「注意深さ」や「明敏さ」が、知覚や内観と同様に、真なる信念を安定して形成するための能力だと理解する。この解釈は、「帰納推理がたまたま運良く成功したのではないことをどうやって示すのか」という、プロセス信頼性主義解釈に見られた理論上の難点を回避していると考えられる。というのも、「注意深さ」や「明敏さ」によって形成される推理や信念は、単なる偶然とは異なる安定したプロセスを経て生じたものだからである。このように、徳信頼性主義は、プロセス信頼性主義に見られる不備を補うことで、より魅力的なヒューム像を提示しようとしているのだと言える。

しかし、徳信頼性主義解釈にも次のような問題点がある。それは、ヒュームにとって中心的な徳の概念が、能力ではなく性格特性（character trait）によって定義されているため、徳信頼性主義解釈と齟齬をきたすのではないか、ということである。『道徳原理研究』第八章での徳の定義を引用すれば、「徳はそれを考察し、それについて熟慮するすべての人にとって快適である、ないしそうした人によって是認される性質である。これこそが徳の本性であり、実のところ、それが徳の定義である」（EPM 8 note 50）となっている。ここでの定義は、能力ではなく「性質」の一種として徳を説明している以上、徳信頼性主義解釈にとって不利なテクスト上の証拠になると言える。

これまでの議論では、二種類の信頼性主義解釈とその問題点を確認してきた。二種類の信頼性主義解釈は、それぞれが理論的にも解釈的にも魅力的な点をもっているように見える。特に、習慣の真理誘導性という論点は、帰納推理の信頼性を説明する上で、きわめて重要な指摘であると言えるだろう。しかし、両者の解釈には次のような共通の疑念が向けられる。すなわち、結局のところ、なぜ私たちが帰納推理を信頼してよいのか、あるいは、真理誘導的な習慣を信頼すべきなのはなぜなのか、という規範的な問いに答えていないのではないか、という疑念である。

以上の疑念に対してヒュームが応答できるのかどうかを確かめるためには、いまいちどヒューム自身のテクストに立ち戻る必要があるだろう。ここで本書が注目するのは、ヒュームが一種の自然主義（naturalism）を表明するテクストである。なぜなら、ヒュームは自然主義の立場から、以上の規範的な問いに答える用意があると考えられるからである（Beebee 2006, 74）。次節ではこのことを詳しく論じよう。

## (2) 自然主義と信頼性

ヒュームの自然主義は、多様な仕方で理解されることがある。しかし、その最大公約数的な理解が、人間の自然本性（human nature）の観点からあらゆる現象を説明する試みだという点に異論はないだろう（Strawson 1985, 10–14；久米 2005, 73）。こうした見解を表明している箇所として、『人間本性論』第一巻第四部第二節の有名なテクストを引用しておくことにしよう。

このようにして、懐疑論者は、彼の理性を理性によって擁護することができないと主張するにもかかわらず、推論し続け、信じ続けるのである。そして、同じ規則によって、彼は、哲学のいかなる議論によってもそれの真実性を主張することができないにもかかわらず、物体の存在に関する原理に同意せざるをえないのである。自然は、この問題を懐疑論者の選択に委ねはせず、疑いもなく、この問題を、私たちの不確かな推論や思弁に任せるにはあまりにも重要な問題であるとみなしたのである。私たちは「いかなる原因が私たちに物体の存在を信じさせるのか」と問うてもよいが、「物体が存在するか否か」と問うことは無益である。物体が存在するということは、

> 私たちのあらゆる論究において、当然のこととしなければならないのである。（T 1.4.2.1）

久米によれば、以上の引用から三つの主張を読み取ることができる（久米 2005, 34）。①私たちは、議論によって懐疑論を論駁したり、物体の存在を証明したりすることはできない。②それにもかかわらず、私たちは物体が存在することを受け入れなければならない。③物体が存在するということは、私たちのあらゆる論究において前提とされている。これらの主張が意味しているのは、物体の存在に関する信念が私たちの日常生活や実践の枠組みとして機能しており、正当化の不在を主張する懐疑論の対象にはならない、ということである。むしろ、物体の存在に関する信念は、懐疑論を含む私たちの議論がそもそも成立するための足場だと言える。

以上の議論は、物体の存在に関する信念だけでなく、帰納推理が依拠する自然斉一性に関する信念についても用意されている。ヒュームによれば、自然斉一性は私たちが「反省に先立って」（T 1.3.13.8）信じているものであり、「私たちが、いかなる証明もなしに、当然のこととして前提としている」（A 14）。こうした論点は、『人間本性論』第一巻第四部第四節において「想像力の原理」の役割が説明される際に、とりわけ強調されることになる。引用しておこう。

> そこで、私は自らを正当化するために、想像力において〔二種類の〕原理を区別しなければならない。一つは、たとえば原因から結果へ、あるいは結果から原因への習慣的移行のように、永続的で不可抗で普遍的である諸原理であり、もう一つは、さきほど言及したような、変わりやすく規則的でない諸原理である。前者は、私たちのあらゆる思考と行為の基礎であり、それがなくなれば人間本性はただちに破滅してしまうほかない。後者は、人類にとって不可避でも、必要でもなく、生活を送るのに有用でさえない。（T 1.4.4.1）

この引用で強調されているように、「原因から結果へ、あるいは結果から原因への習慣的移行」において用いられている「想像力の原理」は、私たちの思考や行為の基礎をかたちづくっており、それは人間本性の維持にとって不可欠なのである。

「想像力の原理」は、虚構を生み出す「空想力（fancy）」の原理から区別されるものであり、現実の出来事から将来を予測したり行為を制御したりすることが可能になるための原理である。「想像力の原理」には、「過去の事例は未来の事例と似ているだろう」という自然斉一性の原理だけでなく、木曾好能の言う「一度で十分の原理」（木曾 1995, 513）も含まれている。「一度で十分の原理」とは、私たちがただ一度の注意深い実験から、事象の原因や結果の知識を得ることを保証する原理である。「哲学においてのみならず、日常生活においてさえも、私たちがある特定の原因の知識をただ一度の実験によって獲得することがあるということが、確かである」（T 1.3.8.14）。たとえば、マコトが歩いていて濁流に行き当たったとしよう。このとき、濁流に飲み込まれた経験がマコトになかったとしても、それと類似する経験を手がかりに「濁流に飲み込まれたら溺れてしまう」と推理することが許される。このことが可能なのは、マコトが手がかりとする経験が、これまでに他の動物や人間が繰り返し積み重ねてきた「無数の実験（many millions [of experiments]）」（T 1.3.8.14）の一部を構成しているからである。[18] ここで言う「無数の実験」とは、特定の動物や人間の体験へと還元されるものではなく、むしろ特定の動物や人間に属させるのが困難であるような経験の蓄積に他ならない。私たちが習慣を身につける仕方は偶然的であるが、そこにおいて身につけられる習慣それ自体は無数の経験の歴史によって支えられている。「一度で十分の原理」は、無数の経験の積み重ねによって自然本性に根差した習慣に組み込まれ、帰納推理において暗黙のうちに働くことで、私たちの実践の足場をかたちづくっているのである。[19]

以上のような「想像力の原理」は、帰納推理の正誤を確かめる「物差し」として機能しており、それを命題の形で取り出して正当化の有無を疑うことができない。ここで重要なのは、個別の帰納推理の正当化において、当人が自らの信念形成プロセスに気づいていたり、それを反省によって確かめたりする必要がないということである。たとえば、これまで何度も沸騰したばかりのお湯に手を入れて火傷をしてきたのに、「次は火傷をしない」と言ってお湯に手を入れて火傷してしまう子どもについて考えよう。ここで、私たちはその子どもの推理の仕方が「間違っている」と考えて、私たちと同じように「正しく」推理する仕方を教えるだろう。そのため、私たちが子どもの推理の仕方を訂正するときに依拠する正誤の物差しは、高等動物と共通する自然的で原初的な推理のパターンであり、それについての本人の気づきや反省ではない。こうしたパターンは、例外的な逸脱事例が現れることではじめて推理の「間違い」を正すための物差しとなり、単なる規則性ではない規範性をもつことになる。

以上の議論によって、本章第1節で見た整合性問題は見かけ上のものにすぎなかったことが明らかになるだろう。すなわち、不合理主義的にみえる議論について言えば、それは帰納推理における内在主義的な正当化概念の拒絶を目指したものである。そして正当化に関する議論について言えば、それは外在主義的な正当化概念の理解のもとで、無数の経験の歴史を背景とした自然主義の観点から習慣による帰納推理の正当化を試みたものだということになる。以上の解釈のもとではじめて、ヒュームにとっての帰納推理は推論としての資格を失わず「正当」なものとして認められることになるだろう。ここに来てようやく、懸念された整合性問題は雲散霧消するのである。

急いで付け加えなければならないが、以上のように解釈されたヒュームの議論は、あらゆる種類の推論や信念の正当化について、理性による合理的評価や反省的査定の余地が完全に排除される、ということを主張しているわけではない。むしろ、いくつかの推理や信念が正当化実践の足場となってはじめて、私たちは理性を用いて多くの推論や信念を正当化することができるようになるのである。理性を用いた推論や信念の正当化が具体的にどのような仕方でなされるかは、次章以降で詳しく論じることにしよう。

## 5　本章のまとめ

本章の議論をまとめよう。第1節において私は、ヒュームが伝統的解釈の定式化した帰納の問題を提出していないこと、そして帰納推論が「正当」であるという主張を提示していることを確認した上で、それらがどのように整合するのかという整合性問題が生じることを論じた。第2節では、ヒュームが帰納推論の心理学的考察を行っているとする久米の解釈を取り上げて検討した。そこでは、ヒュームが帰納推論を「帰納推理」と「帰納推論」に区別した上で、帰納推理の主体が人間と高等動物であること、また、帰納推理の性質が自然性と原初性であることを示しているという点を確認した。そしてその上で、習慣による帰納推理の正当化という課題がヒュームにとって重要であることを改めて浮き彫りにした。以上をふまえて第3節と第4節では、帰納推理の正当化に関するヒュームの議論が、自然主義の観点から述べられたものとして解釈できると論じたのである[20]。

続く第二章では、帰納推理とは区別される帰納推論、すなわち、帰納推論についてのヒュームの見解を明らかにしたい。特に、私たちは蓋然性（probability）についての見解が帰納推論の理解において重要な役割を占めていることを見るだろう。

# 第二章　蓋然性と帰納推論

帰納推論によって得られる蓋然的信念（probable belief）についての議論は、ヒュームの因果論のみならず彼の哲学全体において重要な役割を担っている。それは、不確実な状況下で現象の原因を探るための論理だけでなく、奇跡の証言の信頼性や自然の作者としての神の存在証明を批判するための論理をも提供しているからである。ヒューム自身が蓋然性についての議論を重視していたことは、『人間本性論摘要』の次のような叙述において明確に示されている。

著名なライプニッツ氏は、通常の論理学の体系の欠陥として次のことを挙げていた。すなわち、これまでの論理学の体系は、演繹推論の形成における知性の作用については冗長な説明を与えながら、私たちの生活と行動のすべてが依拠しており、また哲学的反省の大部分においても案内役となるような、蓋然性の問題や証拠のその他の尺度になると、まったく簡単にしか触れてこなかった、ということである。彼が念頭に置いているのは、『人間知性論』、『真理の探究』、および『ポール・ロワイアル論理学』の著者たちである。『人間本性論』の著者は、こ

れらの哲学者に見られる欠陥を十分に意識して、可能なかぎりその欠陥を補おうと努めた。(A 4)

このように、ヒュームは従来の論理学体系の不備を補うという意図のもとで、蓋然的信念の「論理」を示そうとしていたのである。こうした蓋然性理論は『人間本性論』だけでなく『人間知性研究』においても展開されており、ヒューム哲学を特徴づける上で重要な位置を占めていると言える。

しかし、以上のようなヒュームの蓋然性理論は、その重要性にもかかわらず、多くの解釈者の混乱と誤解を招いてきた。伊藤邦武の指摘するように、その理由はおそらく、ヒュームが蓋然性について論じた『人間本性論』第一巻第三部第十一節から第十三節および『人間知性研究』第六章と第九章の議論が、きわめて込み入っており曖昧な表現を多数含んでいるということによるのだろう(伊藤 2002, 48)。けれども、ヒューム因果論の包括的な理解を目指すのであれば、議論の複雑さや曖昧さのゆえに彼の蓋然性理論を無視することはできない。

そこで本章では、ヒュームが蓋然性理論においてどのような議論を展開したのかを明らかにしたい。あらかじめ結論を述べれば、ヒュームは蓋然性理論において、確証についての客観的ベイズ主義 (objective Bayesianism) を採用した上で、信念の蓋然性を判定するための論理を示そうとした。そして、心理学的考察によって帰納推論の時間性という性質を明らかにしつつ、認識論的考察によって推論規則の観点から帰納推論を正当化しようと試みたのである。

以上のことを示すためにまず、ヒュームが『人間本性論』において蓋然性の種類をどのように区別しているかを確認する(第1節)。次に、ヒュームにおける蓋然性が「確率」とは無縁であると理解する解釈を批判した上で、彼の言う蓋然性が「確率」によって解釈できるものであることを示す(第2節)。その上で、ヒュームの蓋然性理論を主観的ベイズ主義の観点から理解する解釈を取り上げ、その問題点を明らかにする(第3節)。続いて、主観的ベイズ主義解釈の代替案として、客観的ベイズ主義解釈を取り上げて検討する(第4節)。客観的ベイズ主義解釈に見られる問題点を確認したのち、ヒュームの蓋然性理論において心理学的考察・認識論的考察がいかなる位置を占めているのかを明確にする（第5節、第6節）。

## 1　ヒュームによる蓋然性の種類の区別

本節では、ヒュームの蓋然性理論に対する解釈を検討する前に、彼が蓋然的信念について与えている区別を整理することから議論をはじめよう。ただし、ここでは主として『人間本性論』の議論を参照することになる。というのも、ヒュームは『人間知性研究』において、『人間本性論』で与えられていたはずの蓋然性の区別を部分的に省略しているため、結果的に彼の蓋然性理論の全体像が見えにくくなっているからである。ヒューム自身による説明はきわめて錯綜しているので、ここでは伊藤の整理にしたがってまとめておこう（伊藤 2002, 49–51）。

まず、ヒュームは知識と蓋然的信念を区別する。ヒュームの定義によれば、厳密な意味での「知識（knowledge）」は「観念の比較から生じる確信」（T 1.3.11.2）である。それは、演繹推論によって得られる論理的知識や数学的知識を意味する。たとえば、「$P$ならば$P$」という同一律や、「一つの円において等しい弧に対する円周角は等しい」という円周角の定理がヒュームの言う「知識」である。

次に、蓋然的信念は「確証（proof）」と純然たる「蓋然性（probability）」に区別される。「確証」とは、「原因と結果の関係から生じ、疑いと不確かさから完全に免れている議論」（T 1.3.11.2）である。[1] それは、これまで例外なく経験によって支持されてきた信念で、論理的・数学的知識のような厳密な意味での「知識」ほどの確実性はもたないが、それでもほとんど間違いがないと認められている信念である。たとえば、「鉛が空中に浮かぶことはないだろう」という信念がそれに当たる。[2] それに対し、純然たる「蓋然性」とは、「まだ不確かさの伴う証拠」（T 1.3.11.2）である。

それは、これまで必ずしも経験によっては支持されてこなかった信念であり、不確実な状況下での事象の生起の「憶測（conjecture）」（T 1.3.11.3）を意味する。たとえば、「梅雨の時期に東京でゲリラ豪雨が降る蓋然性が高い」といった信念が「憶測」としての「蓋然性」である。

さらに、「憶測」としての純然たる蓋然性は、「哲学的蓋然性（philosophical probability）」と「非哲学的蓋然性（unphilosophical probability）」に区別される（T 1.3.13.1）。ヒュームにとって、「哲学」とは理性による日常生活の反省のことを意味しているので、哲学的蓋然性とは、私たちが蓋然性の度合いを合理的に判定できる種類の信念であることになる。(3) それに対し、非哲学的蓋然性とは、理性による反省なしに無批判にいだかれる信念である。たとえば、「最近の若者は本を読まない傾向にある」というような偏見は、何らかの心理的要因や過度の一般化によって不合理な仕方で信じられているだろう。

このようにして、ヒュームが蓋然性理論においてその論理を明らかにしようとしているのは、哲学的蓋然性であるということになる。ヒュームは、哲学的な蓋然性に対して「偶然にもとづく蓋然性（the probabilities of chance）」と「原因にもとづく蓋然性（the probabilities of cause）」というさらなる区別を設ける（T 1.3.12.1）。偶然にもとづく蓋然性とは、これまでの経験ではある事象の原因を特定することが不可能な場合に、その事象が生起する蓋然性についていだかれる信念のことである。たとえば、ルーレットを回したときにいだかれる「赤の7番に止まるだろう」という信念がそうである。これに対し、原因にもとづく蓋然性とは、ある事象についていくつかの原因が特定されている場合に、裏付けとなる経験が不十分なため確証にはいたっていない信念のことである。たとえば、「時計の故障の原因はおそらく歯車の歪みにあるだろう」という信念がそれに当たる。

原因にもとづく蓋然性は、私たちの経験の不十分さの程度に応じて、さらに三つの種類に区別することができる。第一に、ある事象に関する原因が一つに絞られているとき、これまでの経験の量が不十分なままにいだかれる信念で

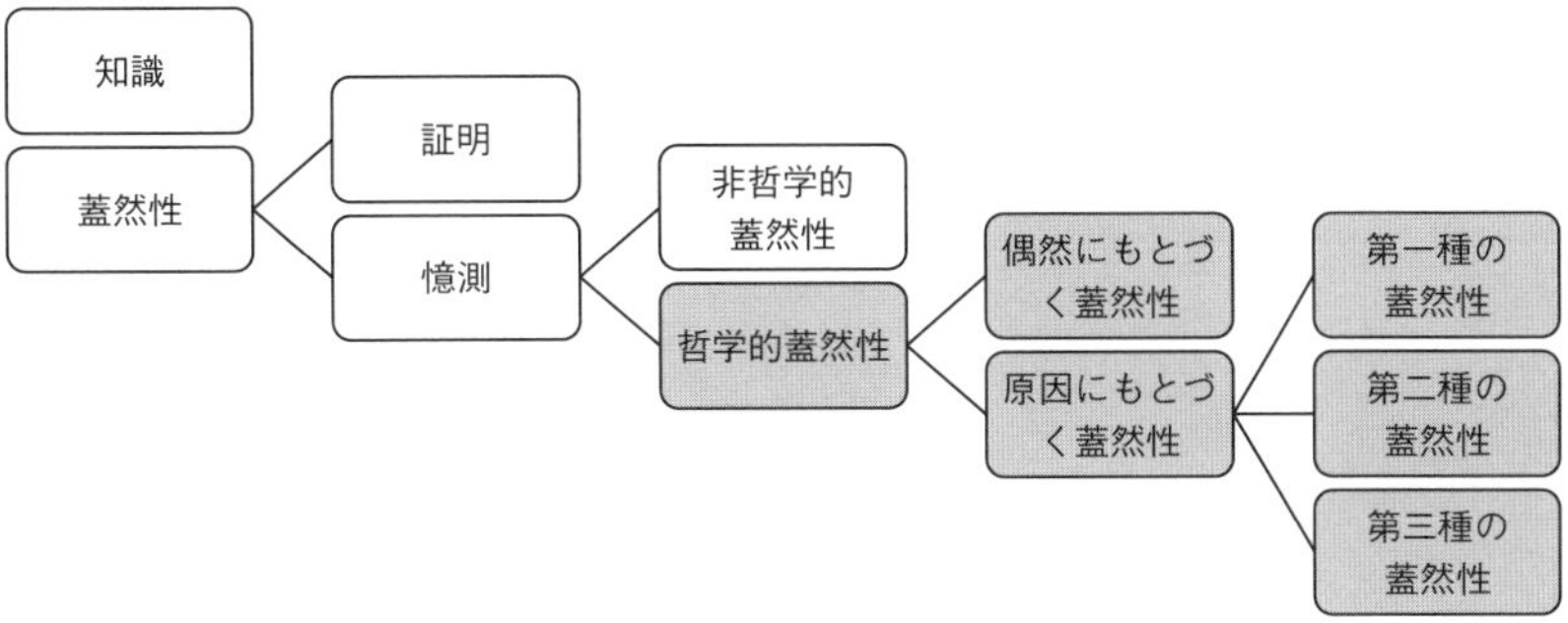


**図1　蓋然性の種類の区別**

ある。これは「第一種の蓋然性」とみなされる（T 1.3.12.2）。たとえば、燃焼の原因がマッチの摩擦であることが判明したときに、燃焼とマッチの摩擦の間の恒常的連接の経験を十分に積んでいない人が、「マッチを擦れば火がつくだろう」という信念をいだく場合がそうである。第二に、互いに対立する複数の原因が関与しているとき、それぞれ原因がどの程度の蓋然性で関与しているのかを判断する際にいだかれる信念である。これは「第二種の蓋然性」とみなされる（T 1.3.12.4）。たとえば、時計の働きを阻害した原因として、ぜんまいや歯車以外にも、ほこりやゴミの混入が関与しているかもしれないという判断を下す場合がそうである。第三に、個別の因果判断（*A*は*B*を引き起こす）にもとづいて、その結果と類似する事象（*B'*）から、その事象の原因（*A'*）を憶測する際にいだかれる信念である。これは「類推から生じる第三種の蓋然性」とみなされる（T 1.3.12.25）。たとえば、「梨か桃を好んで食べる習慣があるひとは、好きな果物が入手できなければ、メロンで我慢する」（T 1.3.13.8）という場合には、類推によって蓋然的信念がいだかれる。

以上の分類をまとめれば、図1のように示すことができるだろう。[4] こうした区別において、ヒュームは蓋然的信念に度合いを認めている。そして、推論や判断において私たちが「哲学的蓋然性」を判定するための方法を考案しようとしているのである（図1の色分けされた項目）。蓋然的信念の度合いという考え方は、『人間知性研究』第十章第一部の以下の箇所においてはっきりと提示されている。

事実についての私たちの推論には、最高度の確実性から最低度の種類の精神的証拠に至るまでの、想像可能なすべての確信度（degrees of assurance）が存在している。（EHU 10.1.3：強調引用者）

ここでは、ある事象の生起に対してどれほど確信をもてるかに応じて、信念の蓋然性の度合いが変化するということが述べられている。たとえば、「明日もまた太陽が昇るだろう」という信念の蓋然性の度合いはきわめて高いのに対して、「日本の奥地でネコの新種が見つかるかもしれない」という信念の蓋然性の度合いはきわめて低いだろう。

もちろん、ここでの蓋然的信念の度合いが「確率」として解釈できるのかどうかについては議論の余地がある。次節では、ヒュームの議論において蓋然的信念の度合いを確率として解釈してよいのかどうかという問題を検討しよう。

## 2　蓋然性と確率

バリー・ゴーワーや中才敏郎によれば、ヒュームの議論における蓋然的信念を確率として解釈するのは無理がある（Gower 1991：中才 2001）。なぜなら、ヒュームが蓋然性理論において実際に採用しているのは、信念の蓋然性を「対立する証拠の差」によって解釈するという見解だと考えられるからである。以下では、ゴーワーや中才が典拠とするテクストを挙げていこう。

まず、ヒュームは『人間本性論』と『人間知性研究』において信念の度合いを説明するとき、「観念の生気（the vivacity）」（T 1.3.11.13）や「勢いと活気（force and vigour）」（EHU 6.3）といった心理的表現を多用しつつ、すべての蓋然的推論が「感覚の一種（a kind of sensation）に他ならない」（T 1.3.8.12）とまで述べている。こうした説明には、確率計算の観点から蓋然性の判定方法を理解する姿勢はみられない。

また、ヒュームは『人間知性研究』第十章第一部で、対立する証拠の力について次のように述べている。

……すべての蓋然性は経験と観察の対立を前提としており、この対立のなかでは一方の側が他方の側を圧倒し、この優位に比例した証拠の度合いを生み出しているのが見られる。……あらゆる事例において、経験が相対立しているとき、私たちは、より優位な証拠の厳密な力を知るためには、これらの相対立する経験を対照させ、より少数の経験の数をより多数の経験の数から差し引かなければならない。(EHU 10.1.4)

ここで、ヒュームは次のような考え方を提示しているようである。すなわち、ある信念の証拠ないし蓋然性は、それに有利な証拠の数と不利な証拠の数との間の比ではなく、両者の間の差としてみなされねばならない。一般に、「次の試行において、$A$は$B$だろう」という信念の蓋然性は、これまでの事例で$A$が$B$だった事例($m$)と$B$ではなかった事例($n$)との差($m-n$)として考えられねばならない。こうした信念は、$m>n$のときにのみ蓋然性をもつのであり、$m=n$のときにはいかなる蓋然性ももたないことになる(中才 2001, 18)。

ゴーワーによれば、以上のようにヒュームが蓋然性の判定方法を考えていたのだとすれば、彼の議論における蓋然性を確率として解釈するのは無理がある。なぜなら、もし過去の事例や経験の数がものを言うのだとすれば、ヒュームの蓋然性概念を証拠の数の比でとらえることは困難だからである(Gower 1991, 15)。たとえば、アヘンの服用が八回のうち七回の割合で催眠効果をもつという信念があったとしても、その信念の証拠が八十回の経験にもとづく場合と八百回の場合とでは、どちらも「アヘンの服用が催眠効果をもつ」ことの確率は8分の7であることになる。しかし、信念の蓋然性を証拠の数の差によって判定する方法では、両者の確率は同じにならないはずである。したがって、私たちはヒュームの言う蓋然性を確率として解釈しない方が望ましいということになる。

以上の解釈は、ヒュームの言う蓋然性を確率ではなく「対立する証拠の数の差」として理解することで、信念の蓋然性を判定するための彼独自の方法を描き出せているという利点をもっている。それだけでなく、確率計算によって「対立する証拠の数の差」という蓋然性の判定方法を理解しようとすると、不合理な結果がもたらされるという困難を指摘している点でも、一定の評価を得ていると言える。

しかし、ゴーワーや中才の解釈が決定的かと言えば、必ずしもそうではない。というのも、彼らの挙げていないテクストに目を向ければ、ヒュームの言う蓋然性を確率として理解する可能性は閉ざされていないことがわかるからである。次節では、こうした路線をとるジョン・イアマンの解釈を紹介しよう。

## 3　主観的ベイズ主義解釈

イアマンによれば、ヒュームの蓋然性理論は確証についてのベ̀イ̀ズ̀主義（Bayesianism）と呼ばれる見解を提示したものとして解釈できる（Earman 2000）。確証についてのベイズ主義がどのようなものかを理解するために、できるだけ単純な例を考えてみよう。医者が次のような仮説を提起したと仮定する。

（$h$）アスピリンを摂取することは頭痛が和らぐことの原因である。

そして、私が次のような証拠を得たとしよう。

（$e$）私は、頭痛が生じたときにアスピリンを摂取すると、頭痛に苦しむ度合いがそうでないときよりも実際に少なかった。

ここで、証拠 $e$ は仮説 $h$ に対して積極的な支持を与えている。このとき、$e$ は $h$ を確証している（confirm）と言ってよい[5]。ベイズ主義の戦略は、ここでの確証関係を「$e$ は $h$ が真である確率を高める」と解釈する、というものである。こうした戦略にしたがって、仮説の確率の変化を説明しようとするのが確証についてのベイズ主義、すなわちベイズ的確証理論（Bayesian confirmation theory）と呼ばれる考え方である。ベイズ的確証理論は、私たちが証拠 $e$ を得たときに仮説 $h$ の確率をどのように更新するべきかという原理を、数学的確率論におけるベイズの定理（Bayes's theorem）を用いて定式化する。確率算の規則と公理[6]をふまえた上で、ベイズの定理はさまざまな仕方で定式化が可能であるが、以下はその定式化の一例である（Howson and Urbach 2006, 16）。

$$P(a|b)=\frac{P(b|a)P(a)}{P(b)}$$

（$P(a)$、$P(b)$ は非負の実数、$P(b)\neq 0$）

この定理は数学的にトリヴィアルなものであるが、ベイズ的確証理論においては重要な役割を果たしている。ベイズ的確証理論において、一般に $a$ は $b$ という証拠のもとで評価されるべき仮説を意味する。そのため、この定理の述べていることは、証拠に条件づけられたその仮説の確率（仮説の事後確率（posterior probability））が、仮説に条件づけられた証拠の確率（仮説の尤度（likelihood））と仮説の事前確率（prior probability）をかけたものを、証拠の確率で割ったものに等しい、ということになる。こうした着想によって、確証についてのベイズ主義は証拠による仮説の確率の更新という事態を説明しようとする。

確証についてのベイズ主義は、次の二つの基本的特徴をもっている（一ノ瀬 2006, 214-216）。第一に、確率概念が、フランク・ラムジー以来「信念の度合い（degree of belief）」として伝統的に定義されてきた主観確率（subjective probability）として解釈されるということ、特に事前確率に対してそうした解釈が適用されるということである（cf. Ramsey 1990）。これは、過去のデータが十分に存在しない新たな事象に対しても、証拠による仮説の確率の更新という事態を説明できるという、ベイズ主義のもっとも大きな特徴を示している。第二に、そうした信念の度合いが、古典的な確率算の規則を満たさねばならない、ということである。この特徴は、ベイズ主義の枠組みが単に記述的なものではなく規範的なものであるということを示している。すなわち、私たちは心理的事実として確率算の規則を破ることがあるとしても、私たちの確証が合理的なものとなるためにはそうした公理を満たさねばならないということである。こうした二つの特徴をもつ確証についてのベイズ主義は、私たちが新たな証拠によって仮説を合理的に確証するための規範的な枠組みを提供している(7)。

それでは、こうした確証についてのベイズ主義の着想がヒュームにあるという解釈は、どのようなテクストによって裏付けられるのだろうか。ここでは、イアマンの解釈の不備を補いつつ、彼によるベイズ主義解釈の骨格を明らかにしておこう(8)。

まず、ヒュームは、古典的な確率算の規則にしたがった確率計算の方法について考慮している。このことを明らかにするためには、『人間本性論』第一巻第三部第十一節で「偶然にもとづく蓋然性」に対する分析を与えている、次の一節が手がかりになる。

完全な不偏性が偶然に本質的なので、一つの偶然が他の偶然に優るということは、それが等しい偶然のより大きな数から成るという場合を除き、ありえない。なぜなら、もし私たちが、一つの偶然が何か他の仕方で他の偶然に優ると主張するならば、私たちは同時に、それに優越性を与え事象を他の側ではなくそれの側に決める何かが存在していると、主張しなければならないからである。すなわち、言い換えれば、私たちはある原因を認め、先に立てられていた偶然の仮定を無効にしなければならない。完全な不偏性が、偶然に本質的なものであり、一つの完全な不偏性は、それ自体では、他の完全な不偏性に優ることも劣ることも、けっしてできないのである。この真理は、私の体系に特有のものではなく、偶然に関する計算法を考案するどの人によっても認められている。（T 1.3.11.5：強調引用者）

ここで、ヒュームは無差別の原理（The principle of indifference）[9]と呼ばれる確率付値の原理を考慮しているようである。たとえば、サイコロがまともなものであると仮定しよう。このとき、無差別の原理にしたがうなら、1から6までの目が出る可能性は等しく無差別であり、どれか一つの目が出ることよりも他の目が出ることを優先する理由がなければ、六つの目が出ることは同様に確からしいということになる。このとき、「1の目が出る」という事象が起こる確率は6分の1であり、「偶数目が出る」という事象が起こる確率は2分の1であると計算できるだろう。

次に、ヒュームによれば、以上の「偶然に関する計算法」は、「偶然にもとづく蓋然性」だけでなく「原因にもとづく蓋然性」についても同様に当てはまる。このことは、『人間本性論』第一巻第三部第十二節と『人間知性研究』第六章で次のように述べられている。

過去の経験のすべては、一種の偶然とみなすことができる。したがって、一方〔偶然にもとづく蓋然性〕について述べられたことは、〔偶然にもとづく蓋然性と原因にもとづく蓋然性の〕両方に当てはまる。（T 1.3.12.11）

原因にもとづく蓋然性についても、偶然にもとづく蓋然性と事情は同じである。(EHU 6.4)

このように、偶然にもとづく蓋然性と原因にもとづく蓋然性の論理は、どちらも無差別の原理にもとづく古典的な確率算の方法を考慮したものである。伊藤によれば、ここでヒュームは次のような考え方にしたがっている。すなわち、「それは記号をつかっていえば、$B$が生じる可能性を$h$、それを支持する経験を$e$とすると、$e$を条件とする$h$の確率$P(h|e)$が$r/n$であるということである($n$はこれまでの全経験の回数、$r$はそのうちの$B$が生じた回数である)」(伊藤 2002, 57)。

そしてイアマンによれば、ヒュームは、のちにハンス・ライヘンバッハによって定式化された直挿法(straight rule)と呼ばれる推論規則に帰納推論がしたがうとみなしている(Reichenbach 1949)。直挿法とは次のような規則である。

(S) ある事象が$n$回の試行のうち$m$回観察されたなら、その事象の長い間における相対頻度は$m/n$であると推論してよい。

たとえば、これまでの試行で「この鉄の試験片は電気を伝える伝導体である」という個別命題を、同様な$n$個の試験片すべてについて確認できたと仮定しよう。このとき、すでに観察された$n$個の試験片において、「鉄が伝導体である」という事象の相対頻度は$n/n$つまり1である。したがって、私たちは以上の証拠と(S)を前提すれば、同じ事象の長い間の相対頻度も1であることを推論できることになる。

イアマンによれば、以上の直挿法をヒュームが認めている形跡は、『人間知性研究』第十章第一部の以下の箇所に認められる（Earman 2000, 23）。

それゆえ賢人（wise men）は、自らの信念を証拠に釣り合わせる。不可謬な経験にもとづくような結論においては、彼は最高度の確信度をもってその出来事を期待し、自らの過去の経験をその出来事が未来にも存在するだろうことへの十分な確証（*proof*）とみなす。（EHU 10.1.4）

奇跡とは自然法則の侵犯である。そして確固たる不変の経験がこれらの自然法則を確立したのであるから、奇跡に反対する確証は、事柄の本性そのものからして、およそ経験される限りの経験にもとづくあらゆる論証と同様に完全なのである。……すべての奇跡的出来事に対しては、それらに反対する斉一的な経験が存在しなければならない。そうでなければ、そうした出来事はそのような〔奇跡という〕呼称に値しないことになるだろう。そして、斉一的な経験は確証に達するのであるから、ここには、事柄の本性からして、あらゆる奇跡の存在に反対する直接的で十分な確証（*proof*）が存在しているわけである。（EHU 10.1.12）

ここでヒュームは、「ある$A$が$B$である」という信念を支持する経験が斉一的であるときには——すなわち、仮説を支持するのに十分な数の証拠を手にしているときには——、「すべての$A$が$B$である」ということの「確証」を得る、と述べているようである。そしてこのことは、私たちが十分な数の証拠と（S）を前提すれば、「すべての$A$は$B$である」という仮説に確率1を付値できる、ということを含意すると考えられる[10]。そうだとすれば、私たちは、ヒュームが蓋然性理論において、無差別の原理と直挿法にしたがって行われる帰納推論のための論理を解明しようとした、と解釈できることになるだろう。

以上のことから、ヒュームの蓋然性理論は、いかに数学的には素朴な道具立てであったとしても、基本的にはベイズ主義的な枠組みを提示する試みとして解釈できると考えられる。[11] ヒュームは、少なくともその基本的な精神としては、私たちの蓋然的信念の記述心理学的理論ではなく、確率算の公理や規則という規範にのっとった確率判断の枠組みを志向していたのである。[12] このことは、ヒュームが「哲学的蓋然性」と「非哲学的蓋然性」を区別することにおいて、合理的な蓋然的信念と不合理的な蓋然的信念を区別しようと試みている点によっても裏付けられる（伊藤 2002, 52）。たとえば、『人間本性論』第一巻第三部第十三節では、「これらの種類の蓋然性〔哲学的蓋然性〕はいずれも、哲学者によって受け入れられており、信念と意見の合理的な基礎（reasonable foundations）として認められている」（T 1.3.13.1）と述べられている。

しかしながら、イアマンによれば、もしヒュームが以上のようなベイズ主義的枠組みにのっとっていたとするならば、彼の議論は「無惨な失敗（abject failure）」（Earman 2000, 3）に終わったということになる。その失敗の原因は、ヒュームが直挿法を認めてしまったことにある。イアマンの解するヒュームによれば、何らかの法則的一般化を表現する仮説$h_1$について、それを支持する十分な数の証拠$e$を得たならば、証拠$e$のもとでの仮説$h_1$の確率は、直挿法（S）によって$P(h_1|e)=1$となる。このとき、$h_1$と対立する仮説$h_2$が法則的一般化の例外を表現するとすれば、証拠$e$のもとでの仮説$h_2$の確率は、$P(h_2|e)=0$となる。以上から導かれるのは、いったん仮説$h_1$を支持する十分な数の証拠$e$を得たならば、どれだけ仮説$h_2$を支持する新たな証拠$e'$を得ることがあっても、仮説$h_2$の確率は増えることがない、すなわち、$P(h_2|e\&e')=0$のままとなる、ということである。しかし、この帰結は受け入れがたい。というのも、それは、さらなる実験によって仮説が受容ないし棄却される可能性を認める科学者の実践を反映していないし、それどころか科学的探究をまったく無力なものとしてしまうようにみえるからである。

イアマンは次のように述べている。

> 素粒子物理学者によって観察された無数の陽子のなかで、これまでその崩壊が検証されたものは一つもない。しかし素粒子物理学者は、「次に観察される粒子は崩壊しないだろう」という命題に確率1を付値することはない……そうでなければ、粒子崩壊を検出する実験に多くの時間とお金を費やすことが、意思決定の標準的な期待効用のモデルによって説明できなくなってしまうだろう。(Earman 2000, 31)

したがって、私たちが科学的探究を無力にしてしまうのでない限り、直挿法にしたがって帰納推論のモデルを与えたヒュームの議論が失敗していると判断せざるをえないように思われる。

このように考えると、私たちはイアマンの批判を認めるか、ベイズ主義解釈を捨てる他ないように思えてくる。しかし、イアマンの批判を回避しつつ、彼とは異なる観点からベイズ主義解釈を維持する道がある。それは、ヒュームの蓋然性理論を主観的ベイズ主義ではなく客観的ベイズ主義(objective Bayesianism)の観点から解釈するという道である。イアマンが見落としていたのは、ベイズ主義の言う「主観的な信念の度合い」に二通りの解釈があるということである。すなわち、主観的な信念の度合いをあくまでも個人のものとして理解しつつ、合理性の基準を整合性に求める個人主義的解釈と、個人の信念の度合いに一定の経験的・論理的制約を課して、合理性の基準が整合性を超えるものにあるとする非個人主義的な解釈である(Williamson 2005, Chapter5：一ノ瀬 2006, 34)。客観的ベイズ主義解釈は、ヒュームが主観的な信念の度合いに対する非個人主義的な解釈をとっているとみなした上で、イアマンやゴーワーが挙げていない蓋然性理論の要素をテクストから引き出そうと試みるのである。このことをふまえて、次節では客観的ベイズ主義解釈の議論を検討したい。

## 4　客観的ベイズ主義解釈

本節では、ヒュームの蓋然性概念を確率として理解しつつ、彼の理論を客観的ベイズ主義の提示とみなす解釈を検討する。ここでは特に、アルベルト・ムーラと伊藤の解釈を取り上げよう[13]（Mura 1998; 伊藤 2002）。

客観的ベイズ主義解釈の一つの動機は、ヒュームの言う「信念の証拠の度合い」を非個人主義的な仕方で理解可能だという着想にある。伊藤の指摘するように、蓋然的推論の「感覚」は人間の自然本性にもとづいた共通のものであり、個々の人間どうしで相違する相対的なものではないと理解できる（伊藤 2002, 52）。こうした理解のもとで、客観的ベイズ主義解釈は、ヒュームの蓋然性理論の基本的な精神が、私たちの蓋然的推論の「合理的な基礎」（T 1.3.13.1）の解明にあり、特に私たちが合理的に行う蓋然的推論に対する論理的・経験的制約の解明を目指していた、という可能性を示すのである。

前節で見たように、ヒュームは「偶然に関する計算法を考案するどの人にも認められる」（T 1.3.11.5）ような、古典的な確率算の計算の方法にしたがった蓋然的推論のモデルを与えようと試みているようにみえる。しかし、もしヒュームが無差別の原理にもとづく確率算の方法だけを念頭に置いていたのだとすれば、彼は過去の経験の頻度にしたがう単純な枚挙による帰納だけを考えていたにすぎないことになるだろう。そして、経験の頻度による蓋然性の判定を基礎とした蓋然性理論は、すでにイアマンによって「無惨な失敗」に終わることを私たちは見たはずである。

以上のことをふまえ、伊藤は、経験の頻度以外にも、ヒュームが蓋然性を判定するための要素を提示しているということを、テクストを挙げながら示そうとする。特に伊藤が手がかりにするのは、『人間本性論』第一巻第三部第十二節における以下の箇所である（伊藤 2002, 58–59）。

私は、注意に値する二つの反省をもって、この〔原因にもとづく蓋然性という〕主題を終えたい。第一の反省は、以下のように説明できる。精神は、単に蓋然的な事実について推論を行うとき、その目を過去の経験に向け返すのであり、過去の経験を未来に転移する（transfer）ことによって、その対象についての多くのたがいに反対の像を提示される。これらの像のうち、同種のものが結合して一つの精神作用へと融合することによって、この作用に力と生気を与える。……〔改行〕私の第二の反省は、精神が判断できる大きな数からなる経験のもつ蓋然性と、精神がそれらのあいだに観察できる微小な差異の問題にかかわっている。偶然または蓋然的事実の数が、一方の側で一万と一となるとき、判断力はその数が優っているために、後者を選ぶ。しかし明らかに、精神がすべての個々の像を通覧して、優る数から生じるイメージの生気が優ることを識別することは不可能である。（T 1.3.12.23–24）

以上の引用の前半部で述べられているように、第一の反省は、$n$回の過去の経験のうち、ある事象が生じた$r$回と、生じなかった$n-r$回とが、それぞれひとまとまりになって、事象が生起する確率の係数をつくるということを述べているだけであるようにみえる。しかし、引用の後半部で述べられているように、第二の反省を考慮に入れるとき、事象が生起した回数ではなく、むしろひとまとまりになった経験の重み（weight）が蓋然性判定の要素として認められている。というのも、伊藤の指摘するように、ヒュームは第二の反省において、$n$と$r$の比率以外に、$n$の大きさそのものが信念の確率の付値に影響すると述べており、しかもその値は$n$の大きさの微小な差異には左右されないとも述べているからである[14]（伊藤 2002, 59）。

このような経験の大きさ全体の「重み」を確率論に組み込む発想は、先に見たゴーワーの批判に対する応答を可能にしてくれる。それによれば、もし過去の経験の頻度がヒュームの蓋然性理論においてものを言うのであれば、アへンの服用が八回のうち七回の割合で催眠効果をもつという信念があったとしても、その信念の証拠が八十回の経験にもとづく場合と八百回の場合とでは、どちらも「アヘンの服用が催眠効果をもつ」ことの確率は8分の7であることになっただろう。そのため、ヒュームの蓋然性概念を比によって表すことは困難である、というのがゴーワーの批判だった。しかし、$n$回の過去の経験のうち、事象の生起を予測させる経験$r$と、その否定を予測させる経験$n-r$の「差」をとるとき、個々の経験だけでなく経験全体を考慮に入れねばならないことについて、ヒュームは『人間本性論』第一巻第三部第十二節で次のように述べている。

> たとえば、私が長期にわたる観察から、航海に出て行く二十艘の船のうち十九艘だけが帰港することを見出したと仮定せよ。そして、今私が、出航する二十艘の船を見ていると仮定せよ。私は、私の過去の経験を未来へと投影し、十九艘の船が無事に帰港し、一艘の船が難破することを表象する。このことには何の困難もありえない。しかし、私たちはしばしば不確かに見える単一の事象についての判断を形成するために、過去の出来事のいくつもの観念を通覧するのであるから、この考察は、私たちの観念の最初の形態を変化させ、経験が提示するたがいに分かれたイメージを寄せ集めなければならない。私たちは、私たちが推論している特定の出来事の決定を、それ〔経験〕に照らして行うからである。（T 1.3.12.11）

この引用の前半では、過去の$n$回の航海のうち、船の帰港を予測させる経験$r$と、難破を予測させる経験$n-r$との「差」による蓋然性の判定が考慮されているにすぎない。しかし、過去の経験についての観念の「最初の形態」を変化させたのちには、ひとまとまりの経験全体が考慮されているようである。こうした経験全体の「重み」について、ヒュームは厳密な定式化を与えていないが、おそらくここで考えられているのは、ある可能な事態を支持する経験的証拠の限界的な重み（marginal weight）という要素に他ならない。[15] ゴーワーは、こうした限界的な重みという要素がヒュームの蓋然性理論に潜在することを見落としていたのである。

現在では、経験的証拠の限界的な重みは、不確実な状況下での事象の生起に関わる意思決定のモデルに登場する期待効用の値と、数学的に等しい振る舞いをすることが知られている。特に、限界効用を組み込んだ主観確率にもとづく整合的な期待効用の算出を提示するモデルは、いわゆるベイズ的意思決定理論（Bayesian decision theory）として知られる考え方である。[16] したがって、ヒュームの蓋然性理論は、どれほど素朴な形態であったとしても、ベイズ的意思決定理論と類比的な仕方で、信念の度合いに関する合理的な論理を提供しようとしたことが明らかになる。

さらに、ヒュームは、経験の頻度と経験の重み以外にも、経験の関連性（relevance）という蓋然性判定の要素を認めているように思われる（伊藤 2002, 62–63: Mura 1998, 316）。ヒュームは『人間本性論』第一巻第三部第十二節において、「原因にもとづく蓋然性」の「類推から生じる第三種の蓋然性」について次のように述べている。

> 因果関係にもとづくすべての種類の推論は、原因と結果という二つの対象が過去のすべての事例において恒常的に連接していることと、現在する対象がそれの一方に類似しているという、二つの事実にもとづいている。……偶然にもとづく蓋然的信念と原因にもとづく信念の場合には、二つの対象どうしの結合の恒常性が減少するのであり、類比から生じる蓋然的信念の場合には、類似性のみが影響をこうむるのである。結合と同様に、ある程度の類似性がなければ、いかなる推論も不可能である。しかし、この類似性は多くの異なった程度を許容するので、推論はそれに応じて確固たる度合いと確実性を増減させるのである。（T 1.3.12.25）

以上の引用で、ヒュームは蓋然的な推測の論理における「類似性の程度」の重要性を指摘しているようにみえる。

「梨か桃を好んで食べる習慣があるひとは、好みの果物が入手できなければ、メロンで我慢する」（T 1.3.13.8）。このような場合には、梨や桃を食べることが原因となって得られる快楽に類比的な結果が、メロンによっても得られるだろうと推測する。メロンによって得られるだろう快楽は、梨や桃とメロンの間の「類似性の程度」に応じて判断されるのである。(17)

だが、伊藤の指摘するように、類推にもとづく蓋然的な推測の論理において考慮されるべきは、正確に言えば、経験的証拠の類似性ではなく「関連性」である（伊藤 2002, 62）。すなわち、さまざまな程度の類似と差異を示す証拠のなかで、どの証拠が仮説にとってどの程度関連するものなのかということを、考慮する必要がある。ヒュームはこの点について明確なことを述べていないが、『人間知性研究』第四章第二部には次のような叙述を見出すことができる。

> 卵ほど似ているものはない。しかし誰一人としてこうした外観の類似性にもとづいて、すべての卵のなかに同じ味覚と風味を期待するものはいない。……さて一つの事例から一つの事例を引き出すこうした推論過程は、この単一の事例と少しも異ならない百もの事例から推論する結論と、いったいどこでそれほど異なるのだろうか。……私としては、何らそうした推論を見出すことができず、思い浮かべることもできない。しかし私は誰かが私に教示くださるとすれば、その教えを受け入れるべく常に心を開いておくつもりである。（EHU 4.2.20）

ここでヒュームは、過去の経験的証拠の関連性について自分が説明を与えられないことを、十分に自覚しているように思われる。このことをヒュームの議論の欠陥とみなすのは容易であるが、それは彼が経験的証拠の「関連性」をまったく考慮していなかったということを意味しないだろう。

以上の議論によって、ヒュームは、少なくともその基本的な精神としては、経験の頻度、経験の重み、そして関連する経験の選別という要素によって、合理的な蓋然的推論の論理を提供しようとしていた、ということになる。イアマンは、ヒュームの蓋然性理論をベイズ主義の萌芽として理解しようとした点では正しかったが、ヒュームが蓋然性を判定する要素として経験の頻度のみを認めたと解釈した点では誤っていたのである。

しかしながら、ここで一つの疑念が向けられるかもしれない。それは、客観的ベイズ主義解釈のもとでは、ヒュームが蓋然性理論において提示した心理学的考察の意義が損なわれてしまうのではないか、という疑念である。客観的ベイズ主義解釈は、ヒュームの蓋然的理論の規範的側面を適切にとらえているかもしれないが、他方でその記述的側面を軽視してしまっているようにみえるのである。

だが私の解釈によれば、こうした疑念は、ヒュームによる帰納推論の心理学的考察の対象と目的が十分に理解されていないことから生じた誤解にすぎない。このことを示すために、次節ではヒュームによる帰納推論の心理学的考察が意味するものを明らかにしよう。

## 5　帰納推論の心理学的考察が意味するもの

本節では、ヒュームによる帰納推論の心理学的考察がいかなる対象と目的をもつのか、ということを明らかにする。ヒュームは、基本的には帰納推理のときと同様に、帰納推論が生成するメカニズムを心理学的に探究しようとしている。そのことを通じて、ヒュームは帰納推論に固有の性質をあらわにしようとしたのである。結論を先取りすれば、ヒュームは、帰納推論を用いる哲学者（philosopher）の心の働きを心理学的考察の対象とした。そしてその目的は、帰納推論がもっている時間性という性質を明らかにすることにあったのである。以下では、こうした主張をテクストによって肉付けしたい。

### (1) 帰納推論の主体

本項では、ヒュームによる帰納推論の心理学的考察の目的を明らかにする前に、その考察の対象が何であるかを示しておくことにしたい。というのも、帰納推理と同様に、帰納推論についてもその主体が「誰」であるのかという問いを立てることができるからである。この問いに対して、私は次のように答えたい。すなわち、帰納推論の心理学的考察の対象は、反省によって自らの判断や推論を訂正できる「哲学者」が行う典型的な推論である。

すでに本書第一章第2節で確認したように、ヒュームは『人間本性論』と『人間知性研究』において、すべての人間を「一般人（vulgar）」と「哲学者（philosopher）」に区別する。あらためてその区別を確認しておけば、「一般人」とは、自らの判断や推論を点検しない人びとであり、「哲学者」とは、自らの判断や推論を反省によって点検する人びとである。

ヒュームが「一般人」と「哲学者」の間に推論の仕方の違いを認めていることは、『人間知性研究』第八章第一部に登場する時計の例を見れば明らかである。

> 農夫は、掛け時計や懐中時計が止まってしまったことに対して、いつものようにうまく動かないという理由を挙げることしかできない。しかし技術者であれば、バネや振り子の力は歯車に対して常に同じ影響をもつのだけれど、おそらく全体の動きを止めさせる一粒の砂のせいで、いつもの結果をもたらさないのだろう、と容易に認めるのである。（EHU 8.1.13）

この引用において、ヒュームは、「技術者」が「農夫」とは異なる仕方で時計の故障の原因を探ることを述べている（ヒューム自身の用語で言えば、「技術者」は「哲学者」、「農夫」は「一般人」に対応する）。ここで重要なのは、「哲学者」は

「一般人」とは異なる仕方で推論を行うことができるということである。

ヒュームによれば、「哲学者」は、特に「原因にもとづく蓋然性」にかかわる仮説を確証するプロセスにおいて、事象の原因を特定するための「一般規則」を形成することでより正確な判断を行うことができるようになる。『人間本性論』第一巻第三部第十二節における次の叙述を見てほしい。

……時計職人は、ぜんまいや振り子の同じ力が常に同じ影響を歯車に及ぼし、それが通常の結果を生み損なうのはおそらく一粒の砂によるのであり、これが時計全体の運動を止めるのだということを容易に見て取る。これと類比的な事例をいくつも観察することによって、哲学者は、すべての原因と結果の結合が同様に必然的であり、それがある事例において不確実であるようにみえるのは、たがいに反対の原因の隠れた対立から生じるのである、という一般規則を作るのである。（T 1.3.12.5）

このように、ヒュームは「原因にもとづく蓋然性」を判定する際の「哲学者」の推論が、原因と結果についての「一般規則」にしたがって行われることを強調する。こうした「一般規則」は、『人間本性論』第一巻第三部第十五節で「原因と結果を判定するための規則」としてまとめられることになるものである。実際、ヒュームは『人間本性論』第一巻第三部第十三節で次のように予告している。

私たちはのちに〔原注：『人間本性論』第一巻第三部〕、私たちが原因と結果についての判断をそれによって規制すべき一般規則をいくつか挙げるだろうが、これらの一般規則は私たちの知性の本性と、対象について私たちが形成する判断における知性の働きの経験とにもとづいて、形成されるのである。これらの一般規則によって、私たちは有効な原因から偶然的な条件を区別することを学ぶのであり、ある結果がある特定の条件の協働なしに産出されうることを見出すとき、私たちはその条件が、どれほどしばしば有効な原因に伴っていても、その有効な原因の部分を構成しないと結論する。（T 1.3.13.11）

すなわち、私たちが「原因と結果を判定するための規則」を必要とするのは、一つの事象が複数の原因から生じる可能性があるとき、しばしば原因についての判断を誤ることがあるからである。

以上のような判断や推論の訂正は、「一般人」が時計の故障の原因を探るときには行うことのない実践であり、自らの判断や推論を反省できる「哲学者」に認められる実践である[18]。私たちが判断や推論の訂正を行う場面について、ヒュームは『人間本性論』第一巻第三部第十三節で次のように述べている。

ほとんどすべての種類の原因において、諸条件の錯綜があり、その諸条件のうちのあるものは本質的であり、他のものは余分なものである。……ところで、私たちに観察できるところでは、これらの余分な諸条件が、数が多く顕著で、本質的な諸条件にしばしば伴う場合には、それらが想像力に大きな影響を与え、本質的な条件が欠如している場合にさえ、私たちに通常の結果を思い浮かべさせ、この思念に単なる想像力の虚構に優らせるような勢いと生気を与えることがある。私たちは、この傾向を、それら諸条件の本性を反省することで訂正できるが、それでも習慣が先に働き、想像力に偏りを与えることはやはり確実なのである。（T 1.3.13.9）

たとえば、ユウコが「テレビが映らなくなったら本体を叩けば直るよ」と自慢げに語ってきたとしよう。ユウコの話を聞いたミオは「ユウコの気持ちはわかるけど、まず専門家に聞いてみよう」と思った。実際には本体を叩いても直らないことがあるからである。早速修理にやってきた技術者のハカセは専門家の観点から、ユウコとミオの気づかない条件を選り分け、テレビの故障の真の原因を特定しようとする。ここでハカセは、テレビの故障の原因について仮説を立て、さまざまな証拠によってその仮説を確証しようとするとき、たとえば「いくつかの異なる対象が同じ結果を生み出す場合に、それはそれらの対象に共通してあることを私たちが見出すような何らかの性質によるのでなければならない」（T 1.3.15.7）という一般規則にしたがって、事象の原因の蓋然性を判定しようと試みるのである。このように、技術者は、私たちが事象の原因について下しがちな誤った判断を訂正するのであり、そのことによってより正確な仕方で事象の原因を特定しようとしている。

以上のようにして、ヒュームは、「哲学者」が行う典型的な帰納推論を考察の対象とした上で、そうした推論のメカニズムを心理学的に解明しようとしたのである。以上の議論によって考察の対象を明らかにしたので、続いて考察の目的を明らかにすることへと論を進めよう。

### (2)帰納推論の性質

本項では、ヒュームによる帰納推論の心理学的考察が、帰納推論の時間性という性質の解明を目的としていたということを示したい。

ヒュームは『人間本性論』と『人間知性研究』において、蓋然的信念を説明する際に「観念の生気（the vivacity）」（T 1.3.11.13）や「勢いと活気（force and vigour）」（EHU 6.3）のような心理的表現を多用している。その際、ヒュームは、主観的な信念の度合いがさまざまな心理的要因によって変化するメカニズムを記述することに終始しているようにみえる。私の解釈では、こうした帰納推論の心理学的考察にヒュームがこだわった理由は、私たちが自らの信念の度合いを時間的推移のなかで動的に更新する過程を描き出すためだった。以下では、このことについてテクストを挙げながら説明しよう。

ヒュームは『人間本性論』第一巻第三部第十二節において、私たちが事象の生起する蓋然性を判定するときに、元の仮説に反対する事例があらわれるたびに自らの推論を変化させなければならないということについて、次のように述べている。

> もし常に同じ対象がたがいに随伴し、自然の不確実性を恐れる理由が何もなくて、ただ私たち自身の判断の誤りのみを恐れればよいのであったならば、人間は、生活を営み行為を遂行する際に、きわめて幸福であったであろう。しかし、一つの観察が別の観察と反対であり、原因と結果は私たちが経験したのと同じ順序で生じないことがしばしば見出されるので、私たちは、この不確かさのゆえに私たちの推論を変化させねばならず、出来事の反対性を考慮しなければならないのである（we are oblig'd to vary our reasoning on account of this uncertainty, and take into consideration the contrariety of events）。（T 1.3.12.4：強調引用者）

以上のようなヒュームの叙述は、新たな証拠があらわれるたびに信念の度合いを更新していくというベイズ主義的な考え方を予想させるものである。たとえば、私たちが「アスピリンは頭痛を和らげる」という仮説$h$に対して高い確率を付値していると仮定する。このとき、前節で見た客観的ベイズ主義解釈のもとでのヒュームの議論によれば、私たちは「アスピリンが頭痛を和らげない」という新たな証拠$e$のもとで、元の仮説に付値した事前確率$P_{pri}(h)$を更新しなければならない。その際には、事象の生起の頻度の算定、経験の重みの考慮、関連する経験の選別という手続きを踏むことで、新たな証拠のもとでの仮説の事後確率$P_{pos}(h)$が導き出されることになるだろう。

こうした新たな証拠や経験に応じた推論の変化という洞察によって、ヒュームは私たちが推論において純然たる蓋然性から確証へと至るまでの時間的推移をとらえようとしたのである。この点について、ヒュームは『人間本性論』第一巻第三部第十二節で次のように述べている。

> 原因にもとづく蓋然性にはいくつかの種類があるが、それらはすべて同じ起源から、すなわち現前する印象との観念の連合から生じる。連合を生み出す習慣は、対象の頻繁な随伴から生じるので、習慣は徐々に完成されなければならず、私たちに観察される事例ごとに新たな力を獲得するのでなければならない。（T 1.3.12.2：後の強調は引用者）

> ……哲学者は、自然のほとんどあらゆる部分には、小さいか遠いかの理由で隠れている多種多様の原動力や原理がふくまれていることを観察して、事象の反対性が、原因における何らかの偶然性からではなくて、たがいに反対の原因の隠れた作用から生じるということが、少なくとも可能であるということを知る。この可能性は、さらなる観察によって、確実性へと変化する。すなわち、厳密に精査すれば、結果の反対性は、常に原因の反対性を示しており、反対の原因がたがいに邪魔しあい対立しあうことから生じる、ということに哲学者が気づく場合である。（T 1.3.12.5：強調引用者）

このように、ヒュームは「哲学者」の帰納推論が、動的に信念の度合いが更新される時間的推移においてとらえられねばならないと述べている。もしこうした推論の時間性を考慮するならば、私たちは蓋然的推論にある種の動的性格を認めることになり、過去の証拠が存在しないような新たな事例の蓋然性を判定する方法を手にすることになるだろう。そして実際、ヒュームは『人間知性研究』第九章で、過去の証拠が存在しない「奇跡の証言」に対して自らの枠組みを適用している。[19] 以上のように、ヒュームは帰納推論の心理学的考察によって、時間的に推移する帰納推論の動的側面を示そうとしたのである。

## 6　帰納推論の正当化

前節までの議論で、私たちは、ヒュームが心理学的考察によって帰納推論の時間性を明らかにしたという点を確認した。しかし、帰納推理と同様に、ヒュームは帰納推論についても心理学的考察にとどまっていたわけではない。むしろ心理学的考察を行った上で、ヒュームは、帰納推論の正当化にかかわる認識論的考察へと向かったのである。そこで本節では、ヒュームがいかにして帰納推論を正当化しようとしたのかを明らかにしたい。

すでに本書第一章で見たように、ヒュームは、帰納推理の正当化が人間の自然本性にもとづく習慣によって可能になると考えている。それでは、帰納推論は何によって正当化されるのか。ここで私の解釈をあらかじめ述べておけば、ヒュームは、帰納推論が古典的な確率算の規則や推論規則にしたがっているときに正当化される、と考えていたのである。以下では、この解釈をテクストにもとづいて明確にしよう。

まず、本章第2節で見たように、ヒュームは、「偶然にもとづく蓋然性」と「原因にもとづく蓋然性」を判定する推論が、ともに古典的な確率算の規則にしたがうかぎりで、合理的であることを主張している。このことは、古典的な確率算の規則が「私の体系に特有のものではなく、偶然に関する計算法を考案するどの人によっても認められている」（T 1.3.11.5）という主張と、哲学的蓋然性が「合理的な基礎」（T 1.3.13.1）であるという主張によって確かめられる。

しかし、ヒュームは、なぜ古典的な確率算の規則にしたがって推論することが私たちにとって合理的なのかを示す論証を提示していない。これはおそらく、ヒュームがはじめから古典的な確率算の規則にしたがう合理的な「哲学者」の推論をモデルとして議論を進めたためであると思われる。だが数学的確率論と哲学的認識論が等しい振る舞いをするということは、けっして自明ではない。ここには、ヒュームの議論の限界がある。[20]

また、本章第4節でも確認したように、ヒュームは、「原因にもとづく蓋然性」を判定する帰納推論が、「原因と結果を判定するための規則」にしたがってなされるべきであることを主張している。ここで、『人間本性論』第一巻第三部第十五節で提示されている八つの規則をまとめておくことにしよう（T 1.3.15.3-10）。

**原因と結果を判定するための規則**

（$R_1$）原因と結果は時間的・空間的に隣接していなければならない。

（$R_2$）原因は結果に先行していなければならない。

（$R_3$）原因と結果は恒常的に連接していなければならない。

（$R_4$）同じ原因は常に同じ結果を生み出し、同じ結果は同じ原因以外からはけっして生じない。

（$R_5$）いくつかの異なる対象が同じ結果を生み出す場合、それはそうした異なる対象の共通性質によるのでなければならない。

（$R_6$）二つの類似した対象の結果における相違は、そうした対象がそこにおいて異なるところの特定の点によるのでなければならない。

（$R_7$）ある対象がその原因の増減に応じて増減するとき、その対象はその原因の異なる諸部分から生じるいくつもの異なる結果の結合から生じる、複合的な結果とみなされねばならない。

（$R_8$）ある時間のあいだ、ある結果を伴わずに完全な状態で存在する対象は、その結果の唯一の原因ではなく、その影響と作用を促進させることができるような、何らかの他の原理に助けられることを必要とする。

以上の八つの規則のうち、（$R_5$）から（$R_8$）の規則は、のちにジョン・ステュアート・ミルが『論理学体系』第三巻においてそれぞれ「一致法（Method of Agreement)」、「差異法（Method of Difference)」、「共変法（Method of Concomitant Variations)」、「剰余法（Method of Residues)」と呼んだ「帰納のカノン」に類似している。[21] ミルにとって、帰納はさまざまな個別事例のなかから何らかの仮説や法則を抽出する操作であり、帰納のカノンはそうした仮説や法則を確証する際に私たちがしたがうべき規範である（Mill 1843, 388–406）。ヒュームにとっても、「原因と結果を判定するための規則」は、純然たる蓋然性から確証へと至る際に私たちがしたがうべき推論規則であり、特に「原因にもとづく蓋然性」を判定する際に用いられねばならないものなのである。ここではヒュームとミルの見解の比較をこれ以上詳細に行うことはできないが、少なくともヒュームが帰納推論のための推論規則を提示していることは確かであると考えられる。

しかし、なぜ私たちは「原因と結果を判定するための規則」を推論規則として認めることができるのだろうか。というのも、「原因と結果を判定するための規則」は、「一般規則（general rules)」（T 1.3.13.7）であるという点において、たとえば「アイルランド人は機知に乏しい」という偏見と等しい身分をもつように思われるからである。それでは、推論規則は、いかなる基準のもとで単なる一般化と異なるとみなされるのだろうか。

以上の問いに対して、ヒュームは次のように論じていると考えられる。ヒュームによれば、「原因と結果を判定するための規則」は私たちの論究において使用すべき「論理（LOGIC)」（T 1.3.15.11）である。そして、そうした規則は「私たちの知性の自然の諸原理によって代行されうる」（T 1.3.15.11）のである。ここで言う「知性の自然の諸原理」は、すでに本書第一章でも確認した「想像力の原理」を示していると考えられる。「想像力の原理」は、「原因から結果への習慣的移行のように、永続的で、不可抗で、普遍的である諸原理」（T 1.4.4.1）で、「私たちのあらゆる思考と行為の基礎」（T 1.4.4.1）として人間の自然本性に組み込まれている。

以上のような「想像力の原理」こそ、一般規則に対して「推論規則」の資格を付与するものである。こうした点については、『人間本性論』第一巻第三部第十三節での説明が参考になるだろう。少し長くなるが、引用しておこう。

> 私の体系によれば、すべての推論は習慣の結果に他ならず、習慣が影響力をもつのは想像力に生気を与え、対象の強い思念を私たちに与えることによってのみである。それゆえ、私たちの判断力（judgement）と想像力（imagination）はけっして反対にはなりえず、習慣は想像力に、それを判断力に対立させるような仕方で働きかけることはできない、と結論されるかもしれない。この困難を取り除くことは、一般規則の影響力を仮定することによってしかできない。私たちはのちに〔原注：『人間本性論』第一巻第三部〕、私たちが原因と結果についての判断をそれによって規制すべき一般規則をいくつか挙げるだろうが、これらの一般規則は私たちの知性の本性と、対象について私たちが形成する判断における知性の働きの経験とにもとづいて、形成されるのである。これらの一般規則によって、私たちは有効な原因から偶然的な条件を区別することを学ぶのであり、ある結果がある特定の条件の協働なしに産出されうることを見出すとき、私たちはその条件が、どれほどしばしば有効な原因に伴っていても、その有効な原因の部分を構成しないと結論する。しかし、この頻繁な随伴は、その条件をして、一般規則からの反対の結論にもかかわらず。想像力に対する何らかの影響を必ず与えるので、これら〔一般規則と頻繁な随伴という〕二つの原理は、私たちの思考のうちに対立を生み出し、私たちをして、一方の推論を判断力に、他方の推論を想像力に帰させるのである。一般規則は、より広範でより恒常的なものとして、私たちの判断力に帰される。例外は、より気まぐれでより不確かなものとして、想像力に帰されるのである。（T 1.3.13.11：強調引用者）

ここにおいて、ヒュームは次のようなことを述べている。たとえば、マイがレバーを動かして列車が発車する場面を考えてみよう。マイがレバーを動かすときにはいつも、強い風が吹くことが頻繁にあったと仮定する。ここでマイは、レバーを動かすことが列車の発車の原因であるとみなし、強い風が吹くことは列車の発車の原因ではないと考えるだろう。というのも、ここでは原因と結果を判定するための「推論規則」にしたがう判断力と、単なる一般化としての「一般規則」にしたがう想像力が区別されるからである。

ここで重要なのは、「原因と結果を判定するための規則」が帰納推理において暗黙のうちに用いられている「想像力の原理」を一般規則として明示化したものだということである。すでに本書第一章第4節で見たように、私たちが帰納推論によって何らかの一般規則を導くためには自然斉一性の原理を前提としなければならないが、そうした自然斉一性の原理は帰納推理によってのみ命題化できる。そのため、私たちが「原因と結果を判定するための規則」を推論規則としてみなす基準は、人間の自然本性にもとづく習慣と、それを支える無数の経験にあることになる。

とはいえ、私たちはふだん、原因と結果を判定する上でどういう一般規則を用いるべきなのかを意識せずに推論してしまっている。では、外的な要因が影響する場合のように、事象の原因が何であるのかをすぐには特定しづらいとき、私たちはいかにして自らのしたがう推論規則が適切かどうかを判断すればよいのか。この点について、ヒュームは『人間本性論』第一巻第三部第十三節で次のように述べている。

このようにして、私たちの一般規則はいわばたがいに対立させられる。きわめて重要な点である原因に類似する対象があらわれるとき、想像力はその対象がもっとも重要で有効な点でその原因と異なるにもかかわらず、自然に私たちをいつもの結果を生き生きと思い浮かべることへと導くのである。これが一般規則の第一の影響である。しかし、私たちがこの精神の作用を見直して、それを知性のより一般的でより権威のある働きと比較した場合、私たちはその作用が規則に反する性格のものであり、もっとも確立された推論の原理のすべてを破壊するものであることを見出し、このことが原因となって私たちはその作用を否認する。これが一般規則の第二の影響であり、第一の影響の断罪を意味する。……一般人はふつう第一の影響によって導かれ、賢人は第二の影響によって導かれる。(T 1.3.13.12)

このように、私たちは自らの判断がしたがう一般規則を意識的に反省することで、推論規則と単なる一般化を区別することができる。そこにおいて判断基準になるのは、一般規則が帰納推理において暗黙のうちに用いられていた「想像力の原理」を明示化したものであるかどうか、ということなのである。

## 7　本章のまとめ

本章の議論をまとめよう。第1節と第2節では、ヒュームの蓋然性理論における蓋然性の種類の区別を整理した上で、彼の言う蓋然性が「確率」として解釈できるのかどうかを検討した。その結果として、ヒュームの言う蓋然性を「確率」として解釈する道は閉ざされていないことを確認した。

続く第3節では、ヒュームの蓋然性理論が主観的ベイズ主義の観点から理解できると主張するイアマンの解釈を検討した。イアマンによれば、ヒュームは主観的ベイズ主義の枠組みに則って、事象の長い間の相対頻度にもとづいて信念に確率1を付値することを許す「直挿法」という推論規則を認めている。しかし、直挿法は私たちの科学的探究の実情にそぐわない法外な帰結をもたらすため、ヒュームの議論は「無惨な失敗」に終わるというのがイアマンの診断である。

第4節では、イアマンの解釈とは異なる仕方でヒュームのベイズ主義を理解するためのテクストがあることを論じ、そこでは特に伊藤とムーラの解釈で示されている客観的ベイズ主義解釈を支持した。それによれば、ヒュームは、少なくともその基本的な精神としては、経験の頻度、経験の重み、そして関連する経験の選別という要素によって、合理的な蓋然的推論の論理を提供しようとしていたのである。

だが以上の解釈に対しては、帰納推論についてのヒュームの心理学的考察を視野に入れられていないのではないか、という疑念が向けられる恐れがある。そこで第5節では、帰納推論についての心理学的考察が、時間的推移における帰納推論の動的側面の記述を目指していた、という解釈を与えた。そして第6節では、ヒュームは古典的な確率算の規則や「原因と結果を判定するための規則」という推論規則が帰納推論を正当化すると考えていた、という解釈を示した。このとき、「原因と結果を判定するための規則」は、帰納推論において暗黙のうちに用いられる「想像力の原理」を明示化したものである。そのため、帰納推論の正当化の最終的な基準は、人間の自然本性に根差した「想像力の原理」にあると言えることになる。

これまでの章では、主として帰納推論に関するヒュームの議論がどのようなものかを論じてきた。続く第三章では、帰納推論によって導き出される因果言明の意味に関する考察について、ヒュームがいかなる議論を展開したのかという点を詳細に論じたい。

# 第三章　因果性と意味理解[1]

本章では、因果言明に関するヒュームの意味論的考察がどのようなものだったのかということについて論じる。私たちは言明に関して意味論的考察を展開するとき、言明の意味論的機能（semantic function）について問うことが多い。たとえば、「いま外で雨が降っている」という言明は、世界の側で起きている出来事の報告や記述という機能をもっていると言える。また、「窓を開けてください」という言明は、聞き手に対する命令や要求という機能をもっている。こうした言明の意味論的機能を解明することで、私たちは会話や議論のなかで言明が果たす役割を明確にできると考えられるのである。

では、「煙草の消し忘れが出火の原因である」という言明についてはどうだろうか。「*A*は*B*の原因である」もしくは「*C*は*D*の結果である」という形式の因果言明は、報告や記述といった機能をもつのか、それとも別の機能をもつのだろうか。以下では、因果言明の意味論的機能が何であるかという観点から、因果言明に関してヒュームが展開した意味論的考察の内実を明らかにしてみたい。

まず、因果言明に関するヒュームの意味論的考察について、これまで繰り返し議論されてきたのが彼による原因の二つの定義（Two definitions of cause）であることは論を俟たないだろう。ヒュームは『人間本性論』第一巻第三部第十四節で、「原因」についての二種類の定義を与えている[2]（T 1.3.14.31）。

### 原因の二つの定義

（$D_1$）原因とは、他の対象$b$に先行しかつ隣接する対象$a$であって、そのとき、$a$に似たすべての対象が、$b$に似た対象と先行および隣接という似た関係に置かれる。

（$D_2$）原因とは、他の対象$b$に先行しかつ隣接する対象$a$であって、$a$は$b$と次のような仕方で結合している。すなわち、一方の観念が他方の観念を形成するように精神を決定したり、一方の印象が他方のより生き生きした観念を形成したりするよう精神を決定する。

以上の定義のうち、第一のものは対象間の恒常的連接（constant conjunction）に着目した「哲学的関係」としての「原因」であり、第二のものは精神の被決定性（determination of mind）に着目した「自然的関係」としての「原因」である。ただし『人間本性論』の後に公刊された『人間知性研究』第七章では、（$D_1$）を述べた後で「言いかえれば、そのとき、もしも第一の対象が存在しなかったならば、第二の対象はけっして存在しなかっただろう」（EHU 7.29）という反事実的な条項が追加されている[3]。

一九六〇年代以降、多くの論者は（$D_1$）と（$D_2$）の問題点について激しい論争を展開してきた。特に論争の焦点となってきたのは、ヒュームが「ただ一種類の原因がある」（T 1.3.14.33）ことを認めながら、なぜ「原因」について二種類の定義を提示したのか、ということである（Robinson 1962; Gotterburn 1971）。しかし本章では、「原因」の定義をめぐる解釈論争には立ち入らない[4]。むしろ、そうした論争を意味論的考察の観点から把握しようという動機のもとに展開された、一九九〇年代以降のニュー・ヒューム論争（The New Hume Debate）を集中的に検討したい。なぜなら、因果言明に関するヒュームの意味論的考察を明らかにすることで、「原因」の定義に関する彼の見解を正確に把握するための手がかりを得ることができると考えられるからである。

ここで、あらかじめ本書の解釈を述べておこう。因果言明に関するヒュームの意味論的考察は、「原因」や「結果」という語と対応する「観念」の観点から言語表現の意味を明らかにするのではなく、むしろ「原因」や「結果」という語を用いて推論する「傾向性」の観点から言語表現の意味を明らかにするというアプローチをとっている。推論への「傾向性」が帰納推論においていかなる役割を果たすのかということが、因果言明の意味に関するヒュームの考察の中心的な問いとなっているのである。そして、彼の与えた「原因」の二つの定義は、帰納推論において「原因」という語がいかにして用いられるのかを二種類の観点から述べたものである。

本章の構成を示しておこう。まず、ニュー・ヒューム論争の発端となった解釈上の問いを明らかにする（第1節）。次に、その論争において対立する二つの解釈、すなわち懐疑的実在論解釈（sceptical realist interpretation）と準実在論解釈（quasi-realist interpretation）解釈の要点を紹介したのち、それぞれについて批判的な検討を行い、準実在論解釈の方に分があることを示す（第2節、第3節）。そして、意味という概念の観点からニュー・ヒューム論争によって得られた知見をとらえなおすという目的のもとで、抽象名辞の意味に関するヒュームの議論を検討することによって、ヒュームが推理の傾向性という観点から言語表現の意味を説明しようとしている点を明確にする（第4節）。以上の議論をふまえ、最後に、因果言明の意味に関して、ヒュームがどのような見解を示しているかについて本書が支持する解釈を示して議論を終える（第5節、第6節）。

## 1　ニュー・ヒューム論争の発端

まず、ニュー・ヒューム論争の発端となった問いをおさえておこう。伝統的に、ヒュームは因果性について、ギャレン・ストローソンが標準見解（the standard view）（Strawson 1989, vii）と呼ぶ立場をとっていると解釈されてきた。それによれば、私たちは対象間に因果性そのものを知覚することができない以上、対象間に知覚される因果性は恒常的連接として理解されねばならない。この見解には、因果性に関する規則性説（the regularity theory of causation）という名称で広く受け入れられてきた歴史がある。[5] 因果性に関する規則性説は、因果性を規則性によって置き換えてしまうように思われるがゆえに、世界の側に因果性など存在しないという法外な懐疑論を導く見解としてみなされてきたと言える。たとえば、ジェームズ・ビーティやトマス・リードといったヒュームと同時代の哲学者は、因果性に対するヒュームの批判が法外な懐疑論を導くものとみなし、常識にもとづく直観によって因果性の存在をそうした懐疑論の脅威から守ろうとしたのである（Beattie 1770; Read 1785）。

けれども、標準見解における規則性説解釈は、一九〇五年に発表されたノーマン・ケンプ・スミスの論文「ヒュームの自然主義」によって再考を迫られることになった（Kemp Smith 1905）。この論文で、ケンプ・スミスは次のように論じている。たしかに、ヒュームは、私たちが因果性を知覚できないということ、そして、因果性の信念を可能にする自然斉一性の信念が理性的に根拠づけられないということから、因果性の信念に関する懐疑論を導いているように思われる。しかし同時に、自然斉一性の信念は、私たちが人間の自然本性によっていだくように決定されている自然的信念（natural belief）の一種であることを強調しているのだ、と。のちにジョン・ガスキンは、自然的信念の特徴を次の四点にまとめている（Gaskin 1988, 117–118）。

**自然的信念の特徴**

(1)日常的な信念である。
(2)理性的根拠を欠くが生活に不可欠な信念である。
(3)実践において不可避にいだかれる信念である。
(4)普遍的な信念である。

これらの特徴をもつ自然的信念は、理性的な根拠をもたないとしても、不可避な仕方で実践において信じられ続けるのである。たとえば、「過去の事例は未来の事例に似ているだろう」という自然斉一性の信念は、私たちの理性によって根拠づけることができないにもかかわらず、私たちの帰納推論や因果判断を可能にするものである。そのため、自然斉一性の信念は、将来の予測や行為の制御に役立つという点で、私たちの生活にとって不可欠で不可避なものだと言える。こうした自然的信念を擁護することによって、ヒュームは日常生活において懐疑論を無力にする人間の自然本性の力を復権させたのだと言える。ケンプ・スミスは、以上のようなヒュームの見解を自然主義と呼び、既存のヒューム研究に対して新たな光を投げかけたのである[6]（Kemp Smith 1905, 151）。

このような方向で解釈を示したのち、ケンプ・スミスは標準見解における規則性説解釈を次のように批判している（Kemp Smith 1941, 369）。なるほど規則性説解釈は、たとえば『人間本性論』第一巻第三部第六節の以下の箇所によって裏付けられるかもしれない。

私たちは、原因と結果の観念としては、今まで常に互いに連接してきた対象、過去のすべての事例において不可分であることが見出された対象という観念しかもたない。（T 1.3.6.15）

しかし、同時にヒュームは『人間本性論』第一巻第三部第二節で、因果性が規則性以上のものであって、規則性に置き換えることができないことを認めているように思われる。

> では、私たちは、因果関係の完全な観念を与えるものとして、隣接と継起の二つの関係で満足するだろうか。けっして満足はしないだろう。ある対象が、他の対象に隣接し先行していたとしても、その対象の原因とはみなされないことがありうる。必然的結合という関係が、考慮に入れられるべきものとしてあり、この関係は、上に述べた二つの関係のどちらよりも、ずっと重要なのである。（T 1.3.2.11）

ケンプ・スミスによれば、この箇所では、因果性が隣接と継起の関係には尽くされず、それに加えて必然的結合という要素が不可欠であることが強調されているように見える。こうした読解が正しければ、私たちはヒュームの議論を因果性に関する規則性説として解釈することが困難になるだろう。ケンプ・スミスはそう論じる。

だがケンプ・スミスの引用した箇所は、必ずしも規則性説解釈の否定を導かない。というのも、ヒュームは結局のところ、必然的結合を客観的な関係ではなく主観的な「習慣（custom）」（T 1.3.14.22）によって分析したのだから、規則性以上の何かが世界の側に存在するという主張には与していないと考えられるからである（中才 1990, 173）。

ケンプ・スミスの挙げた箇所は、ヒュームの存在論的主張が規則性説ではなかったことを示す積極的な根拠にはなっておらず、むしろ、次のような因果性に関するヒュームの意味論的主張を支持するものになっている。すなわち、世界の側には因果性など存在しないにもかかわらず、私たちは因果言明を述べるとき、客観的な因果性と主観的な習慣を取り違えることで、あたかも世界の側に因果性が存在するかのように語ってしまっている、という主張である。これは因果言明に関する錯誤説（error theory）と呼ばれる（cf. Stroud 1977）。それによれば、「$A$は$B$の原因である」

という因果言明は、世界の側に存在しない因果性について誤って述べたものであるから、その真理値が常に偽になる、という見解である。こうしたことをふまえると、標準見解は以下の主張を提示するものとして特徴づけられることになるだろう。

**標準見解**

(a)存在論的主張：世界の側に対象間の恒常的連接は存在するが、対象間の因果関係は存在しない。
(b)意味論的主張：私たちの因果言明は常に偽である。
(c)認識論的主張：私たちは対象間の因果関係を認識できないにもかかわらず、あたかも世界の側に因果関係が存在するかのように誤って認識している。

こうした標準見解は、ケンプ・スミスによる自然主義解釈から影響を受けつつも、一つの説得的な解釈として多くの論者に受け入れられてきたのである。

さて、以上のような標準見解に対して反旗を翻したのが、一九八〇年代終盤に提示されたストローソンの解釈である（Strawson 1989）。ストローソンは、ケンプ・スミスとは異なる観点から、「因果性が規則性以上のものであり、規則性には尽くされない因果性が存在する」という解釈を推し進めることによって、標準見解の解釈を退けることができると主張する。それでは、ストローソンはいかにして標準見解の解釈を退けようとするのか。

ストローソンによれば、標準見解の解釈の問題点を明らかにするためには、因果言明に関する錯誤説という解釈が妥当かどうかを検討するのが近道である（Strawson 1989, 251）。なぜなら、「因果言明が常に偽である」という錯誤説の主張に反して、ヒュームは因果言明が「真」でありうることを認めているからである。たとえば、ヒュームは「真の原因（true cause）」（T 1.3.8.8）という表現を頻繁に用いるだけでなく、「対象が実際に（really）原因または結果であることを私たちがそれによって知ることができるような、いくつかの一般規則」（T 1.3.15.2）によって因果言明の真偽を判定できるとも述べている。もし因果言明が真でありうることをヒュームが認めていたとすれば、彼が「因果言明は常に偽である」という錯誤説の主張に与することはなかっただろう。

では、なぜ標準見解はこうした誤った解釈を提示するに至ったのか。ストローソンによれば、それは標準見解が、言明の意味理解と言明の真偽判定の区別という、重要なヒュームの洞察を決定的に見落としてしまったからである（Strawson 1989, 262-275）。こうした点について、ヒュームは『人間本性論』第一巻第三部第七節で次のように述べている。

> 私の前にある人がいて、「シーザーはベッドで死んだ」、「銀は鉛よりもよりよく熱に溶ける」、「水銀は金よりも重い」といった私の同意しない命題を、提言すると仮定しよう。明らかに私は、これらの命題を信じないにもかかわらず、その人の意味するところを明晰に理解して（clearly understand his meaning）、その人がいだくのと同じ観念をすべていだく。（T 1.3.7.3）

たとえば、私たちは「シーザーはベッドで死んだ」という経験的言明が偽であるとしても、その言明の意味を理解できる。あるいは、たとえば「海水温の上昇が珊瑚の白化の原因である」といった経験的言明について、私たちは現時点でその真偽がわからないとしても、その言明の意味を理解できるだろう。こうした意味理解と真偽判定に対するヒュームの見解を念頭に置かないかぎり、因果言明の意味に関するヒュームの主張を正しくとらえることはできない。これがストローソンによる標準見解への診断である。

しかし、ヒュームは因果言明が真でありうることを認めていたとしても、いかなる条件のもとで因果言明の真偽を判定できると考えていたのだろうか。こうした問いが、ヒューム因果論に関する一九九〇年代以降の解釈論争の方向性を決定づけたのである。

ストローソンは、因果言明の意味理解と真偽判定に関するヒュームの見解をテクストから再構成することで、以上の問いに応答しようとした。その結果として、ストローソンは、ヒュームが因果性に関して懐疑的実在論（sceptical realism）という特異な見解を提示している、という解釈を与えるに至ったのである[7]（Strawson 2007, 39）。その後、ストローソンの解釈において描かれたヒューム像は、ケネス・ウィンクラーによってニュー・ヒューム（New Hume）と呼ばれることになった（Winkler 1990, 52）。多くの論者がニュー・ヒュームに対する異論を唱えてきたが、特に実質的で強力な反論を与えたのはサイモン・ブラックバーンによる準実在論（quasi-realism）解釈だろう[8]（Blackburn 1993, 2008）。ストローソンとブラックバーンは、因果言明が真でありうるというヒュームの主張に着目することで、標準見解の解釈を退ける点では共通している。しかしながら、両者は、ヒュームが因果性に関していかなる存在論的主張を示したのか、そして、いかなる条件のもとで因果言明の真偽を判定できると考えたのかという点について、袂を分かっていると言える。以上の解釈上の対立を軸として、多くの論者を巻き込みつつ一九九〇年代以降に展開されたのがニュー・ヒューム論争なのである[9]。次節以降では、ストローソンの解釈を検討したのちに、ブラックバーンの解釈を検討することにしたい。

## 2　懐疑的実在論解釈

### (1) ストローソンの解釈

本節では、ストローソンの懐疑的実在論解釈を批判的に検討することにしよう。前節で見たように、ストローソンは、因果言明の意味理解と真偽判定の区別というヒュームの洞察を手がかりに、彼の因果論に対する整合的な解釈を与えようとした。特に、因果言明の意味理解に対するヒュームの議論を解釈する上で、ストローソンが手がかりとするのは『人間本性論』と『人間知性研究』における「原因の二つの定義」である。ここで、ヒュームによる定義を再掲しよう。

($D_1$) 原因とは、他の対象$b$に先行しかつ隣接する対象$a$であって、そのとき、$a$に似たすべての対象が、$b$に似た対象と先行および隣接という似た関係に置かれる。

($D_2$) 原因とは、他の対象$b$に先行しかつ隣接する対象$a$であって、$a$は$b$と次のような仕方で結合している。すなわち、一方の観念が他方の観念を形成するように精神を決定したり、一方の印象が他方のより生き生きした観念を形成したりするように精神を決定する。

右の定義は、「原因」という名辞に対して与えられたものである。これが重要に思われるのは、私たちが「原因」という名辞の定義を知っていることが、「原因」という言葉の意味を理解しているということだ、という解釈を可能にしてくれるようにみえるからである。

ドン・ギャレットの整理によれば、（D$_1$）と（D$_2$）のどちらがヒュームの因果論にとって重要なのかという問いが、原因の二つの定義をめぐる論争の軸を形成してきた（Garrett 1997, 97）。そして、こうした問いに対しては、以下の四通りの応答が可能である。

(1)どちらも重要である。
(2)（D$_1$）だけが重要である。
(3)（D$_2$）だけが重要である。
(4)どちらも重要ではない。

これらの選択肢のうち、どれが正しいのかをめぐって激しい論争が展開されてきたが、ここではその詳細を追うことはしない。むしろ着目したいのは、ストローソンが(4)を支持するということである。

ストローソンが注目するのは、ヒュームが（D$_1$）と（D$_2$）の両方について、「原因とは無縁な対象から得られた」（T 1.3.14.31）「不完全な（imperfect）」（EHU 7.29）ものだと述べているという論点である。こうした論点から導かれるのは、「原因」という名辞の定義を知っているということが、因果言明の意味を理解していることとは異なっているということだ。というのも、ヒュームは名辞の定義を知るのとは別の仕方で、私たちが因果言明の意味を理解できると主張していると考えられるからである。

以上の解釈を後押しするのは、ヒュームが『人間本性論』で与えた「思念（conception）」と「想定（supposition）」の区別である。両者の区別について、ヒュームは『人間本性論』第一巻第二部第六節で次のように述べている。

私たちの知覚と種類が異なると想定（suppose）された外的対象の思念（conception）を目指して、私たちにできることは、せいぜい、外的対象の相関的な観念（relative idea）を、その関係に置かれる対象自体を把握しているとは主張せずに、形成することである。（T 1.2.6.9：強調引用者）

これは、基本的にはリンゴや木などの「外界存在」の観念に関する区別である。しかしストローソンは、以下のように考えることによって、「原因」の観念に対しても「思念」と「想定」の区別を同様に適用できると主張する。

ヒュームによれば、私たちが「思念」によってある事柄を理解するとき、その事柄に関していだかれる観念に対応する印象が与えられていなければならない（T 1.2.6.8）。たとえば、私たちは工場で火事が起きているのを目撃せずとも「工場で火事が起きている」という言明の意味を理解できるが、それは記憶や想像において「工場」や「火事」という出来事の印象が与えられているからである。このため、工場や火事といった出来事は、「思念」によって理解可能なものとみなされる。しかし、落雷が火事の原因である場合、私たちは落雷と火事の間に必然的な結合を「思念」できない。なぜなら、私たちには両者の間の「必然性」の印象が与えられていないからである。これはつまり、ヒュームが因果性の認識について懐疑論（scepticism）を認めたということを意味している。

だがストローソンによれば、ヒュームは因果性の認識に関する懐疑論を主張している一方で、因果性の存在に関しては実在論（realism）の立場を擁護しようとしている。というのも、ヒュームは、因果性の認識についての懐疑論を認めた後でもなお、そうした認識の背後に何らかの力能（power）が実在していると「想定」することはできる、と主張しているようにみえるからである。ヒュームが力能の実在に関する「想定」について論じていると思われる箇所は、たとえば『人間知性研究』第四章第一部の以下の箇所に認められるだろう。

自然がそのあらゆる秘密から遥か遠くに私たちを隔離して、また対象に関するわずかな表面的性質の知識だけを私たちに与えたにすぎないということは、確かに認められねばならない。その一方で、自然はこうした対象の影響が完全に依存している力能や原理（powers and principles）を私たちから隠しているのである。（EHU 4.1.16; 強調引用者）

ここで、ヒュームは力能の認識に関して懐疑論を認めると同時に、その認識の背後に力能が実在することを自然的信念の対象として認めているようにみえる[10]。こうした力能を私たちが理解できるのは、「想定」という心の作用のおかげである。すなわち、私たちが因果言明を真であるとみなせるのは、出来事の背後に実在する力能を「想定」できるからである。これがストローソンの懐疑的実在論解釈の骨子である。

それでは、ストローソンの解釈によれば、ヒュームはいかにして因果言明の真偽を判定するための条件を与えたことになるのか。ここでストローソンが強調するのは、「相関的観念」としての「原因」の観念が、ケンプ・スミスの提示した自然的信念の一種だということである（Strawson 2007, 37–9）。私たちは恣意的な仕方で出来事の背後に力能を「想定」できるわけではなく、むしろ人間の自然本性によって力能を「想定」するよう不可避に決定されている。このことをふまえれば、私たちが因果言明の真偽を判定するための条件は、人間の自然本性によって不可避に「想定」された力能、すなわち、人間の認識から独立して存在する実在に求められることになる。

したがって、懐疑的実在論解釈によれば、ヒュームは因果性の存在に関して「実在論」の立場をとると同時に、因果言明の真偽判定の条件を「想定」に求めたことになる。まとめておこう。

**懐疑的実在論解釈**

(a)存在論的主張：世界の側には、私たちの認識から独立した力能が実在する。
(b)意味論的主張：因果言明は、出来事の背後に力能が実在すると「想定」されるとき、真であるとみなされる。
(c)認識論的主張：私たちは世界の側に実在する力能を認識することができない。

ストローソンの解釈によれば、私たちが世界の側の力能を認識できないと主張する点では「懐疑論」だが、同時に私たちの認識から独立した力能の実在を認める点では「実在論」だということになる。このようにして、ストローソンは「思念」と「想定」の区別という論点にもとづいて、因果性に関するヒュームの見解を「懐疑的実在論」として解釈しようとしたのである。

**(2)ストローソンの解釈の問題点**

しかし、ストローソンの解釈には以下のような問題点がある。まず、ウィンクラーの指摘するように、ヒュームは因果性の信念どころか外界存在の信念の説明においてすら、「思念」と「想定」の区別に対して決定的な役割を担わせているとは思えない（Winkler 2007, 78）。たとえば、ヒュームは『人間本性論』第一巻第四部第二節の冒頭で、外界存在の信念を生み出す原因について次のような問いを立てている。

〔外界存在の信念の原因は〕感覚能力であるのか、理性であるのか、それとも想像力であるのかという問題を考察しよう。これらが、現在の主題に関して理解できる唯一の問題である。というのも、私たちの知覚とは種類が異なるものとして考えられた外的存在の考えについては、私たちはすでにその不合理性を示したからである。（T

1.4.2.2)

以上の引用において、ヒュームは「想定」にもとづく「相関的観念」を「不合理」なものとみなしており、「想定」によって形成された信念を探究の対象から排除している。

実際のところ、「思念」と「想定」の区別が導入された『人間本性論』第一巻第二部第六節では、次のように述べられている。

一般的に言えば、私たちは外的対象を知覚と種類が異なるとは考えていない。ただ、外的対象に、知覚とは異なる関係と結合と持続を帰しているだけなのである。しかし、このことについては、のちにもっと詳しく論じることにする〔原注：第四部第二節〕。（T 1.2.6.9）

ここにおいて予告されているように、『人間本性論』第一巻第四部第二節で展開される議論は、外界存在の信念が「想定」という精神の作用によって形成される過程ではなく、そうした信念が想像力によって「恒常性（constancy）」と「整合性（coherence）」をもとに形成される過程についてである（T 1.4.2.18-19）。もしヒュームが外界存在の信念を説明する際に「思念」と「想定」の区別が不可欠だと考えていたとすれば、彼は外界存在の信念の原因探究においても当の区別を用いていたはずである。だが実際には、「思念」と「想定」の区別は外界存在の信念に関する原因探究においていかなる役割も果たしていない。このことは、因果性の信念に関する原因探究についても同様である。したがって、因果性の信念どころか、外界存在の信念の説明においてすら、「思念」と「想定」の区別が重要な役割を演じる余地はないと言える。

また、ヒュームは、「思念」と「想定」の区別を因果性にとって本質的な「必然性」の観念に対して適用していない（Winkler 2007, 80）。たとえば、ヒュームは『人間知性研究』第八章第二部において、次のように「必然性」の定義を与えている。

必然性は、それを本質的部分とする原因の二つの定義に応じて、二つの仕方で定義されうる。すなわちそれは、互いに似た対象の恒常的連接か、あるいは一方の対象から他方の対象に向かう知性の推理か、そのいずれかに存する。（EHU 8.2.27）

以上の定義において、「思念」と「想定」の区別が適用されていないことは確かであると思われる。しかし、ここでヒュームが「不完全」な定義を暫定的に受け入れていることには変わりない、という反論があるかもしれない。この反論に対しては、ピーター・ミリカンが次のように応答している（Millican 2007, 243）。すなわち、たとえヒュームが「必然性」の定義を「不完全」だとみなしていると解釈できたとしても、「必然性」の観念を解明する過程で「思念」と「想定」の区別が持ち出される場面は一度もない。要するに、「思念」と「想定」の区別に訴えるストローソンの解釈においては、そうした区別が少なくともヒュームの因果論においていかなる実質的役割も果たせないものになってしまっているのではないか、と強く疑われるのである。

このように、ストローソンの懐疑的実在論解釈は、その基本的な部分において重大な問題をかかえている。こうしたストローソンの解釈に対して、「思念」と「想定」の区別という論点に訴えることなく、ヒュームの因果論を整合的に解釈できるという主張を提示したのが、ブラックバーンである（Blackburn 1993, 2008）。そこで次節では、ブラックバーンの準実在論解釈を取り上げ、その要点を批判的に検討したい。

## 3　準実在論解釈

### (1)ブラックバーンの解釈

本節では、ブラックバーンの準実在論解釈の要点を紹介したのち、それについて検討を加えることにしよう。ブラックバーンは、ストローソンとは異なる観点から、因果言明に関する錯誤説解釈を退けようとする。ブラックバーンによれば、「因果言明は常に偽である」という錯誤説の主張は、哲学的な視点から提出されたものである。なぜなら、錯誤説は、私たちが日常的には問題なく因果言明を行っているようにみえるが、哲学的に見ればそうした言明が常に偽であること、すなわち、日常的な因果言明に欠陥があることが判明する、と主張しているからである。しかし、ブラックバーンは、「哲学者であれ、しかし君たちのあらゆる哲学のただなかにおいても、なおひとりの人間であれ」(EHU 1.6) という『人間知性研究』第一章の叙述に着目しながら、ヒュームが日常的な因果言明には何らの欠陥もないという主張を提示している、という解釈を与えようとする (Blackburn 1993, 103)。

このことを示すために、ブラックバーンは、因果言明に関する情動説 (emotivism) を手がかりとする。情動説は、もともとは道徳言明の意味に関するメタ倫理学上の立場だった (cf. Ayer 1946)。それによれば、道徳言明の意味は、話し手の情動や態度を表出する際に、その言明が果たす役割に尽きる。この主張は、『道徳原理研究』付録における以下の箇所をその源泉としている。

> 理性 (reason) は、自然のうちに実際にあるがままに対象を発見し、……趣向 (taste) は、内的情緒から借りてきた色を用いて、それらを彩色し輝かせ、ある仕方で新たな創造を行う。(EPM appendix 1.21)

こうしたヒュームの叙述を手がかりとして、情動説は、情動や態度の表出である道徳言明が経験によって検証不可能であるがゆえに真偽を問いえない、と主張する。しかしもちろん、道徳言明は真偽を問うことができないからといって、「じあじあ！」といった無意味な言明ではない。というのも、情動説によれば、そうした言明は世界を描写する記述的意味（descriptive meaning）をもたないにもかかわらず、情動的意味（emotive meaning）をもつために、たとえば聞き手の感情を喚起する点で道徳的なコミュニケーションにおいて有用な役割を果たすからである（Stevenson 1944）。

こうした情動説の枠組みにのっとって、エイヤーは、ヒュームが因果言明の意味に関しても情動説の立場をとっていたという解釈の可能性を示唆している（Ayer 1980）。それによれば、因果言明は、道徳言明と同様に情動や態度の表出であり、それゆえ真偽を問うことのできない言明なのである（飯田 2004, 83-86）。特に、因果言明において表出される情動や態度は、道徳言明によって表出される道徳感情とは異なり、一方の対象を見れば他方の対象を思わず推論してしまう精神の「被決定性（determination）」（T 1.3.14.20）や「傾向性（propensity）」（T 1.3.14.22）である。

しかし、因果言明に関する情動説解釈は、因果言明が真でありうることを認めたというヒュームの主張に明らかに反すると思われる。こうした情動説解釈の問題点をふまえつつ、ブラックバーンは、因果言明が情動や態度の表出だとしても真偽を問いうるという主張を、ヒューム解釈として提示しようと試みるのである(11)。

ブラックバーンによれば、因果言明の真偽判定についてヒュームが手がかりとしたのは、表出された情動そのものではなく、むしろその情動を生成させた心の機能（function）である（Blackburn 1993, 104）。たとえば、これまで温度上昇にゼリーの溶解が恒常的に連接してきたことを経験すれば、私たちは温度上昇がゼリーの溶解の原因だと推理する傾向性を習得する。そうした傾向性の習得によって、「未来の出来事をその原因によって制御し規制する」（EHU 7.29）ように心の機能が変化するのである。ブラックバーンによれば、そうした心の機能の変化は「私たちが事物の因果的力能を知覚できるようになるということ……ではなくて、いかなる出来事がそれとは別の出来事を導くのかを予見できるようになるということに他ならない」(Blackburn 2008, 27)。

こうした推理の傾向性は、世界の側に投影されることによって、あたかも実在する性質であるかのように語られることになる。ブラックバーンによれば、因果的必然性という性質は実際には実在しないにもかかわらず、私たちはそれを生活や社会の中であたかも実在するかのように語り、私たちの判断や行為を動機づけるという機能をもつものとして扱うことができている。こうした性質は、推理の傾向性の投影に由来するという意味では「実在」とは言えないが、それが実在するときと機能を同じくするという意味で「準実在」と言うことができる。

投影に関するヒュームの説明について、ブラックバーンが引き合いに出すのは『人間本性論』第一巻第三部第十四節の以下の箇所である(Blackburn 1984, 171)。

> 精神が自らを外的対象に押し拡げる(spread)大きな傾向をもつこと、そして、外的対象が引き起こし、外的対象が感覚能力に現れるのと同じ時に常に現れる内的対象を、外的対象に結びつける大きな傾向をもつことは、普通に観察される。たとえば、ある種の音や香りは、常にある種の見ることのできる対象に伴うので、私たちは自然にこれらの対象とこれらの性質の間に、場所における連接すら想像する。これらの性質はいかなる連接も受け入れない本性のものであり、実際にはどの場所にも存在しないにもかかわらず、である。(T 1.3.14.25)

ここにおいて述べられているようにみえるのが、性質や価値が世界の側に実在するわけではなく、私たちの態度の投影によって世界に実在するかのようにみなされている、という投影説の考え方である。たとえば、コウジロウが「犯罪件数が多い地域は必ず交番が多い」と言うとき、コウジロウは「犯罪件数の多さ」と「交番の多さ」という出来事の間に「必ず……である」という肯定的な期待や態度を投影しており、その結果として二つの出来事の間に必然性が実際に実在しているかのように語ることになるだろう。

では、ヒュームにとって因果言明の真偽判定の条件はどのようなものであることになるのだろうか。ブラックバーンはこの点について明確なことを述べていないが、彼の解釈を補強しつつ再構成すれば次のようになるだろう。それによれば、私たちは言語実践において、現に予測や制御のために因果言明を用いている。ただし、私たちが因果言明の真偽を判定するために、世界の側に実在する性質や事実を認識する必要はない。むしろ、私たちが因果言明の真偽を判定するために必要なのは、因果言明によって態度として表出された推理の傾向性が、その形成過程において歪められていないかどうかを確かめるということである。ここで表出されている推理の傾向性は、私たちの単なる癖や気分のようなものではなく、社会や環境からの制約下で安定して機能するものである。

推理の傾向性の歪みという論点については、『人間本性論』第一巻第三部第十三節で次のような議論が展開されている。ヒュームによれば、私たちの推理の傾向性は、みずからの無知や恐怖によって形成された「偏見（prejudice）」（T 1.3.13.7）によって歪められ、予測や制御という役割を果たしえないことがある。たとえば、高い塔から吊るされている鉄の檻に入れられた人物のなかには、檻の堅牢さによって落下しないことが保証されていたとしても、自らの恐怖のために足下の断崖を見て落下を予測する者がいるかもしれない（T 1.3.13.10）。このとき、その人物の発した因果言明は、どれほど誠実に推理の傾向性を表出したとしても、「恐怖」によって元の傾向性が歪められてしまっているために、「偽」であるとみなされることになる。こうして、因果言明の真偽条件は、私たちの認識から独立した「実在」と対応しているかどうかではなく、私たちの認識において機能する「傾向性」が歪んでいないかどうかに求められることになる。すなわち、因果言明が推理の傾向性の表出であるということを認めつつ、出来事の背後に力能が実在することを否定したとしても、推理の傾向性の歪みの有無が因果言明の真偽条件であると考えれば、私たちは依然として因果言明の真偽を問うことができるのである。

したがって、準実在論解釈によれば、ヒュームは因果性の存在に関して反実在論（anti-realism）の立場をとると同時に、因果言明の真偽判定の条件を「推理の傾向性の歪みの有無」に求めたことになる。まとめておこう。

**準実在論解釈**

(a) 存在論的主張：世界の側に私たちの認識から独立した力能は実在しないが、それが実在する場合と同じ機能をもつ投影された性質は「準実在」している。

(b) 意味論的主張：因果言明は、私たちの推理の傾向性が歪められていないとき、真であるとみなされる。

(c) 認識論的主張：私たちは世界の側に実在する力能を認識できないが、私たちの推理の傾向性が歪められていないかどうかを確かめることができる。

このようにして、ブラックバーンは「推理の傾向性の歪みの有無」という論点にもとづいて、因果性に関するヒュームの見解を「準実在論」として解釈しようとしたのである。

ビービーによれば、ブラックバーンの準実在論解釈は、原因の二つの定義に関しても実質的な説明を与えることができる（Beebee 2007, 418）。それによれば、原因の二つの定義は、「原因」という名辞の意味を定める真正の定義ではなく、私たちが推理を行う際の心の機能を二通りの仕方で記述したものなのである。特に、（$D_1$）は対象や出来事の知覚という心の「入力」の側面について記述したものであり、また、（$D_2$）は信念の形成という心の「出力」の側面について記述したものである。

以上の解釈を示すためにビービーが着目するのは、原因の二つの定義が「同一の対象の異なる眺めを提示し、私たちに因果関係を、哲学的関係と自然的関係のどちらとみなすようにさせるか、という点でのみ異なる」(T 1.3.14.31) というヒュームの主張である。ヒュームは『人間本性論』第一巻第一部第五節において、「哲学的関係 (philosophical relation)」と「自然的関係 (natural relation)」を次のような意味で使用する (T 1.1.5.1)。

哲学的関係：想像力における二つの観念の結びつきが恣意的であっても、両者をその点において比較することが適当であると思われるような、特定の状況

自然的関係：二つの観念を想像力において結合させ、一方の観念によって他方の観念を自然に導き入れるようにさせる性質

前者の「哲学的関係」は、私たちが二種類の出来事を知覚するときに、たとえば「隣接」や「同一性」といった関係に立つものとして知覚することにかかわる「関係」である。それに対し、後者の「自然的関係」は、二種類の出来事の知覚から信念が形成される仕方にかかわる「関係」である。これらの関係は、いずれも私たちの帰納推理にかかわるという点では同じであるが、それぞれが果たす機能を異にする。「それゆえ、因果関係は、隣接、継起、および恒常的随伴の関係を含意するものとして、一つの哲学的関係であるが、私たちがそれにもとづいて推論し、それから何らかの推論を行うことができるのは、ただそれが一つの自然的関係であり、観念の間に結合を生み出すことができるものであるかぎりにおいてである」(T 1.3.6.16)。

以上のことから、ブラックバーンの解釈は、($D_1$) が「哲学的関係」という入力の側面から見た「原因」の記述であり、($D_2$) が「自然的関係」という出力の側面から見た「原因」の記述であるという理解を提示できる。つまり、「原因」の二つの定義は、懐疑的実在論解釈とは異なって、私たちが帰納推理を行う際の心の機能を二つの側面から

記述したものだということになる。

## (2) ブラックバーンの解釈の問題点

以上のようなブラックバーンの解釈にみられる第一の問題点は、「言われるかもしれないこと、すなわち、自然の作用が私たちの思考や推論から独立であることを、私は認める」（T 1.3.14.28）というヒュームの主張を整合的に解釈できていないのではないか、ということである（Garrett 2009, 84）。というのも、これは懐疑的実在論解釈における存在論的主張、すなわち、私たちの認識から独立した力能が存在するという主張を支持すると思われるからである。ヒュームの因果論において、自然の作用が思考や推論から独立であるという論点と、因果言明が推理の傾向性の「投影」の産物であるという論点は、容易に結びつけることができない。

この問題点に対しては、次のように反論できるかもしれない。たしかに、ヒュームは『人間本性論』第一巻第三部第十四節で、自然の作用が思考から独立することを次のように認めている。

> 言われるかもしれないこと、すなわち、自然の作用が私たちの思考と推論から独立であるということについて、私はそれを認める。それゆえに、私は対象が互いに隣接と継起の関係をもつということ、類似した対象がいくつもの事例において類似した関係にあることが観察できるということ、そして、これらすべてのことが知性の作用から独立で、それに先行するということを先に述べたのである。（T 1.3.14.28）

ここにおいてヒュームは、自然の作用としての力や活力が、私たちの思考から独立して実在するとみなしているようである。しかし、私たちにとってそうした力や活力は「無知」なままであり、そうしたものに依拠して必然性の観念が得られるわけではない、というのがヒュームの見解である。この点について、長くなるが『人間知性研究』第五章第二部と『人間本性論』第一巻第三部第十四節における該当箇所を引用しておこう。

自然は、私たちに自分の四肢の使用法を教えても、四肢を動かす筋肉や神経についての知識を私たちに与えなかった。それと同様に、自然は私たちに一つの本能を植え付けたのであり、この本能は自然が外界の対象において確立した行程に対応するよう思考を運んでいくのである。とはいえ、私たちは、対象のこの規則的な行程や継起が全面的に依存している、これらの力や活力については無知（ignorant）なのである。（EHU 5. 2. 22：強調引用者）

もし私たちが実際には、いかなる対象のうちにも力能あるいは効力のいかなる観念ももたず、原因と結果の間の真の結合のいかなる観念ももたないのだとしたら、すべての作用において効力が必要であると証明することは、ほとんど何の役にも立たないだろう。私たちは、そう言いながら、私たち自身の意味することを理解せず、互いにまったく別個な観念と知らずに混同しているのである。私は、物質的対象のうちにも非物質的対象のうちにも、私たちがまったく見知っていない性質が、いくつもありうるということを認めるのにやぶさかではなく、私たちがこれらの性質を「力能」あるいは「効力」と呼びたければ、そうしても世界にほとんど何の影響もないだろう。しかし、これらの未知の性質（unknown qualities）を意味するかわりに、私たちが「力能」と「効力」という名辞に、私たちが明晰な観念をもっているが、私たちがその名辞を適用する対象とは両立しえない何かを意味させるならば、不明瞭と誤りが生じはじめ、私たちは偽なる哲学によって迷うことになる。これが、私たちが思考の被決定性を外的な対象に移し、外的な対象の間に真の理解可能な結合を想定する場合である。なぜなら、それは外的対象を考察している精神にのみ属しうる性質だからである。（T 1. 3. 14. 27：強調引用者）

ここでヒュームは、「未知の（unknown）」という表現と「無知の（ignorant）」という表現を区別している（Millican 2007, 240）。前者は、私たちがたとえば時計の故障の「隠れた原因」（T 1.3.12.1）を探そうとするとき、まだ発見されていない性質や対象について使われる表現である。それに対して後者は、私たちがどれだけ観察と実験を積み重ねても、けっして発見されることがない性質や対象について使われる表現である。この区別をふまえれば、ヒュームは「未知の性質」としての自然の作用を認めただけで、「無知の性質」としての力能の実在を認めたわけではないことになる。ここでの自然の作用は、懐疑的実在論解釈の言う「力能」とは異なって、私たちの認識から独立した実在として「想定」されるものではないのである。

第二に、次のような問題点を指摘することができる。それは、準実在論解釈が強調する「投影」のメカニズムに関する説明について、ブラックバーンが明確なテクスト上の証拠を挙げていないということである。おそらくブラックバーンは、道徳言明と因果言明のアナロジーに訴えれば、それ以上の説明は必要ないと解釈しているのかもしれない。けれども、ヒューム解釈という観点から見れば、テクストから投影のメカニズムに関する説明を引き出す作業は、避けて通ることができないと考えられる。

こうした問題点に対しては、次のようにブラックバーンの解釈を補強することができるかもしれない。投影のメカニズムに関する説明について、解釈者がしばしば引き合いに出すのは『人間本性論』第一巻第三部第十四節における以下の箇所である。

精神が自らを外的対象に押し拡げる大きな傾向をもつこと、そして、外的対象が引き起こし、外的対象が感覚能力に現れるのと同じ時に常に現れる内的対象を、外的対象に結びつける大きな傾向をもつことは、普通に観察される。たとえば、ある種の音や香りは、常にある種の見ることのできる対象に伴うので、私たちは自然にこれらの対象とこれらの性質の間に、場所における連接すら想像する。これらの性質はいかなる連接も受け入れない本性のものであり、実際にはどの場所にも存在しないにもかかわらず、である。しかしこのことについては、のちにより詳しく述べることにする。それまでは、「必然性と力能は、対象を考察する精神のうちにあるのではなく考察される対象のうちにある」と想定される理由が、この同じ傾向にあるということを述べれば十分だろう。

(T 1.3.14.25)

ここで、ヒュームは心の側の性質を世界の側の対象や出来事へと投影するメカニズムについて説明しているようにみえる。デイヴィッド・ペアーズによれば、ここで念頭に置かれているのは、色や香りといった二次性質を物体の側へと投影するメカニズムと、精神の被決定性という心的性質を世界の側へと投影するメカニズムのアナロジーである(Pears 1990, 108–109)。

しかし、久米の指摘するように、以上のテクストにもとづいて、心から世界への投影のメカニズムがヒュームの因果論にとって不可欠だと解釈するのは無理がある。第一に、ヒュームは、私たちは心から世界への投影によって生じる「対象化された必然的結合」について、そもそも考えることができないと主張している(久米 2011, 407–411)。なぜなら、ヒュームは、心から世界へと精神の被決定性を投影するメカニズムが「不明瞭と誤り」(T 1.3.14.27)を生じさせるものであり、「変わりやすく、弱く、規則的でない」(T 1.4.4.1)空想力の産物であるとみなしているからである。久米によれば、「ヒュームが断罪しているのは、対象化された必然的結合が実在しているという想定ではない。それよりもっと手前にある想定、すなわち対象化された必然的結合について私たちは考えることができるという想定である」(久米 2011, 411)。第二に、ヒュームは『人間知性に関する哲学的試論』(のちに『人間知性研究』と改名)の第一版において、そもそも心から世界への投影について説明していない(久米 2005, 111–112)。したがって、ブラックバーンの解釈に反して、心から世界への投影というメカニズムは、ヒュームの因果論にとって不要であるということになる。

ブラックバーンの解釈の第三の問題点は、これまでの問題点よりも致命的に思われる。それによれば、ブラックバーンの準実在論解釈は真理に関するヒュームの見解と明らかに整合していない（Garrett 2010, 82）。たとえば、ヒュームは『人間本性論』第三巻第一部第一節において、「真偽（truth and falsehood）」が「真の観念の関係への一致ないし不一致（agreement or disagreement）か、あるいは真の現実の存在や事実への一致ないし不一致」（T 3.1.1.9; cf. T 2.3.3.5）に存するものとみなしている。こうした見解は、因果言明の真偽条件を「推理の傾向性の歪みの有無」に求める発想とは相容れないと考えられる。というのも、ここにおいて述べられている「一致・不一致」という表現は、私たちの言明と実在との「対応」を示唆しているからである。

さて、駆け足気味ではあるが、これまでの議論ではニュー・ヒューム論争の一端を紹介してきた。あらためて確認しておけば、ニュー・ヒューム論争の中心にある問題関心は、ヒュームの因果論において意味に関する考察がいかなる役割を担っているのか、ということである。意味の観点から因果関係を把握するという視点がヒューム研究において長らく欠けていたのは、意味に関するヒュームの見解がいわゆる意味の観念説（the idea theory of meaning）として解釈されてきたからだろう。意味の観念説によれば、言葉の意味はイメージや映像のようなもので、たとえば「リンゴ」という語の意味は目を閉じて思い浮かべたときのリンゴのイメージであるということになる[12]。こうした意味に関する素朴な見解をヒュームに帰することなく、彼の因果論において意味に関する見解を適切に位置づける苦闘の歴史が、ニュー・ヒューム論争の背後にはあると言える。そして、こうした論争に関する私の診断は、ストローソンの指摘した「思念」と「想定」の区別が実質的役割をもたない以上、ブラックバーンの準実在論解釈の方に軍配が上がるというものである。しかし、ブラックバーンの準実在論解釈にも真理概念に関する解釈上の困難があるため、何らかの補完が必要になるだろう。

次節において私は、意味の使用説（the use theory of meaning）の観点から因果言明に関するヒュームの考察を捉えなおすことで、準実在論解釈の補完を試みたい。このことによって、因果言明の意味理解や真偽判定だけでなく、原因の二つの定義についても一定の整合的な理解が得られることになるだろう。

## 4　意味に関するヒュームの見解

伝統的に、意味に関するヒュームの見解は意味の観念説として理解されてきた。すなわち、言葉の意味は何らかの心的イメージであって、そうした見解はいわゆる私的言語観を支えている、と考えられてきたのである。以下では、このような見方が誤りであるということを示したい。むしろ意味に関するヒュームの見解が目指しているのは、言葉の意味が心的イメージであることを拒否する意味の使用説である。

以上のことを示すための第一歩として、まずは抽象名辞の意味に関するヒュームの考察を検討しよう。『人間知性論』第三巻において言語論を展開したジョン・ロックや、『人知原理論』序論においてロックの言語論を批判したジョージ・バークリに比して、ヒュームには言語に関する断片的な考察が存在するのみである（Locke 1689, Book 3; Berkeley 1710, Introduction）。しかし、そうした考察を手がかりに、ヒュームの言語論の一端を素描することはできるだろう。たとえば『人間本性論』第一巻第一部第七節「抽象観念について」では、「赤」や「三角形」のような抽象名辞を集中的に論じているが、それはヒュームが次のように考えているからである。すなわち、たとえば「赤」という抽象名辞は「これは赤である」という判断や述定における中核的な構成要素であるため、そうした名辞から構成される判断や述定の本性を明らかにしてはじめて、さまざまな場面での判断や述定の内実を解明できる、と考えている。

このように、抽象名辞に関する考察にもとづいて、ヒュームは「判断」や「述定」という観点から断片的な仕方ではあるが、理論哲学と実践哲学の両面を見渡す言語論を展開しようとしていたのである。以上の断片的な言語論から私は、因果言明に関するヒュームの意味論的考察がどのようなものかを明らかにすることを試みる。

## (1) 抽象名辞の意味に関するヒュームの考察

抽象名辞の意味に関するヒュームの考察が収められているのは、『人間本性論』第一巻第一部第七節「抽象観念について」である。この節においてヒュームはまず、『人知原理論』序論におけるバークリの抽象理論、特に「すべての一般観念は特定の名辞に結びつけられた個別観念に他ならず、この名辞が個別観念により広範な意味を与え、必要に応じて個別観念をしてそれに類似した他の個別者を呼び起こさせる」(T 1.1.7.1) という主張の正しさを示すことが目的だと述べている[13]。そこでは、ロックの認めていた普遍者としての抽象観念の存在を認めずとも、私たちは抽象名辞を複数の個体に対して一般的に使用することができるのか、ということが考察されている。

アンソニー・フリューやジョナサン・ベネットによる伝統的な解釈によれば、ヒュームは「抽象観念について」の節で、抽象について言えば、バークリの明晰な議論を曖昧にしてしまっただけであり、また言語について言えば、言葉の意味を心的イメージと同一視する意味の観念説をロックやバークリから無批判に継承したにすぎない。こうした理解にもとづいて、ヒュームは、話し手の心的領域に言語の本質を求める私的言語観を承認するに至った、と解釈されてきたのである (Flew 1961, 37; Bennett 1971, 222)。

しかし、意味の観念説に対しては、以下の常套的な批判が向けられることになる。すなわち、もし意味の観念説が正しいのであれば、異なる話者同士の会話における相互理解という事象が不可解なものとなってしまう、という批判である。その批判の骨子は、次のようになる。たとえば、ユウコとミオがネコの生態について会話しているときに、両者が「ネコ」という言葉で互いの意味するところを理解しているのであれば、どちらも「ネコ」という言葉で同じことを意味していなければならない。では、なぜユウコとミオは「ネコ」という言葉で同じことを意味できるのか。ここで、心的イメージとしての観念に頼っても無駄だろう。なぜなら、話者の心的イメージは、他人が直接確かめられないものだからである。このようにして、伝統的な解釈によるヒュームの見解は、異なる話者同士の会話における相互理解という事態を不可解なものとしていることになる。

以上の批判は、ヒューム哲学全体にかかわるものである。というのも、ヒュームは『人間本性論』や『人間知性研究』において、異なる話者同士の会話における相互理解が可能であることを認めているにもかかわらず、それと同時に意味の観念説を採用していたのであれば、相互理解という事態を不可解なものにしていることになるからである。『人間本性論』第三巻第三部第三節において、ヒュームは次のように述べている。

> 社交と会話（society and conversation）における感情の交流は、何らかの一般的で不変の基準を私たちに形成させる。その基準によって、私たちは性格や作法を是認したり否認したりすることができる。そして、心は常にそれらの一般的な考えに与するわけでない、言い換えれば、それらによってその愛や憎しみを統御するわけではないが、そうした考えは談話（discourse）にとって十分であり、交際、説教、芝居、学校における私たちのすべての目的に役立つのである。（T 3. 3. 3. 2）

ここでヒュームは、異なる話者同士の会話において「一般的で不変の基準」が形成されることで他人の言動の評価が可能になると述べており、言語を介した「感情の交流」における相互理解の可能性を強調している。そのため、もしヒューム自身が意味の観念説を採用しているとすれば、以上の批判はヒュームにとって深刻なものとなるだろう。

それでは、ヒュームは以上の批判に対してどのように応答しうるのだろうか。この問いに対して、本節では、抽象名辞の意味に関するまとまった見解が収められている『人間本性論』第一巻を読解することで、意味の観念説に代わる解釈を提示した後に、ヒュームが以上の批判に応答できるかどうかを検討したい[14]。以下では、抽象名辞の意味に関するヒュームの見解をテクストに即して明らかにすることから議論をはじめよう。

すでに見たように、フリューやベネットに代表される伝統的解釈によれば、言語に関する考察におけるヒュームの中心的主張は、私的言語観を支える意味の観念説である。このことを受けて、アーロンやマクナブは、ヒュームが『人間本性論』第一巻第一部第七節で抽象名辞に関する以下の問いに答えた、という解釈を提示している（Aaron 1952; MacNabb 1951）。本書ではこの問いを〈根拠の問い〉と呼ぶことにしよう。

**〈根拠の問い〉**

私たちが、既知のものであれ未知のものであれ、数的に異なる複数の個体を抽象名辞によって包摂することができているのは、いかなる根拠によるのか。

以下では、ヒュームが〈根拠の問い〉に取り組んだという点ではアーロンやマクナブの解釈に賛同しつつ、それに対するヒュームの応答に関して彼らが誤った解釈を提出しているということを明らかにしたい。

アーロンやマクナブによれば、ヒュームは〈根拠の問い〉に対して、抽象名辞の意味に関する代理説（representative theory）と呼ばれる考え方によって応答したことになっている（Aaron 1952, 67–85; MacNabb 1951, 38–39）。それによれば、私たちが抽象名辞を複数の個体に対して一般的に使用できるのは、抽象名辞と結び付けられた個別観念が、それと類するその他のあらゆる個別観念を代理しているからである。たとえば、マイがどこかの果樹園で採取した一個のリンゴについて、「リンゴ」という抽象名辞を使用するとしよう。このとき、まだ採取していないリンゴについても、マイが「リンゴ」という抽象名辞を使用できるのは、さきほど採取した個別のリンゴの観念が、それと類似するその他のあらゆるリンゴの観念を代理しているからである。このように、アーロンやマクナブによれば、ヒュームは、〈根拠の問い〉に対する答えが個別の観念の代理機能によって与えられると考えたことになる。

だが、アーロンやマクナブの解釈するヒュームは、トマス・リードに代表される常套的な批判に直面することになる（Reid 1785, 520–521）。代理説によれば、私たちはいかなる抽象観念の存在も前提せずに、たとえば個別の色の観念がその他の類似する色を代理するという機能によって、「色」という抽象名辞の一般性を説明できる。そして、そうした個別の色の観念は、その他の個別の色の観念と何らかの共通性質を共有するがゆえに、互いに類似しているはずである。しかしながら、その説明においては共通性質の一般性が密輸入されているのではないか。というのも、個別の色の観念が、その他の色の観念と単に類似するのではなく一般的に類似するのでなければ、「色」という抽象名辞の一般性を説明できたことにはならないと考えられるからである。このように、代理説は、抽象名辞の一般性を説明するために一般性を密輸入するという点で、論点先取を犯している恐れがあると言える（杖下 1982, 41–42）。

以下の議論では、抽象名辞の意味に関するヒュームの見解をテクストに即して再構成することで、以上のような常套的な批判をヒュームが回避できていることを示したい。こうしたことから、〈根拠の問い〉に対するヒュームの応答について、アーロンやマクナブの提示した解釈が誤っていることが明らかになるだろう。

### (2) 〈根拠の問い〉に対するヒュームの応答

本項では、前節の〈根拠の問い〉に対して、ヒュームが以下の主張をもって応答できることを示す。すなわち、複数の個体を抽象名辞によって包摂できる根拠は、個体間の全体的な見かけと比較（general appearance and comparison）

にもとづいて成立する類似性（resemblance）にある。そして、私たちが抽象名辞を判断や述定において使用できる根拠は、抽象名辞と結びつけられた観念ではなく、抽象名辞を適切に使用する能力（ability）にあると言える。以下、これら二つの主張をテクストに即して肉付けしていこう。

まず、個体間の類似性に関するヒュームの主張から見ていこう。アーロンやマクナブによれば、ヒュームは類似性に関して次のように考えている。すなわち、数的に異なる個体 $a$ と個体 $b$ が類似するということは、$a$ と $b$ が何らかの共通性質を共有しているということを意味するのである。たとえば、シマウマとウマは、「四足である」という性質を共有する点で共通しているので、互いに類似することになる（cf. Garrett 1997, 50）。

しかしながら、ヒュームは、『人間本性論』第三巻付録において「抽象観念について」の節に注を付け加えており、そこで共通性質の共有とは異なる種類の類似性があると主張している。

異なる単純観念でさえ互いに類似しうることは明らかである。しかも、異なる単純観念の類似点は、それらの相違点から、必ずしも別個でも分離できるものでもない。たとえば、青と緑は異なる単純観念であるが、青と緋色よりも互いにより類似する。しかし、それらの完全な単純性のために、〔類似点と相違点の〕分離や区別の可能性は、まったく排除されている。事情は、個々の音や味や香りについても同様である。これらは、同じであるようなどんな共通点をもたずに、全体的な見かけと比較にもとづき、無限に多くの類似性を受け入れる。（T 1.1.7.7. n5）

ここにおいてヒュームは、複数の個別観念が何らかの共通性質を共有することなしに、「全体的な見かけと比較」にもとづいて可能になるような類似性があると述べている。

ここでは、木曾の用語法にならい、共通性質の共有にもとづく類似性を「第一種の類似性」と呼び、全体的な見かけと比較にもとづく類似性を「第二種の類似性」と呼ぼう[15]（木曾 1995, 455）。第二種の類似性は、それ以上分離も区別もできないためにさらなる理性的根拠を与えることができないが、しかし人間の自然本性によって誰にとっても否定できない事実として認識されるものである。たとえば、特定の青色と特定の群青色は、全体として互いに類似しているため、両者を成員とする色の集合が自然に形成される。私たちは、複数の個別の色の観念を包摂するとき、個別の色の観念が何らかの共通性質を共有している必要はなく、むしろ自然に形成された個別の色の観念の集合を「色」という名辞で呼んでいるだけである。

だが、抽象名辞によって包摂される個体のなかには、たとえば弥勒菩薩像のように複合的なものも含まれるだろう。ヒュームによれば、私たちが抽象名辞で複合的な個体の観念を包摂できるのは、私たちが「理性的区別（distinction of reason）」（T 1.1.7.17）を行うことができるからである。これは、たとえば白い球と白い大理石が「白」という共通性質をもつとみなされることで成立する、「第一種の類似性」にもとづく認識だと言える。ここで重要なのは、色や形といった個別の単純観念の間に「第二種の類似性」が成立してはじめて、個別の複合観念の間に「第一種の類似性」が成立するということである。ここにおいて、ヒュームは「第一種の類似性」よりも「第二種の類似性」の方が基底的だと考えている[16]。

以上の議論によって、ヒュームは、第二種の類似性とそれにもとづく「理性的区別」によって、一般性を密輸入することなしに抽象名辞の一般性の根拠を説明しようとしたのである。では、私たちがそうした機能をもつ抽象名辞を判断や述定において有意味に使用できるのは、いかなる根拠によるのか。次はこの問いに答えることにしよう。

抽象名辞の意味理解について、ヒュームは『人間本性論』第一巻第一部第七節において、次のように論じている（T 1.1.7.2-8）。まず、抽象名辞の一般的使用にとって必要なのは、ロック的な抽象観念の存在ではなく、人間の精神に備わる何らかの能力である。ここで言う能力とは、心の中で無限個の個別観念を形成する能力ではない。そのような能力は、人間に与えられていない。むしろ、抽象名辞の一般的使用において求められるのは、「量と性質のすべての可能な度合いを、不完全な仕方ではあっても、少なくとも反省と会話のすべての目的に十分役立つような仕方で、一度に考えることができる」（T 1.1.7.2）能力である。ここにおいて、たとえば「人間」という抽象名辞を「ソクラテスは人間である」という判断や述定において使用できるということは、「人間」という抽象名辞の意味を理解しているということに等しい。こうした意味理解について、抽象名辞を使用する能力の観点から分析を試みているのがヒュームの議論である。

黒田亘やウォルター・オットが示唆するように、抽象名辞の意味に関するヒュームの考察は、判断や述定において抽象名辞を使用する「習慣」や「傾向性」を中心概念としたところに、その独自性があると言える(17)（黒田 1987：Ott 2006）。ここにおいて私は、そうした「習慣」や「傾向性」こそ、私たちが抽象名辞を使用する能力であるという解釈を提示したい。ただし、話者が抽象名辞を使用する能力としての習慣や傾向性は、たとえば砂糖の可溶性のように対象の側にもともと備わっているものではなく、むしろ一定の反復経験を通じて習得される実践的な能力である(18)。ここで特に強調しておきたいのは、抽象名辞の意味が心の中の「観念」ではなく話者の「能力」に求められるということだ。もし抽象名辞の意味が観念や観念の集合と同一視されるならば、抽象名辞の意味に関するヒュームの見解はすでに見た常套的な批判を免れなかっただろう。だが抽象名辞の意味に関するヒュームの見解は、どれほど素朴なものだったとしても、言葉の意味に直接アプローチするのではなく、言葉の意味を理解するという実践の観点から意味を解明しようとする「意味の使用説」を示唆しているのである。

抽象名辞を使用する能力としての「習慣」や「傾向性」について、ヒュームは『人間本性論』第一巻第一部第七節において次のように述べている。

観念のそれ自体の本性を超えたこの〔推論において普遍的であるかのように振る舞う〕使用は、観念がもちうる量と性質のすべての度合いを、不完全ではあるが、生活の目的に十分役立つような仕方で私たちが寄せ集める、ということである。……〔特定の抽象名辞と恒常的に結びつけられた〕個体の観念は、現実に精神にあらわれているのではなく、ただ可能的にのみ現れており、私たちは、そうした観念のすべてを判明に想像力のうちに引き出すのではなく、そのときの意図や必要に促されるに応じて、そうした観念のどれでも注視できるように身構える。要するに、語は一つの個別的観念をある特定の習慣と共に呼び起こし、この習慣が他のどの個別的観念であれ、私たちが必要とするならばそれを呼び出すのである。（T 1.1.7.7）

ここで説明されている「習慣」や「傾向性」は、何らかの意図や目的のもとで、既知のものであれ未知のものであれ個別の観念を、類似性によって形成された集合に属するものとして判断ないし述定できる能力のことを意味する。(19) たとえば、ユウコが新しく発見された生物を「ネコ」として分類するとき、ユウコが「これはネコである」と判断できるのは、ユウコが分類という目的のもとで、未知のネコの観念を既知のネコの観念の集合に属するものとみなし、そうした未知のネコに対して「ネコ」という抽象名辞による述定を行う能力をもっているからである。

また、ヒュームによれば、私たちが「すべての三角形の三つの角は互いに等しい」という全称命題を偽であるとみなせるのは、既存の三角形の観念の集合の中から、たとえば個別の直角二等辺三角形の観念を選び出し、当の全称命題に対する反例を構築する能力をもっているからである。『人間本性論』第一巻第一部第七節における該当箇所を引用しよう。

精神が私たちの推論にかかわっている一つの個別の観念を呼び出したのち、もし万が一私たちが他のある個別の観念に適合しない推論を行うことがあれば、一般名辞すなわち抽象名辞によって呼び起こされた連接する習慣が、ただちにその個別の観念を提示しただろう。たとえば、私たちが「三角形」という語を述べ、それに対応する個別の二等辺三角形の観念をいだき、その後で「三角形の三つの角は互いに等しい」と主張するならば、私たちが最初には無視したその他の不等辺三角形や等脚三角形などの個別の観念が、ただちにどっと私たちの精神に現れて、この命題が、最初にいだかれた観念については真であるにせよ、〔一般的には〕偽であることを、私たちに看取させるのである。精神が必要なときに必ずしも常にこれらの観念を提示しないのは、その能力の何らかの不全から生じることであり、そのような不全がしばしば誤った推論や詭弁のもととなる。（T 1.1.7.8）

ここでの説明から読み取れるのは、反例として持ち出されるイメージや図のようなものが、抽象名辞の意味と同一視されることはない、ということである。こうした場面に登場するイメージや図は、あくまでも推論の適切さを判定する上でのサポートに用いられているにすぎない。「たとえば、「政府」、「教会」、「交渉」、「征服」などについて語るとき、私たちはめったに、これらの複合観念を構成するすべての単純観念を心の中で繰り広げはしない。……たとえば、私たちが「戦争において弱者は常に交渉に頼る」と言わずに、「弱者は常に征服に訴える」と述べたとすれば、私たちが獲得した諸観念に特定の関係を帰する習慣が、やはり各語に連接していて、この命題の不合理さをただちに私たちに気づかせるのである」（T 1.1.7.14）。むしろ、抽象名辞を推論において適切に使用する能力が「十全」かどうかということが、抽象名辞を有意味に述定できるかどうかの基準になっていると言える。

以上の議論によって、ヒュームは抽象名辞の機能の根拠と、抽象名辞の意味理解の根拠について、従来の解釈とは異なる見解を示していることが明らかになっただろう。〈根拠の問い〉に対する応答についてアーロンやマクナブが示した解釈は、抽象名辞に関するヒュームの議論の要点を見落としてしまっていたのである。けれども、このことは、意味に関するヒュームの理論に瑕疵がないということを意味しない。というのも、ヒュームは固有名や直示詞、あるいは論理結合子の意味に関して、不完全な説明しか与えることができていないと考えられるからである。意味に関するヒュームの理論の補完という課題は、本書の範囲を越えてしまうため触れることができない。とはいえ、以上の難点を差し引いたとしても、ここで示した解釈がヒュームの因果論においていかなる意義をもつのか、ということは追究に値する主題であると考えられる。そこで次項では、意味に関するヒュームの考察が彼の因果論においてもつ意義を示そう。

### (3) ヒューム因果論における意味に関する考察の意義

すでに見たように、ヒュームは、異なる話者同士の会話における相互理解の成立を強調する。しかし、言葉の使用の正誤に関する問題に対処できなければ、会話における相互理解の成立が不可解なものとなる。では、いかにしてヒュームは言葉の使用の正誤に関する問題に対処したのだろうか。本項では、この問題に対するヒュームの応答を明確化した上で、意味に関する考察がヒューム因果論においてもつ意義を明らかにしたい。

まず確認しておきたいのは、ヒュームの言う社交・会話が「楽しさ」の追求を目的とするものだということである（水谷 2008; 林 2010）。たとえば、話者の間で澱みなく会話が進行していれば、たとえ両者が必ずしも言葉の厳密な意味を共有していなくても、それで十分に会話が成立することがある。そして、会話に澱みが生じたときにはじめて、澱みを生じさせた話者が正しく言葉を使用できているかどうかが問われることになる。ここで要求されているのは、社交・会話における言葉の使用の正しさである。ヒュームは、言葉の使用の正しさに関する問題を、社交・会話における言葉の意味理解に関する問題として処理しているのである。こうした考えの根底には、楽しさの追求を目的とする社交・会話の場面で言語実践を理解しようとする着想があると言える。

しかし、ヒュームは言語実践の場面を社交・会話に限定しようとしたわけではない。このことを示すためには、「エッセイを書くことについて」での議論が傍証となるだろう。ヒュームは、私たちの言語実践の場が「学問の国（the Dominions of Learning）」と「会話の国（those of Conversation）」に分かれると述べ、前者を「学者たち（the Learned）」が議論を交わす場として、後者を「会話する人びと（the Conversible）」が単なる「おしゃべり（chat）」とは区別される会話を行う場として特徴づけている[20]（E 533）。特に重要なのは、そこでヒュームが自らを「学問の国」と「会話の国」を橋渡しする「外交官や大使（resident or ambassador）」（E 535）として特徴づけているということである。会話は、単なる「おしゃべり」とは異なり、歴史や詩や政治などの主題を「学問の国」から輸入しなければならないが、そこで橋渡しの役割を担うのが「エッセイ（essay）」という特殊な文体を用いる「外交官や大使」の働きだと言える。このように、ヒュームは、会話だけでなく議論も私たちの言語実践の場であることを考慮に入れたのである。

また、ヒュームは、学者による議論の最終目標が「真理（truth）」にあることを強調している。このことは、『人間本性論』第二巻第三部第十節における「真理愛（love of truth）」についての議論が手がかりになるだろう。ヒュームによれば、真理は、それに対する愛の感情が「すべての探究の第一の源泉」（T 2.3.10.1）であり、数学者や哲学者などの学者によって獲得が目指されるものである。ヒュームは次のように述べる。

> 多くの哲学者たちは、世界にとって重要で有用であると自ら評価した真理を探し求めることに時間を費やし、健康を害し、自分の世俗的成功を無視してきた。（T 2.3.10.4）

哲学者は、どれほど公共的な利益をもたらす重要な真理を示したとしても、それが自分にとってどうでもよいときには、それに対する興味を失ってしまう。しかし、それにもかかわらず哲学者が真理を求めようとするのは、その獲得のために用いる精神の活動それ自体が当人に喜びをもたらすからである（伊勢 2011, 100）。たとえば、数学者は容易には数学的真理を獲得できず多大な労力とすぐれた才能を要求されるからこそ、証明を試みることに喜びを感じる。こうした真理の探究は、賭けや狩猟と類比的に語られることになる（T 2.3.10.8-10）。

このように、ヒュームは「楽しさ」を目的とした会話だけでなく、「真理」を目的とした議論における言語実践も視野に入れている。このことによって、ヒュームは言葉の正誤に関する問題を、会話における適切さと議論における真理の問題として処理しようとしたのである。

以上のことを確認した上で、いかにしてヒュームが「原因」という抽象名辞の使用の正誤に関する問題に応答しているのか、ということを見ることにしよう。まずは、『人間本性論』第二巻第二部第十節における次の箇所を手がかりにしたい。

> 知性を取り扱ったときに〔『人間本性論』第一巻で〕見たように、私たちがしばしば行う力能とその行使の区別にはまったく根拠がない。……過去の経験から、ある人がある能力（ability）を発動する蓋然性がある、あるいは少なくとも可能性があるということが見出されるとき、私たちはその人に能力が与えられていると考える。……力能は、世間での経験と実践によって発見される、何らかの行為の可能性や蓋然性に存する。（T 2.2.10.6）

ここでヒュームは、私たちが言葉の使用の正しさを判定する上で、次のような論点をおさえねばならないことを示唆している。すなわち、会話の参加者は、互いが同じ言語使用能力をもっているという期待にもとづいて、適切な仕方で言語を使用しているかどうかを確かめる、ということである。この点について、ヒュームは『人間知性研究』第八章第一部で次のように述べている。

人間の相互依存性はすべての社会において非常に著しいので、いかなる人間の行為もそれじたいにおいて完全に完結していることはめったにないし、他者の行為と何の関係もなしに遂行されることもほとんどない。ある行為が行為者の意図に十分応じたものとなるために、他者の行為が必要なのである。……人びとが取引を拡大し、他者との交流をもっと複雑なものにしていくにつれ、彼らは常に、自分たちの生活設計のなかに、一段と多様な意図的行為を含ませるようになり、そして、適当な動機にもとづくそうした意図的行為が自分たちの行為と協調することを期待するのである。（EHU 8.1.17）

このように、行為者に対して意志を認めるのは、その行為を観察する「傍観者（spectator）」（T 2.3.2.2）であるのと同様に、言語使用者に対して言語能力を認めるのは、その使用を観察する傍観者なのである。発話の参加者は、互いがいかなる意図のもとでいかなる仕方で言語を使用するかを観察することによって、相手が自分と同じ能力をもっているかどうか、そして、適切に言語を使用できているかどうかを確かめるのである。[21]

それでは、人が「原因」という抽象名辞を間違った仕方で使用したとき、どのような傍観者がいかなる手続きでその使用を訂正できるのか。ヒュームは、その訂正を行う傍観者を「哲学者」であると考えている。「哲学者」は、「原因」という抽象名辞が会話と議論のどちらの文脈で使用されたのかを特定した上で、その名辞が帰納推論における述定に寄与するかどうかを手がかりに、その使用を訂正することができる。私たちは、帰納推論という実践において「原因」という名辞を使用しており、そうした名辞の正誤はこの実践において理解されねばならない。この見解は、推論がいかなる規則のもとでなされているのかという点に注目して、推論を規則にしたがった規範的な実践としてとらえるという考えにもとづいている。

以上の考え方を理解するためには、たとえば将棋のようなゲームを考えるのがよいだろう。将棋は、駒の動かし方などに関する規則にしたがってなされるゲームである。けれども、たとえばマイが駒を対戦相手に投げつけたとすれば、マイはそもそも将棋をやっていないとみなされる。なぜなら、ゲームの規則にしたがって一手を指せることが、ゲームの参加条件だからである。これと同様に、帰納推論は、有効な原因から偶然の条件を区別する規則にしたがってなされる実践である。たとえば、ツヨシが「くしゃみをしたら雷が落ちたのを以前に一度経験した」ということから「くしゃみが落雷の原因である」と推論するならば、ツヨシは「原因と結果の間には恒常的連接がなければならない」(T 1.3.15.5) という規則にしたがっていないため、適切な仕方で「原因」という名辞を使用しているとは言えない。すなわち、ツヨシはルール違反を犯しているため、推論実践に参加できていないことになる。以上のように、ヒュームは「原因」という名辞の使用を推論実践という規範的な営みのなかで理解しようとしたのである。

このようにして、ヒュームが言葉の意味を心的イメージに求めたわけでないということが明らかになる。意味に関するヒュームの見解の眼目は、会話や議論という言語実践のなかで「原因」という抽象名辞の使用が推論に寄与するための条件を示すことにあったと言える。そこには、言葉の意味を心的イメージに求める姿勢は見られない。黒田の表現を借りれば、私的言語観を支える「意味の観念説」という考えほど、ヒューム哲学からかけ離れたものはないのである (cf. 黒田 1987, 46)。

## 5　準実在論解釈の再検討

以上のような意味に関するヒュームの考察を視野に入れつつ、ここではブラックバーンの準実在論解釈にみられた問題点を改めて検討することにしよう。

第一に、ブラックバーンの解釈が提示する心から世界への投影というアイデアは、少なくともブラックバーンの挙げるテクストからは導き出すことができないという問題点である。このことに関して、ヒュームは別の文脈において、現在を支点とした過去から未来への投影が私たちの因果推理にとって不可欠であることを強調している。関連する箇所を『人間本性論』から引用しよう。

> ……明らかに、私たちが過去を未来に転移して（transfer）、既知のものを未知のものへと転移するとき、過去の経験的事実は、すべて同じ重さをもつのであり、釣り合いをどちらかの側へ傾けることができるのは、ただ経験的事実の数の多さのみである。（T 1.3.12.15）

> 精神は、単に蓋然的な事実について推論を行うとき、その目を過去の経験に向け返すのであり、過去の経験を未来に転移する（transfer）ことによって、その対象についての多くのたがいに反対の像を提示される。（T 1.3.12.23）

ここで念頭に置かれているのは、心の側の性質を世界の側の対象や出来事へと誤って投影するメカニズムではなく、私たちが推理において過去の事例を未来の事例へと投影するメカニズムである。たとえば、航海に出て行く二十艘の船のうち十九艘の船だけが帰還するのを長期の経験にもとづいて知っているとすれば、目の前で出航が見届けられた二十艘の船についても、このうち十九艘だけが帰港するのではないかと考える（T 1.3.12.11）。すでに本書のこれまでの議論でも確認したように、こうした過去から未来への投影が可能なのは、私たちが抽象名辞を用いる能力を習得しており、かつ、自然斉一性の原理が私たちの帰納推理のうちに組み込まれているからである。このように、心から世界への投影ということでヒュームが想定しているのは、推理において過去の事例を未来の事例へと投影する場面だと言える。

第二に、ブラックバーンの準実在論解釈にとって、真理概念をどのように説明すべきであるかという点が躓きの石になっている。真理に関するヒュームの説明を改めて引用しておこう。

> 真理には二種類のものがある。すなわち、それ自体で考察された限りでの観念の間の比率の発見に存するものか、あるいは、私たちの対象の観念と現実存在との合致に存するものかのどちらかである。(T 2.3.10.2)

> 真理あるいは虚偽は、実際の(*real*)観念の関係への一致ないし不一致(agreement or disagreement)か、あるいは実際の存在や事実への一致ないし不一致のいずれかに存する。(T 3.1.1.9)

一見すると、ここにおいてヒュームは、言明と実在の「対応」によって真理を特徴づけているようである。つまり、たとえば「雪が白い」という言明が真であるのは、雪が白いという事実が成立するとき、そのときに限られるというような、いわゆる真理の対応説(correspondence theory of truth)の立場を表明していると解釈できそうである[22]。

しかし、ここでの「一致ないし不一致(agreement or disagreement)」という表現は、言明と実在の「対応」とは異なる仕方で解釈できると考えられる[23]。たとえば、「生野菜を食べたことが食中毒の原因である」という因果言明について考えよう。懐疑的実在論解釈によれば、この言明が真であるのは、「生野菜を食べた」という出来事の背後に食中毒をもたらす力能の実在を想定する「相関的観念」と「対応」しているとき、そのときに限られることになる。けれども、ヒュームは真理に関する説明において、「観念の関係や事実との一致ないし不一致」が「相関的観念との一致ないし不一致」であるとは一言も述べていないし、ましてや「実在との一致ないし不一致」であるとも述べられていない。

では、ヒュームの言う「一致ないし不一致」という表現は、どのような仕方で解釈できるのだろうか。一つの可能性は、何らかの言明が真であるのは、それによって表現される内容に私たちが同意するとき、そのときに限られるという解釈である。この解釈は、「真」や「偽」といった語が、何かについて同意する、もしくは同意しないときに用いられるものだという、真理のデフレ説（deflationary theory of truth）に近い発想を示している。[24] たとえば、「弁当の値段は五百円である」というユウコの言明にミオが同意するとき、ミオは「あなたの述べたことに同意する」と言う代わりに、「あなたの述べたことは真である」と言うことができる。ユウコとミオは「真」や「偽」という語を用いることで、自分の同意すること、もしくは同意しないことを繰り返し述べる必要がなくなるのである。

もちろん、以上の議論はヒュームの真理論についての決定的な解釈を与えているわけではない。というのも、ここで主張したいのは、「ヒュームが真理の対応説をとったのは自明である」という解釈は必ずしも決定的ではなく、それ以外の解釈をとる余地が残されているということだけだからである。

因果言明の意味に関するヒュームの見解は、因果言明に関して真偽を問うことができないと主張する情動説とは違って、あくまでも因果言明の真偽を問うことができると主張する立場である。しかし、ブラックバーンの提案する解釈とは異なって、態度として表出されるのは帰納推理における過去から未来への投影であること、また、真理のデフレ説に近い観点から因果言明にかかわる真理概念を説明しようと試みる立場だと言える。以上のことから、ブラックバーンの解釈をそのままヒューム自身の見解とみなすのは困難であると考えられる。

本書の解釈は、準実在論解釈と「世界の側に私たちの認識から独立した力能は実在せず、因果言明は推理の傾向性の表出である」というテーゼを共有している一方で、投影と真理の説明に関しては意見を異にしている。こうした解釈が準実在論解釈とどのていど距離をとることができるのか、そして因果言明の意味に関する議論としてどこまでの説得力をもつのかということは、今後検討されるべき重要な課題だろう。[25]

## 6　本章のまとめ

本章の議論をまとめよう。第1節では、ストローソンが「標準見解」と呼ぶヒューム理解を取り上げて検討し、特に「私たちの因果言明は常に偽である」とする意味論的見解の問題点を明らかにした。第2節と第3節では、「標準見解」の問題点を受けて、ストローソンを代表とする懐疑的実在論解釈とブラックバーンを代表とする準実在論解釈の間で展開された、ニュー・ヒューム論争の整理と評価を試みた。そこでは、ストローソンとブラックバーンがどちらも意味に関するヒュームの見解の再評価を試みた上で、ヒュームが因果性に関する実在論と反実在論のどちらを擁護しようとしたのかが争点となっていたことを確認した。第4節では、準実在論解釈を基本的に肯定しながらも、同解釈が意味理解に関するヒュームの見解を適切に解明していないことを示し、意味に関するヒュームの見解が「意味の使用説」の一種であるという解釈を提案した。その上で、ヒュームが会話や議論という言語実践のなかで因果言明の真偽判定の基準を説明しようと試みていることを明らかにした。そして第5節では、ブラックバーンの準実在論解釈を再検討することで、因果言明の意味に関するヒュームの議論が一種の反実在論として理解できるという可能性を示したのである。

続く第四章では、本章での意味論的考察に関する解釈をもとに、原因と結果の間の必然性（necessity）に関するヒュームの議論を検討する。ヒュームにとって、「因果性の本質的部分」（T 2.3.1.18）である必然性は、偶然性との対比において把握されねばならず、私たちの自由との両立可能性が問われる重要概念である（cf. EHU 9.1）。こうした必然性の概念について、ヒュームは「精神の被決定性（determination of mind）」という心的状態を手がかりとして、「*A*と*B*は必然的に結合している」という言明の意味や、必然性の信念の原因が何であるかを明らかにすることで、解明を試みようとしている。次章では、必然性の概念に関するヒュームの議論が、具体的にはどのような道筋で展開されているのかを詳しく見ることにしよう。

# 第四章　必然性と精神の被決定性

『人間本性論』第一巻第三部第十四節と『人間知性研究』第七章において、ヒュームは私たちが因果関係の信念を獲得する仕方について次のように論じている。目の前に、新品のマッチ箱があるとしよう。これまでに何度も、マッチを擦れば火がつくことを経験している。ここで、箱から取り出したマッチを擦れば、結果を待たずして「火がつく」ことを確信するだろう。それは、これまで「マッチを擦る」という種類の出来事の後に、「火がつく」という種類の出来事が生じるのを繰り返し経験したことによって、両者の間に因果関係があると信じる習慣が、心の中に形成されたからだと言える。このようにして、ヒュームによれば、私たちは反復経験から形成された習慣によって、「マッチの摩擦が燃焼の原因である」と信じるように「精神が……決定されている」（T 1.3.14.20）のである。

これまでの典型的な解釈において、以上の箇所で展開されている議論は次のように理解されてきた。まず、私たちは世界の側に生じる二種類の出来事の間に、因果関係を知覚することができない。しかし、私たちは一方の出来事を観察するや否や、それにいつも伴ってきた他方の出来事を思い浮かべてしまう「精神の被決定性（the determination of mind)」が心の側にあることを、内観によって知覚できる。この「精神の被決定性」は、一方の種類に属する個別の出来事の知覚から、他方の種類に属する個別の出来事の知覚への心的な因果関係である。こうした心的な因果関係を世界の側へと誤って投影する（project）ことで、私たちはあたかも世界の側に因果関係があるかのように信じてしまう。この解釈の特徴は、心的な因果関係としての「精神の被決定性」を世界の側へと誤って投影することで、私たちが因果関係の信念を獲得するのだとみなす点にある。以下では、この解釈を錯誤説解釈（error theoretic interpretation）と呼ぼう。

しかし、錯誤説解釈には主として次の問題点が指摘されてきた。それは、「ヒュームは世界の側だけでなく心の側の因果関係も知覚できないと主張している」というものである。つまり、この解釈によると、世界の側の因果関係の信念は心の側で知覚された因果関係の投影によって獲得されるはずだが、ヒューム自身が心的な因果関係の知覚を否定してしまっている、という問題点である。

これに対し、表出説解釈（expressivist interpretation）は、錯誤説解釈とは異なるテクストの理解を提示する。それによれば、(a)精神の被決定性は心的な因果関係ではなく推理への傾向性であり、(b)因果関係の信念は錯誤にもとづく投影ではなく推理への傾向性の表出によって獲得される、ということになる。この解釈の特徴は、推理への傾向性としての「精神の被決定性」を態度として表出する（express）ことで、私たちが世界の側の因果関係の信念を獲得するのだとみなす点にある。

だが、表出説解釈にも次の問題点がある。それは、「ヒュームは精神の被決定性が「内的に感じられる」と述べており、精神の被決定性を内観によって知覚できることを暗黙のうちに認めている」というものである。表出説解釈をとると、ヒュームは心的な因果関係の知覚可能性を否定した上で、精神の被決定性を推理への傾向性として理解していることになる。しかし、「精神の被決定性を内的に感じる」と述べている以上、ヒュームはやはり、私たちが心の側の傾向性と世界の側の因果関係を取り違えているのと考えたのではないだろうか。つまり、傾向性の表出もまた、錯誤による投影を含んでいるのではないかという問題点である。

本章の目的は、「精神の被決定性を感じる」という表現についての解釈論争に焦点を当てながら、従来の問題点を免れた表出説解釈を提示することにある。以下ではまず、必然的結合に関するヒュームの議論を概観することで、解釈上の争点がどこにあるのかを明確にする（第1節）。次に、錯誤説解釈の概要を示した上で、その問題点を確認する（第2節）。そして、表出説解釈の代表として久米の議論を取り上げ、それに対する批判的な検討を加える（第3節）。最後に以上の議論をふまえ、本書が提案する修正版の表出説解釈を示したい（第4節）。

## 1 問題設定

ヒュームによれば、「$A$は$B$の原因である」という因果関係の信念は、(1)「$A$は$B$に時間的に先行する」、(2)「$A$は$B$と時間的・空間的に隣接する」、そして(3)「必然的に、$A$が生じるならば$B$が生じる」という三つの要素に分析することができる（T 1.3.14.1）。(1)は「原因の結果に対する時間的先行」、(2)は「原因と結果の時間的・空間的隣接」と呼ばれる。ヒュームにとって、(1)と(2)は因果関係の信念の成立にとって必要ではあるが十分ではない。「ある対象が他の対象に隣接しており先行しているとしても、後者の原因とはみなされないことがありうる」（T 1.3.2.11）からである。たとえば、駅のホームで駅員が安全確認の旗を振ったときの空気の流れと電車の発車とは、「時間的先行」と「時間的・空間的隣接」の関係に立つと言える。しかし、旗振りによる空気の流れが電車を動かす原因であることにはならない（一ノ瀬 2004, 243）。したがって、因果関係の信念が成立するためには、(1)と(2)だけでなく(3)、すなわち「必然的結合（necessary connexion）」が必要である。

だがヒュームによれば、私たちは単一の経験では二種類の出来事の間に「時間的先行」と「時間的・空間的隣接」の関係以外のものを見出すことができない。たとえば、スイッチを押して自分の部屋の明かりをつけるとき、私たちは「スイッチを押す」という出来事と「部屋の明かりがつく」という出来事をどれだけ詳しく眺めたとしても、両者の間に「必ず」という関係を見出すことができないのである。しかし、友人の部屋や職場の会議室などでも、スイッチを押せば部屋の明かりがつくことを経験したかもしれない。こうした経験を繰り返すことで、私たちは一方の種類の出来事が他方の種類の出来事にいつも伴っていたという「恒常的連接（constant conjunction）」（T 1.3.14.20）の経験を得るようになる、とヒュームは言う。

それでは、こうした恒常的連接の経験があれば、因果関係を信じるのに十分であると言えるだろうか。言えない、というのがヒュームの答えである。「〔恒常的連接という〕この関係が含意するのは、類似した対象が隣接と継起という類似した関係にいつも置かれていたということにすぎず、これによっては私たちが、いかなる新しい観念もけっして発見できず、ただ精神の対象を多数化できるだけで、拡大することはできない。……ある過去の印象の単なる反復からは、それが無限回の反復であっても、必然的結合の観念のような新しい根源的観念はけっして生じない」（T 1.3.6.3）。たしかに、私たちは「スイッチを押す」や「部屋の明かりがつく」といった種類に属する個別の事例をいくらでも増やすことができる。けれども、それらの数をどれだけ増やしたとしても、個別の出来事の間に必然的結合を見出すことはできないのである。

そうだとすれば、私たちはいかにして二種類の出来事の間に因果関係があると信じるようになるのか。ここでヒュームが強調するのは、二種類の出来事の間に恒常的連接を経験することによって、私たちの心の側に生じる習慣（custom）の働きである。恒常的連接によって形成された習慣の働きのおかげで、私たちは一方の種類に属する個別の出来事から、他方の種類に属する個別の出来事を推理するようになる。『人間本性論』第一巻第三部第十四節における次の箇所を見てほしい。

十分な数の事例において類似性を観察した後には、私たちはただちに、精神が一つの対象からそれにいつも伴っていた対象へ移行し、その対象をこの関係のゆえにより強い光のもとで思い浮かべるように決定されているのを感じる。（T 1.3.14.20）

ここで述べられているように、恒常的連接を経験する前後で、私たちの心には一方から他方を推理してしまう「被決定性（determination）」（T 1.3.14.1）という「内的印象、すなわち反省印象（internal impression, or impression of reflexion）」（T 1.3.14.22）の有無という差が生じる。私たちが二種類の出来事の間に因果関係があると信じるのは、一方の出来事から他方の出来事を推理するように心が「決定されている」という印象を「感じる」からである。このようにして、二種類の出来事の間の必然的結合は、心が習慣の働きによって両者を結びつけるように決定されてしまうと「感じる」ことに他ならない、と結論づけられる。「必然性とは、……精神の内的な印象、すなわち、私たちの思考を一つの対象から他の対象へと移すべく決定されていることに他ならない」（T 1.3.14.20）。したがって、私たちは「精神の被決定性を感じる」ことによってはじめて、二種類の間に因果関係があると信じることができるようになるのである。

以上のヒュームの議論は、あまりにも有名であるにもかかわらず、その不明瞭さのために多くの解釈者の誤解と混乱を招いてきた[1]。特に解釈上の争点となってきたのは、ヒュームが「精神の被決定性を感じる（feel the determination of mind）」という表現で何を言おうとしているのか、ということである。こうしたことをふまえ、次節では伝統的に支持されてきた錯誤説解釈を批判的に検討しよう。

## 2　錯誤説解釈

### ⑴ 素朴な錯誤説解釈

最も素朴なタイプの錯誤説解釈は、マクナブやマッキーによって提示されたものである（MacNabb 1951; Mackie 1977）。この解釈によれば、ヒュームは次のように論じていることになる。私たちは世界の側において、二種類の出来事の間の恒常的連接を知覚できるにもかかわらず、両者の間の必然的結合を知覚することができない。しかし他方で、心の側においては、一方の種類に属する個別の出来事から他方に属する個別の出来事を推理してしまう「精神の被決定性」が存在しており、これは両者の知覚の間に成り立つ心的な必然的結合に他ならない。「必然性は、対象のうちにではなく精神のうちに存在する何か」（T 1.3.14.22）である。そして、私たちは内観によって心的な必然的結合としての精神の被決定性を知覚したのち、それを世界の側に「投影する」ことによって、あたかも世界の側に必然的結合が存在するかのように誤って信じてしまうのである。以上が素朴な錯誤説解釈の概要である。

以上の解釈を裏付けるテクストとして最も重要なのは、『人間本性論』第一巻第三部第十四節における以下の箇所である。引用しておこう。

> 精神が自らを外的対象に押し拡げる大きな傾向をもつこと、そして、外的対象が引き起こし、外的対象が感覚能力に現れるのと同じ時に常に現れる内的対象を、外的対象に結びつける大きな傾向をもつことは、普通に観察される。たとえば、ある種の音や香りは、常にある種の見ることのできる対象に伴うので、私たちは自然にこれらの対象とこれらの性質の間に、場所における連接すら想像する。これらの性質はいかなる連接も受け入れない本

性のものであり、実際にはどの場所にも存在しないにもかかわらず、である。しかしこのことについては、のちにより詳しく述べることにする。それまでは、「必然性と力能は、対象を考察する精神のうちにあるのではなく考察される対象のうちにある」と想定される理由が、同じこの傾向にあるということを述べれば十分だろう。
（T 1.3.14.25）

この箇所において、ヒュームは、私たちが心の側の対象を世界の側の対象と取り違えてしまう投影（projection）のメカニズムについて説明しているようである。こうした理解にもとづけば、本当は世界の側に必然的結合が実在していないにもかかわらず、私たちはあたかも世界の側に必然的結合が実在するかのように誤って信じてしまっている、ということになる。たとえば、私たちは、「スイッチを押す」という種類の出来事の知覚と、「部屋の明かりがつく」という種類の出来事の知覚が必然的に結びついていることを内観によって知覚する。そこで知覚された心の側の必然的結合が、「このスイッチを押す」という個別の出来事と「この部屋の明かりがつく」という個別の出来事の間の必然的結合と取り違えられ、世界の側へと投影されるという心の働きが生じる。そうした投影によって、私たちはあたかも世界の側に必然的結合が存在するかのように錯覚してしまうのである。

しかし、以上のような素朴な解釈をとることはできない。というのも、ヒュームは、私たちが世界の間の必然的結合を知覚できないだけでなく、心の側の必然的結合も同様に知覚できないということを明確に主張しているからである。『人間本性論』第一巻第三部第十四節における該当箇所を引用しよう。

ある人たちは、私たちが自らの精神のうちに活動力あるいは力能を感じるのであり、このようにして力能の観念を得たのち、私たちがその性質を、私たちが力能を直接には見出せないような物質に、投影するのであると主張してきた。……しかし、この推論がどれほど誤っているかを確信するためには、私たちは意志がここでは一つの原因と考えられているので、ある物質的原因がその本来の結果に対して知覚できる結合をもたないのと同様に、意志がそれの結果に対して知覚できる結合をもたないということを、考察するだけでよい。……要するに、精神の作用は、この点で、物質の作用と同様なのである。（T 1.3.14.12）

私たちの内的知覚間の結合原理は、外的対象間の結合原理と同様に知的に理解できず、〔恒常的連接の〕経験によって知る他には、知りようがないのである。（T 1.3.14.29）

そのため、もし素朴な錯誤説解釈が正しいとすれば、ヒュームは心の側の必然的結合が知覚できると主張すると同時に、心の側の必然的結合が知覚できないと主張する不整合に陥ったということになるだろう。これは、内観によって心の側の必然的結合を知覚する可能性を認めながら、内観によって心の側の必然的結合を知覚することが原理的にできないと主張するという、論理的な矛盾である。この矛盾は「必然性の知覚可能性に関する矛盾」と呼ばれ、必然性に関するヒュームの理論に見られる致命的な困難だと指摘されてきた（MacNabb 1951, 112–113; cf. 久米 2005, 98）。以上の批判を回避するため、これまで多くの論者が解釈の修正を試みてきた。しかし、錯誤説解釈を支持する論者のなかには、ヒュームが「必然性の知覚可能性に関する矛盾」に陥っていないとしても、それよりも深刻な困難に見舞われることを指摘する者がいる。次節では、そうした論者の代表として木曾とストラウドを取り上げ、それぞれの解釈を批判的に検討することにしたい。

### (2) 洗練された錯誤説解釈(1)——木曾

まずは、木曾の解釈を取り上げて検討しよう。木曾は、ヒュームが次のように論じていると解釈する（木曾 1995,

531ff)。たしかに、私たちは外的にも内的にも出来事の間に成り立つ必然的結合を知覚することができない。しかし、私たちが投影にもとづく錯誤によって、出来事の間に成り立つ必然的結合の信念を得ていることは明らかである。木曾によれば、こうした必然的結合の信念の成立過程は、『人間本性論』第一巻第三部第十四節の以下の箇所で説明されている。

> ある対象〔$A$〕が私たちに提示されるとき、それはただちに、それにいつも伴っていることが見出される対象〔$B$〕についての生き生きした観念を精神に伝える。そして、精神のこの被決定性が、これらの対象の必然的結合をなしている。しかし、観念を対象から知覚へ変えるならば、そのときは、〔$A$についての〕印象が原因であり、〔$B$についての〕生き生きとした観念が結果であると考えられるべきであり、これらの必然的結合は、私たちが〔$A$についての〕印象の観念から〔$B$についての〕観念の観念へと移行するように決定されているのを感じるときの、新たな被決定性である。私たちの内的知覚の間の結合原理は、外的対象の結合原理と同様に、知的に理解できず、経験によって知る他には、知りようがないのである。（T 1.3.4.29)

この箇所を木曾は次のように解釈している。「対象$A$の印象と対象$B$の観念との間に想定される「必然的結合」も、対象$A$の印象と対象$B$の観念の間に実際に存在する関係ではなく、精神が対象$A$の印象の観念の現前によって対象$B$の観念の観念を思い浮かべるように決定されているという、さらに内的な被決定性の印象に過ぎない」（木曾 1995, 531)。

以上の木曾の解釈は非常に抽象的であるが、私なりに具体例を用いてパラフレーズすると次のようになる。たとえば、ユウコは「「スイッチを押す」という種類の出来事（$C$）と「部屋の明かりがつく」という種類の出来事（$E$）が

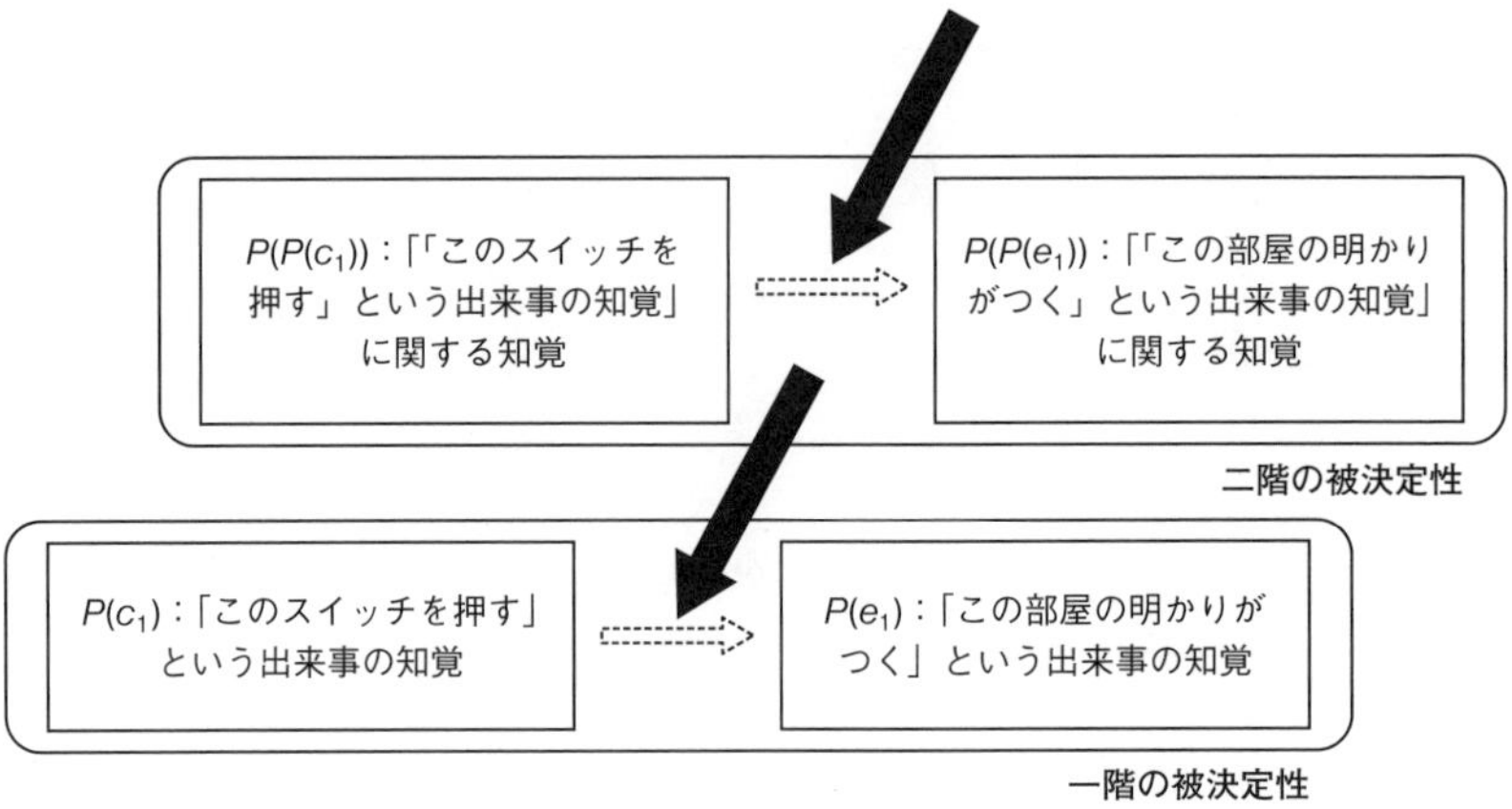


**図2　高階の被決定性**

いつも伴ってきた」という恒常的連接の経験を得ているとしよう。このとき、$C$に属する個別の出来事を$c_1$と表し、$E$に属する個別の出来事を$e_1$と表すことにする。

さて、ユウコは$C$に属する個別の出来事$c_1$の知覚（$P(c_1)$）によって、$E$に属する個別の出来事$e_1$を推理するように心が決定されたとしよう。たとえば、「このスイッチを押す」（$c_1$）ことを知覚するや否や、ユウコは「この部屋の明かりがつく」（$e_1$）という出来事を推理するように傾く。しかし、ここにおいてユウコは、$c_1$と$e_1$の間に必然的結合を知覚できないだけでなく、「$c_1$に関する知覚」と「$e_1$に関する知覚」の間の被決定性も知覚できない。それにもかかわらず、なぜユウコは$c_1$と$e_1$の間に必然的結合が存在すると信じてしまうのだろうか。それは、$c_1$に関する知覚から$e_1$に関する知覚を推理するようにユウコの心を導く、高階の被決定性があるからである。このことを図2に示しておこう。

ここで、ユウコは「$c_1$に関する知覚」という種類の知覚（$P(c_1)$）と「$e_1$に関する知覚」という種類の知覚（$P(e_1)$）がいつも伴ってきたという、恒常的連接の経験を得ているとしよう。このとき、ユウコは「$c_1$に関する個別の知覚」と「$e_1$に関する個別の知覚」の間に、精神の被決定性を知覚できない。では、ユウコの精神の被決定性はどのようにして生じるのだろうか。木曾の解釈によれば、ヒュームの説明はこうである。

すなわち、「$c_1$に関する個別の知覚」から「$e_1$に関する個別の知覚」へと推理する精神の被決定性は、「「$c_1$に関する個別の知覚」についての知覚」（$P(P(c_1))$）から「「$e_1$に関する個別の知覚」についての知覚」（$P(P(e_1))$）へと推理する二階の被決定性によって生じるのである、と。

しかし、以上の説明は明らかに無限後退をもたらすだろう。なぜなら、私たちは二階の被決定性についても、二階の知覚の間に成り立つ恒常的連接の経験にもとづいて生じる三階の被決定性を必要とするからである。そこから二階、三階……と続けていったとしても、私たちはいつまでたっても被決定性の知覚に到達できない。

このようにして、木曾の診断によれば、ヒュームは以上の無限後退の可能性に気づいていなかったために、結果として私たちが世界の側の必然的結合を信じるようになるメカニズムの説明に失敗したのである。「ヒュームは、因果関係の本質を成すと想定された「必然的結合」の「必然性」を、論理的に必然的な結合の「必然性」と異なると考えたために、因果的な「必然的結合」を、理解することも知覚することもできない錯覚または幻想とせざるをえなかったが、「必然的結合」の印象の無限後退によって、幻想そのものが霧散することになった。こうして、ヒュームは、原因と結果の間の「必然的結合」の幻想の成立過程の説明にも失敗したのである」（木曾 1995, 531-532）。

### (3) 洗練された錯誤説解釈(2)——ストラウド

次に、ストラウドの解釈を取り上げて検討しよう(2)。ストラウドは、ヒュームの議論の問題点を木曾とは異なるところに求めている。それによれば、ヒュームは必然的結合と精神の被決定性を同一視してしまったために、不整合な議論を提示せざるをえなくなったのである。問題の箇所を『人間本性論』から引用しておこう。

> 必然性とは、……精神の内的な印象、すなわち、私たちの思考を一つの対象から他の対象へと移すべく決定され

ていること、に他ならない。（T 1.3.14.20）

ここにおいて、ヒュームが「必然性」と「精神の被決定性」を同一視していることは明らかであるように思われる。では、なぜこうした同一視がヒュームの議論に不整合をもたらすのだろうか。順を追って説明していこう。

まず確認しておくべきことは、ヒュームの言う「精神の被決定性」がいかなる心的状態であるのかということである。ストラウドによれば、「精神の被決定性」は、出来事的な心的状態として理解されなければならない。出来事的な心的状態とは、私たちの意識によって把握される、出来事として生起している心的状態のことである。たとえば、赤色の感覚印象は、私たちが「赤さの感覚質が現れている」という出来事を意識することで把握される。[3] ストラウドの解釈では、精神の被決定性も感覚印象と同様に、私たちが意識によって把握する出来事的な心的状態として理解されねばならない。ストラウドの文言を引いておこう。

> 必然性の観念を生じさせる被決定性の印象や感じは、……ある種類の心的生起〔原因 *c* の印象〕が別の種類のもの〔結果 *e* の信念〕を引き起こすときにはいつでも心のなかに生じる、特定の種類の心的生起にすぎないものとして理解されねばならない。そうした印象や感じは、一方の出来事が他方の出来事を引き起こすということについての（*of*）印象ではないし、両者のあいだの因果的ないし必然的結合についての（*of*）印象でもない。それは、心のなかに〔結果 *e* とみなされる〕第二の出来事が生起することに伴う、あるいはそれと同時に生じる、ある独特の感じ（a peculiar feeling）にすぎない。（Stroud 1977, 85–86; 最後の強調は引用者による）

以上の引用に見られるように、ストラウドは、「精神の被決定性」が私たちの帰納推理に伴う「独特の感じ」であると理解している。ただし、ここでの「独特の感じ」はいかなる対象や出来事も表象しない心的状態であることに注意すべきだろう。[4] すなわち、推理に伴う「独特の感じ」は、私たちの推理において同時に生起する強制感や抵抗感である。「原因は、私たちの思考に道を敷き、言わば、これこれの特定の対象をこれこれの特定の関係にあるものとして考察するよう、強制する」(T 1.3.11.4)。「私たちは、対象をそれ〔原因や結果〕以外の関係にあるものとして考察することに、無理を感じざるをえない」(T 1.3.11.4)。そのため、ストラウドの解釈は、精神の被決定性を「独特の感じ」という出来事的な心的状態とみなし、同時にそれを非表象的なものとみなすのである (cf. 澤田 2011, 70)。

このように解釈するならば、私たちは「精神の被決定性を感じる」というヒュームの表現についても、無理なく理解できるように思われる。それによれば、「精神の被決定性を感じる」という表現は、「推理に伴って生起する強制感や抵抗感を意識によって把握する」ことを意味する。これは、「痛みを感じる」という表現が「痛みに伴って生起する感覚質を意識によって把握する」こととして理解されるのと同様である。

だが、以上のように解釈できるとしても、ヒュームは、私たちが世界の側の必然的結合を信じるようになるメカニズムの説明において、致命的な困難をかかえていると言わざるをえない。ストラウドは次のように述べている。「私たちが実際に（ヒュームによれば、誤った仕方ではあるが）信じているのは、必然性が客観的世界における対象間や出来事間の関係に「存在する」何かだということである」(Stroud 1977, 86)。もし「独特の感じ」がいかなる対象や出来事も表象していないのだとすれば、そこからどうやって私たちが世界の側の必然的結合を信じるようになるのかについての説明を要するだろう。しかるに、私たちが現に世界の側の必然的結合を信じていることは確かである。したがって、ヒュームは、私たちが心の側の強制感や抵抗感を誤って世界の側へと投影することで、世界の側に必然的結合があると信じるようになると説明せざるをえなくなる。

けれども、世界の側の必然的結合が「推理に伴う強制感や抵抗感」を投影したものであると考えるのは、あまりにも奇妙だろう。ストラウドによれば、ヒュームは、必然的結合と精神の被決定性の同一視という主張の奇妙さを自覚していたのかもしれないが、それについて言うべきことを何ももたなかったのである。そこで仕方なく、精神の被決定性をあたかも世界の側の必然性とみなしてしまうという、私たちの錯誤のメカニズムを説明することに終始した。このことは明らかに、必然的結合に関する私たちの信念が常に誤っているという法外な帰結をもたらす。というのも、私たちが日常的にいだく「$A$は$B$と必然的に結合している」という信念は、世界の側について常に誤った情報を含んでいる、ということになるからである。したがって、ヒュームは結局のところ、錯誤のメカニズムの説明に拘泥するあまり、必然性に関する日常的信念について懐疑的な帰結をもたらしたと言える（Stroud 1977, 80–81）。

以上の木曾とストラウドの解釈は、それぞれの力点の置き方は異なるが、いずれも必然的結合の信念に関するヒュームの議論に致命的な欠陥があることを指摘する。しかし、現在では錯誤説解釈に代わる選択肢として、表出説解釈と呼ばれる新しい解釈が提案されている。表出説解釈は、意味論的考察の観点からヒュームの議論を読み直すことで、「精神の被決定性を感じる」という表現について新たな読み方を提案することを試み、錯誤説解釈の指摘するヒュームの議論の問題点を解消しようとしている。この解釈によれば、錯誤説解釈はテクスト理解としても事柄としても受け入れられないということになる。そこで次節では、表出説解釈を批判的に検討することにしよう。

## 3　表出説解釈

表出説解釈の基本的方針は、必然的結合の信念に関するヒュームの議論を、「$A$は$B$と必然的に結合している」という因果言明に関する意味論的考察の観点から読み直す、というものである。こうした観点を導入することで、私たちは錯誤説解釈と表出説解釈の違いを明確にすることができる。錯誤説解釈によれば、因果言明は「世界の側に必然的結合が存在する」という誤った信念を報告するという機能をもっている。それに対し、表出説によれば、因果言明は何らかの事実を報告するのではなく、私たちの態度や傾向性といった心的状態を表出する機能をもっているのである。現在、表出説解釈はさまざまな論者によって支持されているが、「精神の被決定性を感じる」という表現の理解については意見の一致を見ていない（久米 2005; Beebee 2006; Coventry 2006; Blackburn 2008）。そこで以下では、表出説解釈のなかでも特に、「精神の被決定性を感じる」という表現の意味を詳細に検討している、久米の情動説解釈を取り上げることにしたい。

### ⑴ 久米の解釈

久米によれば、「精神の被決定性を感じる」という表現は、「精神が推理するように決定されている」という事実の記述ではなく、精神が推理するように決定されているという態度の表出（expression）として理解されねばならない（久米 2005, 第三章）。ここでの久米の主張を正確に理解するため、以下では「精神の被決定性を感じる」という表現を、「精神の被決定性」と「……を感じる」という表現に分解した上で、それぞれについていかなる解釈が提示されているかを確認することにしよう。

第一に、「精神の被決定性」という表現についてである。久米によれば、「精神の被決定性」という表現は、推理への「傾向性」を指すものとして理解するのが自然である（久米 2005, 100–102）。『人間本性論』第一巻第三部第十四節から、関連する箇所を引用しよう。

> 必然性とは、……精神の内的印象、すなわち、私たちの思考を一つの対象から他の対象へと移行させる被決定性に他ならない。（T 1.3.14.20）

> 現在の問題に関係している内的印象は、習慣が生み出す、一つの対象からそれに常に伴っていた対象についての観念へと移行しようとする傾向性（propensity）以外にない。（T 1.3.14.22; 強調引用者）

ここにおいて、ヒュームは「私たちの思考を一つの対象から他の対象へと移行させる被決定性」が「傾向性」であること、つまり、一種の傾性的な心的状態であることを明確に認めている。(5) 傾性的な心的状態とは、しかるべき状況下で何らかの判断や行為が明示化されることで、把握される状態である。たとえば、ある人の怒りっぽさは、自分を侮辱する発言を耳にしたという状況下で、表情や態度によって明示化されることで把握されるだろう。これと同様に、精神の被決定性も、しかるべき状況下で何らかの判断や行為が明示化されることによってはじめて、把握されることになる。

ただし、傾性的な心的状態としての「精神の被決定性」は、何らかの事実や事態を表象しているわけではないことに注意しよう。このことは、反省印象の一種である情念が非表象的だという点との類比によって補強される。ヒュームは『人間本性論』第二巻第三部第三節において、反省印象の一種である情念の性質について次のように述べる。

> 情念は根源的な存在である。あるいはそう言いたければ、根源的な存在の様態であり、これを、それ以外の存在や存在の様態の模像とするような、表象的性質（representative quality）は何も含んでいない。私が怒っているとき、私は現実にその情念にとらわれているのであり、のどが渇いているとき、気分が悪いとき、身長五フィート以上であるときと同じく、私はその情動のなかに、それ以外の対象との関係をもってはいないのである。（T 2.3.3.5）

ここで主張されているのは、情念は別の存在を指示しているが、その存在を表象しているわけではないということである。たとえば、コウジロウへの怒りは、確かにコウジロウへと向けられているが、コウジロウの存在を表象しているわけではない。それに対し、茶碗の知覚は、茶碗へと向けられているだけでなく、茶碗の対象を表象してもいる。したがって、知覚は感覚印象を介して対象を表象する一方で、反省印象の一種としての情念はいかなる対象も表象しないのである。

しかし、精神の被決定性という反省印象が非表象的かどうかについて、ヒュームは明確なことを述べていない。とはいえ、ヒュームは情念と精神の被決定性を類比的に論じているため、情念の性質が精神の被決定性にも当てはまると考えていたと推察される。『人間本性論』第二巻第一部では、情念とは異なるが「それに類する情動（emotions）」（T 2.1.1.2）という種類の反省印象の存在を認めており、精神の被決定性はそうした種類の「情動」に属していると理解するのが自然である。こうした理解にもとづけば、ヒュームは精神の被決定性が傾性的で非表象的な心的状態であると考えていたことになる。たとえば、「このスイッチを押す」という個別の出来事から「この部屋の明かりがつく」という個別の出来事を推理するとき、精神の被決定性は「前者から後者を推理するように決定されている」という心的事実を表象しているわけではないのである。

第二に、「……を感じる」という表現についてである。久米によれば、「精神の被決定性」に関連する文脈で用いられる「……を感じる」という述語は、「何らかの心的状態を態度として表出する」という意味で理解されるのが適切である（久米 2005, 106-107）。ヒュームは、しばしば怒りの情念や特定の道徳感情について、そうした心的状態の表出を述べるために「……を感じる」という表現を用いることがある。たとえば、『人間本性論』第二巻第一部第二節には次のような記述がある。

ある性格を称賛することは、その性格が現れたときに原初的な喜びを感じること（to feel an original delight）である。ある性格を非難することは、不快を感受すること（to be sensible of an uneasiness）である。（T 2.1.7.5）

ここでヒュームは、「喜びの情念を感じる」という表現を「性格の称賛という態度を表出する」という意味で用いているように見える。たとえば、誰にでもやさしい性格のコウスケが負傷した子犬を救助したことを称賛するとき、私たちは笑顔や拍手などによって自らの「喜び」を表現するだろう。このとき、私たちは「喜ばしい」という性質を内観によって知覚しているのではなく、たんにコウスケの性格がすぐれていることに喜びの態度を示しているだけなのである。これは、「精神の被決定性を感じる」という表現にも同様に当てはまる。「このスイッチを押す」という個別の出来事から「この部屋の明かりがつく」という個別の出来事を推理するとき、私たちはたんに前者から後者を推理するように傾くという態度をとっているだけなのである。以上の解釈について、久米は、道徳判断を道徳感情の表出とみなす情動説（emotivism）（Ayer 1946, Chapter 6）と同様の主張を提示しており、自らの見解を因果判断に関する「情動主義」と名付けている（久米 2005, 106）。

それでは、錯誤説解釈が依拠する「投影」のテクストについてはどうだろうか。錯誤説解釈によれば、私たちは世界の側の必然的結合を知覚できないにもかかわらず、心の側の被決定性を誤って世界の側へと投影することで、あたかも世界の側に必然的結合が存在するかのように信じてしまうのである。ここで想定されているのは、必然的結合に関する日常的信念には投影による錯誤が含まれているため、「$A$と$B$は必然的に結合する」という日常的言明は常に偽になるという考え方である。

しかし、久米によれば、ヒュームが投影による錯誤として説明しているのは、必然的結合に関する日常的信念ではない。むしろ、ヒュームは投影による錯誤によって、なぜ私たちが「力能や必然的結合は世界の側に実在する」という考え方を素朴に受け入れてしまうのかを説明しようとしている。ヒュームは『人間本性論』第一巻第三部第十四節で、自らの見解を説明し尽くしたのちに、次のように述べている。

> いま述べた推論は、私には、想像できる限りもっとも短く、もっとも決定的なものに見えるが、それでも大部分の読者においては、精神の偏向（biass）が優勢であり、彼らにこの説に対する偏向を与えるだろうと、私は大いに恐れる。（T 1.3.14.24）

久米の指摘するように、この引用において「ヒュームが、投射〔＝「投影」〕による虚構によって説明したものは、対象間の結合の必然性の信念が事象間の必然性を記述・表象していると考える妄想の起源であることは明らかである」（久米 2005, 111）。したがって、ヒュームが「投影による錯誤」によって、必然的結合に関する日常的信念の獲得方法を説明したという、錯誤説解釈の理解は間違っていることになる。

以上の議論は、久米自身によって次のように要約されている。引用しておこう。

> ……ヒュームの言う内的印象・反省の印象とは、精神のある態度・傾向・一種の実践のことである。したがって、ある対象を見た時に、それと恒常的に随伴してきた対象を思い浮かべるという精神の態度・傾向・被決定自体をヒュームが内的印象や反省の印象と考えても、全く不自然ではない。さらに、ある態度・傾向としての内的印象を感じるという表現でヒュームが意味していることは、そのような態度を示すこと、あるいは、そのように傾くということであった。したがって、ある被決定を感じるということの意味は、そのように決定されるということにすぎない。（久米 2005, 107）

このように解釈すれば、ヒュームは、木曾の指摘する無限後退には陥らないことになる。なぜなら、「精神の被決定性を感じる」という表現は「精神の被決定性を内観によって知覚する」ということを意味していないので、そもそも高階の被決定性が無限に要請されることはないからである。また、「精神の被決定性を感じる」という表現は、ストラウドの言うように「推理に伴う強制感や抵抗感を意識する」という意味ではなく、「推理するように傾いているという態度を表出する」という意味で理解されねばならないことになる。したがって、錯誤説解釈の指摘する困難は、久米の情動説解釈をとることによって解消されるのである。

### (2) 久米の解釈の問題点

ところが、以上のような久米の解釈には、次のような難点がある。それは、ヒュームが「精神の被決定性を内的に感じる」ということを認めているようだという点である。ヒュームは『人間本性論』第一巻第三部第十四節において、次のように述べている。

> 原因と結果の間の必然的結合は、一方から他方への私たちの推理の基礎である。私たちの推理の基礎は、習慣的結合から生じる移行である。それゆえ、これらは同じものである。(T 1.3.14.21)
>
> この習慣的移行は、力能および必然性と同じものであり、これらはそれゆえ対象ではなく知覚の性質であり、心によって内的に感じられる (internally felt) が、物体のうちに外的に知覚されるのではない。(T 1.3.14.24; 強調引用者)

以上の引用において、ヒュームは「必然的結合」と「精神の被決定性」を同一視した上で、精神の被決定性が「内的に感じられる」ものであることを明確に認めている。しかるに、久米の解釈によれば、精神の被決定性は、態度として表出されるものであり、内観によって知覚されるものではなかったはずである。したがって、久米の解釈は、「精神の被決定性を感じる」という表現を情動の表出と見る解釈と、「内的に感じられる」という表現についての理解をどのように調停すべきか、という課題に直面することになる。

以上の課題を十分に意識した上で、久米はのちに自らの解釈を次のように修正している。

「心の規定を感じる（feel a determination of mind）」とは、したがって「規定」についての印象を得ることではなくて、規定されている時に同時に生じている何らかのフィーリングを感じるということであろう。このフィーリングは、規定・必然的結合についての印象ではない。それは、「腹立たしい」の印象として挙げられる「腹が立つ」という印象が、対象化された「腹立たしい」という性質についての印象ではなく、腹が立つ時に生じるあのムカムカ感のことであるのと同様だ。（久米 2011, 406）

ここでの修正のポイントは、「精神の被決定性を感じる」という表現を、「推理への傾向性を態度として表出する」という意味ではなく、「推理への傾向性と、それに伴うフィーリングを同時に態度として表出する」という意味として理解することにある。たとえば、私たちは「マッチを擦る」という出来事から「火がつく」という出来事を推理するとき、前者から後者へと推理する傾向性だけでなく、同時に生じる「感じ」を伴った傾向性を態度として表出していることになる。

だが、このように修正された解釈にも、依然として次の問題点が残る。それは、「内的に感じられる」という表現の解釈があいまいなままであるために、態度として表出される「感じ」が、私たちの推理においていかなる役割を果たしているのかわからない、というものである。たとえ「精神の被決定性を感じる」という表現が「推理への傾向性と、それに伴う感じを同時に態度として表出する」ことを意味するとみなしても、「内的に感じられる」という表現を態度の表出として理解するのは無理があるだろう。

それでは、私たちはここで、整合的な表出説解釈を断念せざるをえないのだろうか。必ずしもそうではない、と私は考える。このことを示すためには、「精神の被決定性を感じる」という表現が、ヒュームの議論において本当に態度の表出としてみなされているのかということを改めて検討する必要がある。そこで次節では、「精神の被決定性を感じる」という表現の解釈を再検討することで、久米の解釈に見られた問題点を免れた表出説解釈を提示することにしたい。

### (3) 表出説解釈の修正

久米の解釈によれば、ヒュームは「精神の被決定性を感じる」という表現で、「推理への傾向性と、それに伴う感じを態度として表出する」ということを意味している。私の理解では、この解釈は以下のことを暗黙のうちに前提している。すなわち、私たちが「$A$と$B$は必然的に結合している」と述べるとき、実際には「$A$から$B$への精神の被決定性を感じる」という言明によって態度（と、それに伴う感じ）を表出しているのだ、ということである。

しかし、私はこの前提を受け入れることなく、表出説解釈を維持することができると考える。というのも、ヒュームにとって「精神の被決定性を感じる」という表現は、心的状態を表出するときに用いられるのではなく、むしろ心的状態を報告するときに用いられるものだからである。つまり、「私は$A$から$B$への精神の被決定性を感じる」と述べるとき、私は何らかの心的状態を表出しているわけではなく、「私は$A$と$B$が必然的に結合していると考える」という言明によって表出される心的状態が精神の被決定性であることを報告しているだけなのである。したがって、

「精神の被決定性を感じる」という表現は、「必然的に結合している」という表現の代替物ではない。以下では、こうした解釈をテクストにもとづいて肉付けしていこう。

まず、ヒュームは『人間本性論』第一巻第三部第十四節で、「力能」や「必然的結合」といった因果名辞の意味の原因が何であるのか、という問題を考察している。少し長くなるが、関連する箇所を引用しておこう。

> 私は最初に、「効力」、「作用性」、「力能」、「力」、「必然性」、「結合」、「産出的性質」(efficacy, agency, power, force, energy, necessity, connexion, productive quality) などの名辞は、すべてほとんど同義的であり、それゆえ、それらのどれかを用いて残りのものを定義することは不合理であることを注意しておこう。この注意によって、私たちは哲学者が過去に力能と効力について与えた、よく知られた定義のすべてを一度に拒絶しており、私たちはその観念をこれらの定義のうちに探し求めるかわりに、その観念が最初にそれから生じた印象のうちに求めなければならない。(T 1.3.14.4)
>
> このようにして、結局のところ、私たちが、より優れた本性のものであれ、より劣った本性のものであれ、ある存在者について、何らかの結果に比例した力能や力を付与されているものとして語るとき、また、私たちが、対象の間の必然的結合について語り、この結合がそれらの対象のどれかが付与されている効力や活動力に依存しているものと想定するとき、このように使用されたこれらすべての表現において、私たちは実際には何ら判明な意味をもっておらず、ただ普通の語を、何らの明晰で確定した観念も持たずに使用しているだけである、と推理することができるかもしれない。しかし、これらの表現は、何らの意味も持っていないというよりも、間違って使用されることによって、ここでその本来の意味を失っているということが、よりありそうなことである……。(T 1.3.14.14)

右の引用において、ヒュームは心理学的観点から因果名辞の意味の原因が何であるのかを分析しようと試みているようである。すでに本書第三章でも確認したように、ヒュームにとって抽象名辞の意味が何であるかを問うことは、抽象名辞の意味の原因を探究することに他ならない。具体的には、「力能」や「必然的結合」といった名辞に結びつけられた観念に対応する印象が何であるかを、心理学的観点から明らかにするということである。この点について、『人間知性研究』第二章では「ある哲学の用語がいかなる意味や観念もなしに使用されていないかという疑いをいだくときには、私たちはただ、そこで想定されている観念がいかなる印象に由来するか、ということだけを研究すればよい」（EHU 2.9）と述べられている。この方法によって明らかになるのは、正しい信念の原因が何であるかということだけではない。誤っていだかれている信念の原因が何であるのか、ということも明らかになるのである。

このことを明確にするためには、ソール・クリプキによるヒューム哲学についての説明が参考になるだろう。(6) クリプキによれば、バークリとヒュームは常識について同様の戦略を採用している。一見すると、バークリは物質を否定するので、私たちの常識を否定しているように思われる。だがクリプキによれば、「彼〔バークリ〕にとっては、通常の人間は物質および心の外にある対象について、それらが存在する、という思い込みを犯している、という印象を持つとすれば、それは、通常の人間の言語使用に関する間違った形而上学的解釈に由来するのである」（Kripke 1982, 64: 邦訳一二六頁）。クリプキによれば、こうしたバークリの姿勢は、ヒュームについても同様に当てはまる。ヒュームは私たちの日常的信念に対して疑いを向けるとき、一見すると常識に反対していると思われるかもしれないが、実際にはそうではない。むしろ、私たちの常識が「人を迷わす哲学的誤解（misleading philosophical misconstrual）」（Kripke 1982, 65: 邦訳一二八頁）によって汚染されていないかどうかを原因探究によって明らかにしようとしているだけなのである。以上のクリプキの説明にしたがうならば、ヒュームは私たちの信念から「哲学的誤解」を取り除いた上で、正しい言語使用という観点から私たちの信念を説明しなおしていると言えるだろう。

以上の解釈に対しては、精神の被決定性という心的状態から、いかにして「原因」や「結果」といった抽象名辞の意味が生じうるのか、という疑問が向けられるかもしれない。しかしながら、ヒュームは意味の発生過程について何も述べていない。おそらく、習慣や観念連合の働きを通じた複雑な心的メカニズムによって、いわばブラックボックス的に抽象名辞の意味が生じることを考えていたのだろう。こうした点はヒューム自身の落ち度であると指摘できようが、そのことだけをもってヒュームの議論に見切りをつけるのは早計にすぎる。というのも、心理学的な方法や説明の不備を認めてもなお、因果言明を態度の表出として理解するヒュームの議論にはなお検討に価する知見が含まれていると考えられるからである。

以上の議論をまとめておこう。表出説解釈の躓きの石だった「内的に感じられる」という表現は、因果言明の意味の「原因」を探究する文脈の中で理解される必要があるということになる。なぜなら、ヒュームは「精神の被決定性を感じる」や「精神の被決定性が内的に感じられる」という言明によって、因果信念の原因となる心的状態を報告しようと試みているからである。もちろん、ヒュームは「*A*と*B*は必然的に結合している」という言明が、*A*から*B*への推理の傾向性（と、それに伴う感じ）を表出する機能をもつことを否定するわけではない。しかし、少なくとも「*A*と*B*は必然的に結合している」という言明は、「*A*から*B*への精神の被決定性を感じる」という言明に置き換えることができないのである。

以上が本書の提示する表出説解釈である。以下では、信念（belief）に関するヒュームの理論に目を向けることで、本書の解釈を補強しておきたい。というのも、ヒュームは、帰納推理によって得られる信念の特徴を分析することで、私たちが因果言明を述べるときにいったい何をしているのかを遡行的に明らかにしようと試みているからである。こうした試みに目を向けることで、ヒュームの議論に潜在する知見をより正確に見定めることができるだろう。

さて、信念に関するヒュームの議論について、二つの論点をおさえておきたい。第一の論点は、「信念（belief）」と

「同意される観念（an idea assented to）」は交換可能な表現だということである。このことは、「信念の本性、すなわち、私たちが同意する観念（ideas we assent to）」（T 1.3.7.1）という言い換えや、「同意される観念は、単に想像力が提示する虚構的な観念とは、異なって感じられる」（T 1.3.7.7）という箇所から読み取れる。第二の論点は、「同意」という表現は、「命題（proposition）」に対して適用されるものだということである。このことは、「シーザーはベッドで死んだ」や「銀は鉛よりもよりよく熱に溶ける」といった「命題（propositions）」（T 1.3.7.7）が不同意の対象になるという叙述において示されている。

以上の論点を考慮に入れた上で、『人間本性論』第一巻の付録においてヒュームが与えている信念の特徴づけを引用しておこう。

> 私たちがある事実を確信しているとき、私たちがしていることは、想像力の単なる夢想に伴う感じとは異なる、ある種の感じ（feeling）とともに、その事実を思い浮かべるということに他ならない。そして、私たちがある事実について不信を表明するとき、私たちが意味していることは、その事実のための論拠がそういう感じを生み出さないということである。（T app. 2）
>
> 私は、私にきわめて明瞭と思われる推論によって、意見すなわち信念とは、その観念の諸部分の性質や秩序においてではなく、その観念がいだかれる仕方（*manner*）においてのみ虚構と異なるような、ある観念に他ならないと結論する。しかし、この仕方を説明しようとすると、私は、事態に完全に合致する語をほとんど見出さず、この精神の働きの完全な観念をひとに与えるためには、各人がもつ感じに頼らざるをえない。同意される観念は、単に想像力が提示する虚構的な観念とは、異なって感じられる。この異なる感じを、私は、より優った、勢い、生起、堅固さ、確固たること、あるいは安定性と呼んで、説明しようと努めているのである。（T 1.3.7.7）[7]

右の引用で強調されているのは、観念に伴う何らかの感じこそが「現実」と「虚構」の区別を与えるということである。たとえば、私たちは「スイッチを押して、遠く離れた場所に瞬間移動する」ことを思考可能である。しかし、私たちはこのことを現実世界の出来事とはみなさない。それに対し、私たちは「スイッチを押して、部屋の明かりをつける」ことを現実世界の出来事とみなすだろう。

以上のことから読み取れるのは、「スイッチを押して、部屋の明かりをつける」という命題への同意の感じが伴うことによってはじめて、私たちは「スイッチを押して、部屋の明かりをつける」という現実世界についての信念を得ることができる、ということである。「スイッチを押して、遠く離れた場所に瞬間移動する」と「スイッチを押して、部屋の明かりをつける」は、思考においてどちらも可能な出来事である以上、内容上の差異のみによってどちらが現実でどちらが虚構かを区別することはできない。そこで、ヒュームは思考の内容上の差異ではなく、その思考に伴う同意の感じの差異によって、現実と虚構を区別しようとしたのである(8)。

こうしたことをふまえ、私は、「推理への傾向性に伴う感じ」を「命題への同意の感じ」として解釈する。「命題への同意の感じ」は、帰納推理を行うときに推理への傾向性と同時に生じるものである。そこで生じた「感じ」は、観念へと伝播されることによって、私たちの信念の形成に寄与している。以上のことをふまえれば、「精神の被決定性を感じる」という表現を、「命題への同意を伴う推理への傾向性」のありかを報告するときに用いられていると考える可能性が開かれることになる。

## 4　本章のまとめ

本章の議論をまとめよう。第1節では、必然的結合に関するヒュームの議論を概観した上で、テクスト解釈上の争点が「精神の被決定性を感じる」という表現の意味をめぐるものであることを明らかにした。続く第2節では、これまでのヒューム研究において支配的だった錯誤説解釈を批判的に検討した。それによれば、「精神の被決定性を感じる」という表現は、「内観によって精神の被決定性を知覚する」という意味で理解されねばならない。また、内観によって知覚された精神の被決定性を世界の側に誤って投影することで、私たちは必然的結合に関する日常的信念をいだくようになる。そして、こうした錯誤説解釈を突き詰めた結果として、必然的結合に関するヒュームの議論が無限後退に陥ってしまうという問題点と、必然的結合に関する日常的信念が常に偽であるという懐疑的な帰結がもたらされるという問題点が浮き彫りになった。

以上の問題点をふまえ、第3節では、錯誤説解釈に代わる表出説解釈、特に久米の解釈を批判的に検討した。それによれば、「精神の被決定性を感じる」という表現は、「推理への傾向性を表出する」という意味で理解することによって、錯誤説解釈の提示した問題点を解消できる。というのも、私たちは投影による錯誤がなくとも、推理への傾向性を態度として表出することで、必然的結合に関する日常的信念を得ることができるからである。結果として、表出説解釈は、錯誤説解釈に代わる有力なテクスト理解を提示していることが明らかになった。

だが、第4節で論じたように、久米の解釈には「精神の被決定性を内的に感じる」という表現の理解が困難になるという問題点がある。このことを受けて、久米自身は「精神の被決定性を感じる」という表現を「推理への傾向性と、それに伴う感じを同時に表出する」こととして理解したが、それでも「感じ」についての解釈が不明瞭なままだと言える。そこで第5節では、「精神の被決定性を感じる」という表現は推理への傾向性という心的状態を報告する機能をもっているにすぎず、態度として表出する機能をもたないということを論じた。その上で、従来の問題点を免れた修正版の表出説解釈を提示したのである。

これまでの議論では、偶然性と対比される必然性の概念がどのようなものとして理解されるべきであるか、ということを主に論じてきた。続く第五章では、法則性（lawlikeness）に関するヒュームの議論を検討することによって、本章とは異なる視点から必然性と偶然性の問題をとらえ直すことを試みたい。

# 第五章　法則性と偶然的規則性

ヒュームは『人間知性研究』において、因果性と共に自然法則（a law of nature, the laws of nature）という主題について論じている。そこでは、自然法則は神によって制定されたものであるという当時の神学的見解を排し、人間の実験と観察のみによって自然法則を特徴づけることによって、自然法則から神秘性を取り除こうとする試みが展開されている。

しかし、自然法則に関してヒュームがいかなる議論を展開したのかということについて、解釈者の間で一致した見解があるわけではない（cf. Garrett 1997, 137）。自然法則に関するヒュームの議論の評価が定まらない要因は、彼の与える説明がはっきりしないことにある。ヒュームが自然法則について明確な議論を提示していないことは、自然法則を用いて奇跡を定義する『人間知性研究』第十章第一部での叙述においても同様である。

奇跡とは自然法則の侵犯（a violation of the laws of nature）である。そして確固たる不変の経験（a firm and unalterable experience）がこれらの自然法則を確立したのであるから、奇跡に反対する確証は、事柄の本性そのものからして、およそ想像される限りの経験にもとづくあらゆる論証と同様に完全なのである。（EHU 10. 1. 12）

ここで、自然法則は奇跡の定義において重要な役割を果たしていると思われるにもかかわらず、それが「確固たる不変の経験」によって確立されたものであるということ以上の説明が与えられていない。しかし、奇跡に対する明確な定義が与えられている以上、その定義に含まれる自然法則についても何らかの見解が提示されているはずである[1]。

以上の事情をふまえ、多くの解釈者は自然法則に関するヒュームの見解を自然法則に関する規則性説（the regularity theory of the laws of nature）として理解しようと試みてきた（Nagel 1961; Ayer 1963; Mackie 1974）。以下では、この解釈を規則性説解釈と呼ぶことにしよう。

規則性説解釈には、自然法則に関する実在論（realism）を出発点とする解釈と、自然法則に関する反実在論（anti-realism）を出発点とする解釈がある。ここでの実在論は、自然法則を世界の側に実在するものとしてみなす考え方であり、たとえばデイヴィッド・アームストロングは自然法則を普遍者間の必然化関係として理解する（Armstrong 1983）。それに対し、反実在論は自然法則を世界の側に実在するものではなく、規則性に対する人間の信念や解釈態度としてみなす考え方である。このような反実在論を出発点とする規則性説解釈は、ヒュームに認識説（epistemic theory）と呼ばれる見解を帰属させている。これは、自然法則に関する実在論を出発点とした素朴な規則性説（naive regularity theory）とは明確に区別されねばならない（Armstrong 1983, 62）。素朴な規則性説は自然法則が存在論的に規則性へと還元されるという見解であるのに対し、認識説は出来事の反復経験にもとづく例外のない普遍的一般化（universal generalization）の信念として自然法則を理解するという見解である。たとえば、「すべての$F$は$G$である」という形式の命題は、この$F$は$G$である、あの$F$も$G$であるというように、同じ種類の個別の出来事の反復によって普遍的なものとして一般化されてはじめて、自然法則として解釈されることになる。

このように、自然法則に関するヒュームの見解は、基本的には認識説として解釈されてきたと言える。しかし、この解釈は偶然的規則性の問題（the problem of accidental regularities）に直面する（Beebee 2006, 136：工藤 2009, 201）。これは、いかにして法則的一般化と偶然的一般化を区別するのかという問題である。たとえば、世界の中に存在する金塊のうち、最も重い金塊の重量を$N$であるとしよう。すると、「世界の中に存在する金塊の重量はすべて$N$以下である」という普遍的一般化が得られる。だが、これは自然法則ではない。というのも、これが正しいのは単なる偶然で、いずれ$N$よりも重い金塊が発見されれば容易に覆されるからである。もしヒュームが普遍性のみを自然法則の特徴として認めていたのだとすれば、彼は法則的一般化と偶然的一般化を区別することが困難になるだろう。

多くの解釈者は、認識説解釈のもとでのヒュームが、偶然的規則性の問題を解決できていないと論じてきた。たとえば、ガスキンやストラウドは、この批判が決定的なものであると考えて、自然法則に関するヒュームの議論だけでなく、自然法則を奇跡の定義に用いる彼の議論も失敗に終わったという評価を下している（Gaskin 1978, 121; Stroud 1977, 93-5）。だが、トム・ビーチャムとアレクサンダー・ローゼンバーグらは従来の解釈に対して修正を試みることで、もっと説得力のある仕方で認識説解釈を提示しようとしている。ビーチャムとローゼンバーグによれば、ヒュームは私たちの信念や解釈態度によって自然法則の普遍性と必然性を説明した上で、そのような信念や解釈態度がいかなる条件のもとで形成されるのかということを論じているのである（Beauchamp and Rosenberg 1981, 141）。このような理解のもとでは、認識説解釈における真の偶然的規則性の問題は、いかにして普遍性のみによって法則性と偶然性が区別されるのかという問題ではなく、むしろ、いかなる条件のもとで法則的一般化の信念が形成されるのかという問題として定式化されねばならないことになる。

本章の目的は、これまでに提示された認識説解釈を批判的に検討することによって、自然法則に関するヒュームの議論がどのようなもので、その限界がどこにあるのかを見定めることにある。あらかじめ結論を述べておこう。まず、ビーチャムとローゼンバーグの解釈によれば、ヒュームは、過去の経験による十分な確証という帰納的支持の条件（the Condition of Inductive Support）と、予測や反実仮想に対する有用性という予測的確信の条件（the Condition of Predictive Confidence）が、自然法則の信念にとって不可欠な条件であると考えている。彼らの解釈には問題点が指摘されているが、そうした問題点を克服する提案として理想的観察者の条件（the Conditon of Ideal Observer）を挙げるギャレットの解釈がある。しかし、以上の解釈をふまえた上でも、自然法則に関するヒュームの議論には理論上の限界があるということを明らかにしたい。

それでは、本章の構成を示しておこう。まず、認識説解釈の概要を確認した上で、ヒュームにおける真の偶然的規則性の問題がどのようなものかを説明する（第1節）。次に、偶然的規則性の問題をふまえたビーチャムとローゼンバーグの解釈を批判的に検討し、彼らの解釈における問題点を明らかにする（第2節）。そして、自然法則の信念の条件に関するギャレットの解釈を批判的に検討した上で、認識説解釈のもとでのヒュームに残されている課題を示して議論を終える（第3節、第4節）。

## 1　偶然的規則性の問題

### (1) 認識説解釈

まずは、認識説解釈の基本的な枠組みを確認しておこう。認識説解釈によれば、ヒュームは自然法則の存在論について反実在論の立場をとっており、さらに自然法則の特徴が普遍性にあると考えている。それでは、以上の解釈はいかにして可能になるのか。

第一に、自然法則の存在論に関する解釈から見よう。ギャレットによれば、自然法則の存在論に関するヒュームの立場について、私たちは以下の二つの解釈を与えることができる（Garrett 1997, 152）。すなわち、自然法則は「これまで例外なく出来事が生起してきたという事態」であるとする実在論的解釈と、「これまで例外なく出来事が観察されてきたという信念」であるとする反実在論的解釈がありうる。

認識説解釈によれば、私たちは、ヒュームが反実在論の立場をとっていたと考えるのが自然である。このことは、奇跡に関するヒュームの議論から明らかであるようにみえる。というのも、ヒュームが自然法則に関する実在論をとっていたとすれば、奇跡はその定義からして生起することがありえない出来事であることになるからである。このことを前提としてしまうと、ヒュームは「奇跡とは自然法則の侵犯である」という定義を与えることで、奇跡的出来事の生起可能性を否定したことになる。

しかし、ギャレットや伊藤が指摘するように、ヒュームは奇跡の概念が自然法則の概念と論理的に矛盾するということから、現実に生起した出来事が奇跡ではないという存在論的な主張を導いていない（Garrett 1997, 152；伊藤 2002, 72）。実際、ヒュームは死者の復活などの奇跡的出来事の生起が想像可能であることを否定しておらず、奇跡的出来事の証言や信念の信頼性を批判している（EHU 10.1.8; EHU 10.1.13）。また、一ノ瀬が指摘するように、もしヒュームが奇跡の可能性を定義によってア・プリオリに排除したとすれば、彼が『人間知性研究』第十章第二部で展開される奇跡論において経験的議論を加えた理由がわからなくなる（一ノ瀬 2001, 71）。それゆえ、認識説解釈は、奇跡批判において奇跡的出来事の証言や信念が問題にされているのと同様に、自然法則に関してもその証言や信念が問題にされていると考えるのが自然だと主張する（Nagel 1961, 55–56; Wilson 1986, 623）。

第二に、自然法則の特徴に関する解釈である。認識説解釈によれば、自然法則の特徴は普遍性にあるが、この解釈を支持するヒュームのテクストを見つけ出すのは容易である。

重力と衝撃による運動の産出は普遍的法則（an universal law）であり、これまでいかなる例外も許容したことがない。（EHU 6.4：強調引用者）

ここでは、運動法則の特徴として普遍性が挙げられており、本章冒頭で引用した奇跡の定義において自然法則が「確固たる不変の経験」によって確立されると述べられていることからしても、認識説解釈は自然な理解を提示していると考えられる[2]。

以上のことから、認識説解釈には一定の説得力があると言えるだろう。この解釈によれば、ヒュームは、自然法則に関する反実在論の観点をとることで、普遍的一般化の信念を自然法則の信念としてみなすことができると論じたのである。

### (2) 認識説解釈における偶然的規則性の問題

だが、認識説解釈のもとでのヒュームは、いかにして法則的一般化と偶然的一般化を区別するのかという偶然的規則性の問題に直面する。ふたたび例を挙げれば、「世界の中に存在する金塊の重量はすべて$N$以下である」は普遍的だが偶然的な一般化にすぎず、自然法則ではないのである。このように考えると、法則的一般化と偶然的一般化を区別するためには、自然法則の特徴として普遍性だけでなく必然性も認めなければならないことになる[3]。たとえば、ボイル＝シャールの法則は「気体の圧力は体積に反比例し絶対温度に比例する」という命題を真にするだけでなく、「必然的に、気体の圧力は体積に反比例し絶対温度に比例する」という命題も真にしなければならないのである。

以上の批判に対して、ビーチャムとローゼンバーグは認識説解釈の修正を試み、ヒュームが自然法則の特徴として必然性を認めているという解釈を提示する（Beauchamp and Rosenberg 1981, 139-145）。まず、ヒュームは以下のように

「必然性」の定義を与えている。

必然性は、それを本質的部分とする原因の二つの定義に応じて、二つの仕方で定義されうる。すなわちそれは、類似する対象の恒常的連接（the constant conjunction of like objects）か、あるいは一方の対象から他方の対象への知性の推理（the inference of the understanding from one object to another）か、そのいずれかに存する。（EHU 8.2.27）

以上の定義は、過去の事例において二種類の出来事がいつも伴ってきたという「恒常的連接」の観点と、一方の種類に属する個別の出来事を考えれば思わず他方の種類に属する個別の出来事を考えてしまうという心の「推理」の観点、すなわち、対象の側と心の側という二つの観点から与えられている。

すでに本書第四章でも確認したように、「必然性」の定義の解釈について、解釈者の間で一致した見解があるわけではない。しかし、ビーチャムとローゼンバーグの指摘するように、ヒュームは以下の主張によって、必然性がもっぱら心の「推理」に存すると考えていると考えられる。

物質についてであれ心についてであれ、何らかの作用の必然性というのは、適切に言えば、その作用主体の性質なのではなくて、その作用を考察しうる、何らかの思考する、あるいは知的な存在者の性質なのである。そして〔作用の〕必然性は主として、そうした知的存在者が何らかの先行する対象から当該の作用の存在を推論するときの、彼の思考の被決定性（the determination of his thoughts）に存する。（EHU 8.1.22. n18）

以上の引用箇所で述べられていることは、次のように再構成できる。必然性は、外的に知覚される物体の性質や内的に知覚される意志のようなものではない。なぜなら、私たちは内的にも外的にも必然性を知覚できないからである(EHU 7.1.8; EHU 7.1.15)。それゆえ、必然性は、一方の種類に属する個別の出来事から他方の種類に属する個別の出来事を思わず推論するように決定されているという、知覚者の側の性質であることになる(4)。

以上が、ビーチャムとローゼンバーグによる認識説解釈の修正案である。しかし、この修正案の正しさを認めた上でもなお、認識説解釈には問題がある。その問題とは、自然法則、あるいは法則的一般化の信念が形成されるための条件を明らかにしていないということである。その条件が明らかにされない限り、ヒュームは自然法則の信念の特徴を挙げるのみで、法則的一般化の信念と偶然的一般化の信念を適切に区別するための基準を提示していないことになる。それゆえ、認識説解釈は法則的一般化と偶然的一般化の区別という論点を保持する限り、自然法則の信念の形成条件を明示化しなければならない。これが認識説解釈における真の偶然的規則性の問題である。

ところで以上の問題に対しては、ビーチャムとローゼンバーグによって応答が試みられている。そこで、次節では自然法則の信念の条件に関する彼らの解釈を取り上げて検討しよう。

## 2　ビーチャムとローゼンバーグの解釈

前節では、認識説解釈の概要を示し、その欠点を補うビーチャムとローゼンバーグの解釈を紹介した上で、認識説解釈における真の偶然的規則性の問題が何であるかを明らかにした。その問題とは、認識説解釈が自然法則の信念の形成条件を示していないというものである。以下では、この問題を検討するため、自然法則の信念の形成条件についてのビーチャムとローゼンバーグの解釈を批判的に検討する。

### ⑴帰納的支持の条件と予測的確信の条件

では、自然法則の信念の形成条件は何だろうか。この問いに対して、ビーチャムとローゼンバーグは、以下の二つの条件をヒュームの議論から読み取ることで応答している。すなわち、⑴帰納的支持の条件と⑵予測的確信の条件である（Beauchamp and Rosenberg 1981, 131）。彼らの解釈によれば、法則的一般化の信念はその形成において二つの段階を踏む。まず、⑴の条件のもとで普遍的一般化の信念が形成され、次に、⑵の条件のもとで普遍的で必然的な一般化の信念が形成されるのである。以下では、ビーチャムとローゼンバーグの解釈を適宜補強しつつ、それぞれの条件について説明を与えていこう。

第一に、帰納的支持の条件とは以下のものである。すなわち、単なる一般化の信念は、過去の経験によって十分に確証されているとき、普遍的一般化の信念として形成される。この条件に関して確認すべきことは、自然法則の信念が帰納推論によって得られるという点である。

> 法則それじたいの発見はただ経験にのみ負っているのであり、この世界のあらゆる抽象的推論（abstract reasonings）をもってしても私たちを法則の知識へ向かって一歩といえども導くことはできないだろう。（EHU 4.1.13）

あらためて確認しておくと、ヒュームにとって、すべての推論は「論証的推論（demonstrative reasoning）」と「蓋然的推論（probable reasoning）」に大きく分かれる（EHU 4.2.18）。前者の推論の対象は、真なる命題からの演繹推論によって得られる「観念の関係（Relations of Ideas）」（EHU 4.1.1）であり、後者の推論の対象は、経験されたデータと背景知識からの帰納推論によって得られる「事実（Matters of Fact）」（EHU 4.1.1）である。以上の区分にしたがえば、「法則の知識」が帰納推論によってのみ得られる「事実」であるということがわかる。

しかし、帰納推論によって得られると言うだけでは、私たちは万有引力の法則などの自然法則の信念を「アスピリンは頭痛を和らげる」などの蓋然的信念から区別できないことになる。そこで、両者の区別に必要となるのが「過去の経験によって十分に確証されている」という帰納的支持の条件である。すでに本書第二章で見たように、私たちは、過去の経験によって信念の証拠の度合いを判定する、言いかえれば、経験的証拠によって仮説を確証する。ヒュームによれば、特に自然法則の信念は、純然たる蓋然性ではなく「確証（proof）」としてみなされるかどうかで、その蓋然性が判定される。ヒュームは次のように述べている。

> 不可謬的経験にもとづいているような結論において、彼〔賢人〕は最も高い確信度をもってその出来事を期待し、自分の過去の経験をその出来事が未来にも存在するだろうことへの十分な確証（*proof*）とみなす。（EHU 10.1.4）

このように、「確証」は、適切な手続きによって得られる、例外のない過去の経験によって支持された蓋然的信念のことを意味している。こうした「確証」という信念が、過去の経験にもとづく信念のなかで最も蓋然性の高い信念としてみなされているのである。

では、私たちはいかにして信念の蓋然性を判定するのだろうか。この点について、ビーチャムとローゼンバーグは明確な説明を与えていないが、ここで、私たちは本書第二章の議論によって彼らの解釈を補強できるだろう。それによれば、ヒュームは蓋然的信念に関して客観的ベイズ主義の枠組みを採用している。私たちは、経験の頻度、経験の重み、関連する経験の選別という三つの要素によって、信念の蓋然性を判定するのである。こうした考え方にもとづけば、たとえばボイル＝シャールの法則の信念の蓋然性は、次のように判定されることになるだろう。まず、気体の圧力を上昇させるという反復試行を行う。次に、以上の試行の結果として、気体の体積が上昇した回数と下降した回数をそれぞれ枚挙して、経験の頻度を割り出す。そして、試行回数が十分に多く、その試行回数が一方の結果の数と他方の結果の数の差と等しいとき、私たちは経験の重みと関連する経験の選別を考慮して、「気体の圧力が気体の体積と反比例する」という信念に対してきわめて高い確率を付値するのである。

第二に、予測的確信の条件とは以下のものである。すなわち、単なる一般化の信念は、帰納的支持の条件を満たした上で、予測にとって有用であると確信されているとき、法則的一般化の信念として形成される。この条件については、以下の箇所が手がかりになる。

信念は観念によりいっそうの重みと影響力を与え、それらをより重要なものとして出現させ、それらを心のなかに押し付け、かくしてそれらを私たちの行為の支配的原理とする。（EHU 5. 2. 12）

すべての学の唯一の直接的な効用は、未来の出来事をその原因によって制御し規制する仕方を私たちに教えてくれることである。それゆえ、私たちの思考と研究は、いかなる瞬間においても、この因果関係に関して費やされている。（EHU 7. 2. 29）

以上の引用では、帰納推論によって得られた信念が、未来の予測に寄与するという点で、私たちの判断や行為に対する影響力をもつということが述べられている。これは、帰納推論によって得られた信念が、未来の予測に役立つために、未来の出来事に対してその内容を一般化してよいと私たちに確信させる、ということを意味する。

以上のことにもとづいて、ビーチャムとローゼンバーグは、ヒュームが単なる普遍的一般化の信念と法則的一般化の信念を区別できていたと主張する（Beauchamp and Rosenberg 1981, 140）。たとえば、火曜日に開かれる飲み会のうち、最も多かった参加者の数を$M$としよう。すると、「火曜日に開かれる飲み会の参加者はすべて$M$以下である」という信念は普遍性をもっているが、私たちはこの信念に必然性を帰属しようとは思わない。なぜなら、私たちは前者の信念が「確証」によって保証されているとみなさないし、ましてや予測に役立つと確信することなどできないからである。たとえば、次の火曜日に開催される飲み会で*M*よりも多い人数を呼べば、容易に当該の一般化を覆せると考えるだろう。

それに対して、「鉛は空中で浮かび続けることができない」という信念は、たとえば断崖絶壁から落ちると死ぬだろうということを保証する「確証」が背景知識として与えられているとき、必然性が帰属されることになる。また、「惑星は太陽を一つの焦点とする楕円軌道上を動く」という信念、「惑星と太陽とを結ぶ線分が単位時間に描く面積は常に一定である」という信念、そして「惑星の公転周期の二乗は軌道の半長径の三乗に比例する」という信念は、たとえば天文学における日食を保証する「確証」が背景知識として与えられているとき、必然性が帰属されることになる（ケプラーの法則の信念）。このようにして、私たちは、過去の経験による十分な「確証」をもとに、適切な推論手続きによって信念を十分に確証するがゆえに、単なる一般化の信念に普遍性と必然性を帰属して、法則的一般化の信念を形成するのである。

以上のように、ビーチャムとローゼンバーグの解釈によれば、ヒュームは、帰納的支持の条件と予測的確信の条件のもとで法則的一般化の信念が形成されるとき、それが自然法則の信念とみなされると主張したことになる。

### (2)ビーチャムとローゼンバーグの解釈の問題点

ところが、ビーチャムとローゼンバーグの提示する解釈には次のような問題点を指摘することができる。すなわち、帰納的支持の条件と予測的確信の条件だけでは、自然法則の信念の内容が推論や予測を行う知覚者の関心に相対的なものとなってしまう、という問題である。これは、自然法則の特徴とみなされる客観性（objectivity）をとらえ損ねた説明になっている、ということを意味している（van Fraassen 1989, 36）。

たとえば、「鉛は空中で浮かび続けることができない」という信念は日常の行為の規制という関心に沿っているが、ケプラーの法則の信念は必ずしもそうではない。そのため、ケプラーの法則の信念は日常の行為の規制という関心のもとで、自然法則の信念の範囲から除外されてしまうということになる。また、知覚者の認識や関心に応じて何が自然法則とみなされるかが決まってしまうということは、科学者の実践を正しく反映したものとは言えないように思われる。つまり、自然法則は私たちの関心から独立に真であると思われるにもかかわらず、帰納的支持の条件と予測的確信の条件だけではそのことを説明できないのである。このように考えると、帰納的支持の条件と予測的確信の条件だけでは法則的一般化と偶然的一般化の区別にとって十分ではないことになる。そうだとすると、ビーチャムとローゼンバーグの解するヒュームも、最終的には両者の区別に失敗したということになるだろう。

しかし、ギャレットの解釈によれば、ヒュームは理想的観察者の条件を提示することによって、自然法則の信念に対して客観性を帰属できると考えている（Garrett 1997, 151-153）。この解釈は、ビーチャムとローゼンバーグの解釈の欠点を補うものであり、より洗練された認識説解釈の道筋を明確に示している点で重要であると言える。そこで次節では、ギャレットの解釈を批判的に検討することで、ヒュームがどこまで偶然的規則性の問題に応答できているのかを確認することにしたい。

## 3　ギャレットの解釈

前節では、認識説解釈における真の偶然的規則性の問題に対するビーチャムとローゼンバーグの応答を検討した上で、彼らの提示する条件では法則的一般化と偶然的一般化の区別にとって不十分であることを明らかにした。そこで本節では、彼らの解釈の問題点を克服しうるギャレットの解釈を批判的に検討したい。

### (1) 理想的観察者の条件

ギャレットによれば、ヒュームは、自然法則の信念が抽象観念（abstract idea）の一種であり、自然法則の信念を形成する知覚者は抽象観念を適切に形成するための習慣や傾向性を身につけていなければならない、と考えている（Garrett 1997, 108-109, 151-153）。すでに本書第三章でも確認したように、ヒュームにとって抽象観念をいだくということは、特定の抽象名辞と結びつけられた個別の観念の集合の中から、話者の目的や関心に応じて任意の個別の観念を選び出せる習慣や傾向性がある、ということを意味する。

たとえば、万有引力の法則について話し手が聞き手に説明する場面を考えよう。ギャレットによれば、このとき、話者は「万有引力の法則」という抽象名辞と結び付けられた、「鉛は空中で浮かび続けることがない」や「惑星は太陽の周囲を回り続ける」といった、さまざまな個別事例の観念の集合をストックしている。こうしたストックの中から、話者は会話や議論の目的に応じて、個別の観念と結び付けられた抽象名辞を推論において適切に使用することによって、聴衆に抽象名辞の意味を伝達することができるようになる。

もちろん、話者がストックしている個別の観念は、話者自身が直接観察したものである必要はない。ヒュームは『人間本性論』第一巻第三部第八節において、次のように述べている。少し長くなるが引用しておこう。

> 哲学においてのみならず、日常生活においても、私たちがある特定の原因の知識を、ただ一度の実験によって獲得することがあるということは、確かである。ただしその実験は、判断力を働かせ、すべての無関係で余計な条件を注意深く取り除いたのちに、なされなければならない。ところで、ただ一度のこの種の実験ののちに、精神

は、原因または結果のいずれかが現れれば、それの相関物の存在について推理できるのであり、習慣はただ一つの事例からはけっして獲得できないのであるから、信念は、この場合、習慣の結果とはみなされえないと思われるかもしれない。しかしながら、この困難は、私たちが、ここでは特定の結果のただ一度の実験しかもっていなかったと仮定されているが、「似た対象は似た条件のもとでは常に似た結果を生み出す」という原理を確信させる無数の実験をもっているということ、そして、この原理が十分な習慣によって確立されているので、それが当てはまるどんな意見にも明証性と確実性を与えるのだということを考えれば、消え失せるだろう。(T 1.3.8.14)

ここにおいて、ヒュームは、私たちが一度しか実験できないような事例であっても、「似た対象は似た条件のもとでは常に似た結果を生み出す」という自然斉一性の原理を支持する「無数の実験」があれば、信念を確証することができると述べている。たとえば、私たちはアルカリ金属を落水させた結果を一度も経験していなかったとしても、自分以外の誰かがそれに類する「無数の経験」をもっていることを伝聞や証言によって知っていれば、「アルカリ金属を水に入れると引火する」ことを確信する。ただし、そうした確信は「判断力を働かせ、すべての無関係で余計な条件を注意深く取り除いたのちに」(T 1.3.8.14) 得られるのである。

だが、以上のことを認めたとしても、何が自然法則とみなされるのかということは、やはり知覚者の認識や関心に応じて決まるという点に変わりはないのではないか。自然法則が知覚者の関心に相対的であるということになり、このことは自然法則の重要な特徴である客観性を奪うことにつながるのではないだろうか。

以上の問題点を意識しながら、ギャレットは、ヒュームが自然法則の信念の客観性を説明するために、理想的観察者の条件を提示しているという解釈を与える (Garrett 1997, 151-153)。ギャレットが手がかりにするのは、道徳的評価や美的評価の基準について、ヒュームが『道徳原理研究』や「趣味の基準について」で展開している議論である。それによれば、道徳的評価や美的評価について意見の不一致が生じたとき、私たちが頼りにするのは普通の観察者の視点ではなく、理想的観察者（ideal observer）の視点である。「趣味の基準について」での説明によれば、理想的観察者とは、美的評価や道徳的評価について、繊細な識別能力をもち、批評実践を繰り返しており、評価について適切な比較をすることができ、そして偏見から自由でありつつ良識をもつ観察者のことである（E 278-280）。理想的観察者による評定は、私たちが美的評価や道徳的評価において意見の相違を見たときに、それぞれの意見が収斂する先として目指されることになる。

ギャレットは、以上の議論が自然法則の信念についても類比的に成り立つと考える。それによれば、私たちは自然法則と偶然的一般化を区別しようとするとき、何が自然法則とみなされるのかについて理想的観察者による評定を参照する。こうした理想的観察者の評定は、個別の認識者の恣意的な関心からは独立しているが、各々の認識者の意見が収束する先としてみなされるものである。ここで主張されているのは、自然法則の信念に関して意見の対立が生じたとき、私たちが頼るべき客観性の基準は理想的観察者による評定にある、ということだと言える。以上がギャレットの解釈である。

### (2)ギャレットの解釈の問題点

以上のギャレットの解釈について、ミレン・ボームは次のような問題点を指摘している（Boehm 2014）。すなわち、ヒュームは因果関係の信念や自然法則の信念を説明する上で、理想的観察者という強い条件を課していないということである。以下、ギャレットの解釈に対するボームの批判を詳しく検討しよう。

ヒュームによれば、私たちは自然法則の信念を確証する過程において、場合によっては応用数学における抽象的推論の助けを必要とする。特に、ここで重視されるのは「幾何学（geometry）」（EHU 4.1.13）の役割である。「幾何学はこの〔運動〕法則の適用において私たちを助けるが、それはいかなる種類の機構にも入りこみうる、あらゆる部分や図形の正確な定量（dimension）を私たちに与えることによってである」（EHU 4.1.13）。ヒュームにとって幾何学は、自然法則の数量化にとって必要な図形や立方体の定量を与える（EHU 12.3.27）。幾何学の与える定量は私たちの観測や測定装置に相対的な仕方で決まるのであるが、特に自然法則の確定において重要となるのは「弾力性、重力、部分の凝集力、衝撃による運動の伝達」（EHU 4.1.12）といったものである。以上の幾何学の知見を用いて、自然哲学者は、数学的表現を用いて自然法則を方程式の形で表すことができる。たとえば、ボイル＝シャールの法則は、$PV=kT$（$P$＝圧力、$V$＝体積、$T$＝絶対温度、$k$＝定数）というかたちで表現されることになる。(5)

ただし、幾何学は算術や代数学に属するような完全な確実性に到達することはない。というのも、ヒュームによれば、ユークリッド幾何学における公理は、私たちの感覚や想像力における「全体的な見かけ（the general Appearances）」（T 1.2.4.24）にもとづくからである。幾何学は「図形の比を確定する技術（art）」（T 1.3.1.4）であり、算術や代数学と同程度の確実性には達しないが、「その普遍性と厳密さにおいて感覚や想像力のおおまかな判断に大いに優る」（T 1.3.1.4）とみなされているにすぎないのである。(6)

以上のことをふまえ、ヒュームは『人間本性論』第一巻第二部第四節において次のように述べている。

> 私たちの拠りどころはあくまでも、対象の見かけから形成され、コンパスや共通の尺度によって修正された不確かな誤りやすい判断であり、それ以上の修正をさらに仮定したところで、この修正は無益であるか、想像上のものであるかのいずれかである。よくある論法に訴えて、その全能のゆえに、完全な幾何学的図形を構成することができ、少しも屈曲も反曲もしない直線を描くことができる、神を仮定しても無駄である。これらの図形の究極的基準は、感覚と想像力から得られるのであるから、これらの能力の判定力の及ばない完全性を語るのは、馬鹿

げているのである。なぜなら、いかなるものの真の完全性も、そのものがそれの基準に合致することにあるからである。（T 1. 2. 4. 29）

ボームの強調するように、ここでヒュームは幾何学における基準の「理想化」を明確に否定している（Boehm 2014, 3811）。ギャレットがあらゆる事例を一挙に見通せる理想的観察者を想定しているとすれば、そのようなアイデアはヒュームの目指した「人間の学」には適さない。むしろ、ヒュームの「人間の学」が要請しているのは、理想的観察者ではなく専門家（expert）である。自然法則の信念を確証するために必要となるのは、専門家への認識論的依存という視点であり、専門家集団からの権威付与という実践を考慮に入れることだと言える。(7)

ボームの解釈を後押しする論点として、ヒュームが自然法則の信念について一般人の視点と「自然哲学者（natural philosopher）」（EHU 8. 1. 7）の視点を区別しているということが挙げられる。なるほど、ヒュームは『人間本性論』第一巻において、物理学や解剖学などの自然哲学が自らの「探究の範囲外」（T 1. 2. 5. 4）であることを繰り返し主張する（T 1. 2. 5. 20; T 2. 1. 1. 2）。ヒュームにとっての「人間の学」の探究の主題は、人間の自然本性の観点から心の本性について解明を試みる「精神哲学（moral philosophy）」（EHU 7. 1. 2）にあり、物理学の基本原理や自然法則の本性の解明を課題とする「自然哲学」は彼の仕事ではない。このことは、自然法則そのものに関してヒュームが詳細な議論を展開しなかったことの証左だと言えるかもしれない。

しかし、ヒュームは「精神哲学」の主題として、自然法則に関する自然哲学者の信念がどのように形成されるのか、ということを含めている。ヒュームは、外界存在に関する一般人の信念と哲学者の信念の原因探究を遂行したのと同様に、自然法則に関する一般人の信念と自然哲学者の信念についても原因探究を遂行したのである（EHU 12. 1. 7–9; T 1. 4. 2. 31）。たとえば、ヒュームは、火薬の爆発や天然の磁石の引力に関する「自然哲学にまったく手を染めていない人（a man, who has no tincture of natural philosophy）」（EHU 4.1.7）の信念について説明を与える一方で、幾何学の知見を用いて精密に記述された運動法則の信念も説明しようとする（EHU 4.1.13）。このように、ヒュームは自然法則に関して一般人の信念と自然哲学者の信念を区別した上で、後者の信念がどのように形成されるかについても論じている。ここでヒュームの言う「自然哲学者」は、ボームの言う「専門家」に対応すると言えるだろう。以上のことから、道徳判断や趣味判断の評価の場合は別としても、因果信念や自然法則の信念の評価の場合には、ギャレットが想定するような理想的観察者の条件をヒュームの議論に読み込むことは困難であると考えられる。

### (3) 残された課題

以上のようなボームの解釈が正しければ、ヒュームは自然法則の信念を認識論的に評価する上で、理想的観察者の条件ではなく専門家の条件を提示しているということになるだろう。けれども、私はボームの解釈についても、いくつかの無視することのできない課題が残されていると考える。最後にこのことを指摘しておこう。

まず、専門家から構成される認識共同体において、自然法則の信念がいかにして客観性を獲得することになるのかということは、いまだ明らかではないと考えられる。この問いに答えるために、専門家に共通する人間の自然本性を持ち出しても無駄である。というのも、ここで問題になっているのは、専門家による権威付与によって、自然法則の信念がなぜ個別の認識者の関心や目的に依存しないことを保証してくれるのか、ということだからである。このことを示すためには、専門家集団による権威付与の内実について、もう少し踏み込んだ議論が必要になるだろう。(8)

また、因果律の信念についても、同様の問題を指摘できる。ヒュームによれば、「すべての出来事には何らかの原因がある」という因果律（the Law of Causality）は、「存在しはじめるものは何であれ、存在の原因をもたなければならない」（T 1.3.3.1）と定式化できる。しかし、因果律は演繹推論によってその正しさを論証できない。なぜなら、私たちは存在のはじまりを原因から分離して考えることが可能であり、そのように分離して考えることにはいかなる論理的矛盾も含まれないからである（T 1.3.3.3）。

以上の議論によって、ヒュームは因果律の命題がいかなる仕方でも論証されないと論じているわけではない。そこでは、因果律がア・プリオリな命題ではなくア・ポステリオリな命題であることが論じられているだけで、因果律の信念は「必ずや観察と経験から生じるのでなければならない」（T 1.3.3.9）と主張されている。けれども、「経験がいかにしてこのような〔因果律という〕原理を生み出すのか」（T 1.3.3.9）という問いに取り組むことを予告しながら、ヒューム自身は結局のところ『人間本性論』やその他の哲学的著作においてその答えを与えていない（木曾 1995, 504）。ここにヒュームの議論の限界を見て取ることは容易だろう。しかし、私たちがヒュームの議論を補完するのであれば、因果律の信念がいかにして経験から生じるのか、また、そうした信念がいかにして客観性を獲得するのかという問いを考えることが不可欠であると考えられる。その際には、因果律の信念と自然法則の信念との関係を明確にすることが求められるだろう。

以上の議論は、ボームの解釈が決定的に間違っているということを示しているわけではない。むしろ、自然法則に関するヒュームの見解について、私たちが適切な解釈を提示する上での争点を明確にすることを目的としている。自然法則に関してヒュームが述べていることは曖昧かつ断片的である。しかし、私たちは断片的な議論からでも、自然法則に関するヒュームの理論の一端を明らかにできるのであり、そこから法則性の認識に関して私たちが学ぶべきことは依然として残されていると考えられる。

## 4　本章のまとめ

本章の議論をまとめよう。第1節では、自然法則に関するヒュームの議論に対する従来の認識説解釈が不十分であることを示した。特に、認識説解釈における真の偶然的規則性の問題が、いかなる条件のもとで法則的一般化の信念が形成されるのかということである点を明確にした。また第2節では、この問題に対して、ヒュームが法則的一般化の信念の形成条件として、帰納的支持の条件と予測的確信の条件を挙げているという、ビーチャムとローゼンバーグの解釈を検討した。しかし、彼らの提示する条件だけでは自然法則の客観性を説明できないために、自然法則とそうでないものの境界があいまいになってしまうという問題点を指摘した。そこで第3節では、ヒュームが理想的可能性の条件を提示しているというギャレットの解釈を批判的に検討した上で、彼の解するヒュームが偶然的規則性の問題に対して一定の解決を与えることができているという結論に至った。しかし、そこにも依然としていくつかの課題が残されているということを確認した。

本章までの議論で、私たちは、因果関係に関するヒュームの心理学的・認識論的・意味論的見解がどのようなものであるのかということを明らかにしてきた。私の見解では、こうした三種類の考察は、いわばひとまとまりになって、探究の「論理」の構築という一つの目標へと収斂することになる。これは、ヒュームの考える「論理学（LOGIC）」（T introduction 5）の到達目標であり、すべての学を人間の自然本性にもとづける「人間の学（the science of MAN）」（T introduction 4）という構想のもとで達成されるべき課題である。特に、『人間本性論』第一巻第三部第十五節で提示される「原因と結果を判定するための規則」が「私の論究において使用するのが適切であると私が考える、論理（LOGIC）のすべてである」（T 1.3.15.11）と述べられている以上、ヒュームは、アイザック・ニュートンから受け継いだ「実験的推論法（the experimental method of reasoning）」を精神の主題へと適用する際にしたがうべき「論理」の構築を目指していたと推測される。以上のことは、ヒュームが「論理学」の研究によって、私たちが「実験的推論法」にしたがって探究を行うための「論理」を構築しようと試みたことを示していると私は考える。

しかし、これまでの議論では、ヒューム哲学における重要な主題である懐疑論（scepticism）について触れてこなかった。懐疑論は、ヒューム哲学の代名詞とも言える主題であり、彼の哲学のほとんどすべての部分にかかわる重要なものであるから、それを論じないままに議論を終えることはできないだろう。これまでの章で論じてきた主題がヒューム哲学の「光」の部分に属するとすれば、懐疑論は「闇」の部分に属するものであると言える。そこで最終章では、ヒューム哲学の「闇」の部分に属する懐疑論が、彼の因果論、特に探究の「論理」の構築という課題といかなる関係に立つのかを論じたい(9)。

# 第六章　確実性と懐疑論

ヒュームの因果論は、総じて私たちの探究の「論理」の構築を目指したものとして特徴づけることができる。すなわち、観察と実験によって仮説を確証するという「実験的推論法」において用いられるべき探究の「論理」の構築こそが、ヒュームの因果論の主要な課題だったのである。しかしながら、ヒュームは探究の「論理」の正しさを手放しに承認していたわけではない。むしろ、いったん探究の「論理」の構造を解明したあとで、そうした「論理」の正しさに関する懐疑論（scepticism）の脅威から私たちがいかにして逃れられるのかを論じようとしているのである。

それでは、ヒュームの因果論にとって、懐疑論はどのようなものであり、いかなる意義をもつものなのか。この問いに答えるために、まずはヒュームが『人間本性論』の基本的な主張を自ら要約した『人間本性論摘要』で、自らの哲学を特徴づけている箇所を引用することから議論をはじめよう。

以上に述べてきたことから読者は容易に見て取れるだろうが、本書〔『人間本性論』〕に含まれている哲学は非常

> に懐疑的なものであり、人間知性が不完全で、非常に狭い範囲にしか及ばないものであるということを、私たちに与えようとしたものである。そこではほとんどすべての推論が経験に帰着され、経験に伴う信念とは、ある独特の感情（a peculiar sentiment）、あるいは習慣（habit）によって生じる生き生きとした思念であると説明されている。しかし、これがすべてなのではない。私たちが何らかの事物の外的存在を信じるとき、言い換えれば、ある対象がもはや知覚されていないときにも存在すると信じるとき、この信念は同様の感情に他ならないと説明されるのである。私たちの著者〔ヒューム〕はこれ以外にも懐疑的な主題を主張しており、彼はそれらすべてにもとづいて、私たちが自らの能力に同意し、自らの理性を使用するのは、ただそうせざるをえないためにそうしているからであると結論している。したがって、自然がこの哲学に対抗するだけの強さをもたなかったとしたら、私たちは哲学によって全面的にピュロン主義者にされていたことだろう。（A 27）

以上の引用から明らかなように、ヒュームは『人間本性論』において、あらゆる信念がただ感情と習慣によって受け入れられたものであり、そのことが人間知性の不完全さを示していると考えたのである。そして、こうした人間知性の不完全さについての主張が、彼の理解するピュロン主義、すなわち懐疑主義に他ならないと考えている。古代の懐疑論者セクストス・エンペイリコスによれば、ピュロン主義者は、あらゆる信念について真であるとか偽であるといった判断を停止するべきことを要求する全面的懐疑論（total scepticism）を主張した。その目的は、何よりも判断停止によって「心の平静（ataraxia）」を得ることにあったのである。

> というのも、懐疑主義者はもともと、諸々の表象を判定して、そのいずれが真であり、いずれが偽であるかを把握し、その結果として平静〔無動揺〕に到達することを目指して、哲学を始めたのであるが、けっきょく、力の

拮抗した反目のなかに陥り、これに判定を下すことができないために、判定を保留したのである。ところが判断を保留してみると、偶然それに続いて彼を訪れたのは、思いなされる事柄における平静〔無動揺〕であった。

（*PH* i25; 邦訳二〇頁）

セクストスによれば、ピュロン主義者は、知識や信念が何らかの不確実な事柄に関係しているという意味でのドグマをもたず、あらゆる事柄について判断を停止することによってのみ、私たちに心の平静がもたらされると考えたのである。

ヒュームは、こうしたピュロン主義の考えが学問の真理性や知識の確実性の拒絶という帰結を招くと考えた。というのも、全面的懐疑論の正しさを認めて判断を停止する以上、私たちはあらゆる事柄について確実であるとか真であると主張することができなくなるように思われるからである。それに対して、ヒュームは、全面的懐疑論を認めてもなお、人間の自然本性によって学問の真理性や知識の確実性を主張できるという「節度ある懐疑論（moderate scepticism）」（T 1.4.3.10）の立場をとった。こうした懐疑論に対するヒュームの態度は、懐疑論の無力さと人間の自然本性の根源性を同時に主張する点で、しばしば非懐疑主義的自然主義の表明として理解されてきたと言える（Strawson 1985, 10–21; Bell and McGinn 1990, 410）。

しかし、リチャード・ポプキンが指摘するように、ヒューム以前にも「節度ある懐疑論」の立場をとった論者は存在する（Popkin 1979, 139–141）。ポプキンによれば、たとえばマラン・メルセンヌは、私たちの信念体系が正当化できないことを導く懐疑論の正しさを認めつつ、一種のプラグマティズムによって学問の真理性と知識の確実性を保持することができると考えた（Mersenne 1625, 150–153）。すなわち、私たちは全面的懐疑論が正しいとしても判断を停止する必要はなく、学問や知識の有用性によって真理性と確実性を根拠づけることができると考えたのである。そのため、懐疑論と確実性の両立を図る「節度ある懐疑論」は、それ自体ヒュームに固有の着想ではないということになる。

そこで問題は、懐疑論に対するヒュームの見解に何らかの固有性があるとすれば、それはいったい何であるのかということになる。特に、ヒュームが懐疑論をどのようなものとして理解したのか、そして、懐疑論に対していかなる対処を試みたのか、ということが議論の焦点になるだろう。

以上のことを明らかにするためには、ヒュームが『人間本性論』において提出した二つの懐疑論に着目するのが有益だろう。すなわち、理性に関する懐疑論と探究に関する懐疑論である。前者は『人間本性論』第一巻第四部第一節で提出されており、理性的推論によって得られるすべての信念を対象とした懐疑論である。それに対し、後者は『人間本性論』第一巻第四部第七節で提出されており、私たちの探究を支える信念体系全体を対象とした懐疑論である。

こうした二つの懐疑論に対して、ヒュームは、全面的懐疑論を導く論証の妥当性を認めつつ、同時に全面的懐疑論の無力さを示すことを試みた（Strawson 1985, 10–21; 久米 2005, 35–38）。これは、論証の不備を指摘することで懐疑論を拒絶する解決方法とは異なり、論証の妥当性を保存しつつ懐疑論が空転していることを示す解決方法であり、懐疑論の解決（solution）ではなく解消（dissolution）として特徴づけられる。しかし、私たちが懐疑論を解消できるとしても、私たちが依然として学問の真理性と知識の確実性を追究してもよい理由は不明なままだろう。この理由を明らかにすることが本章の目的である。

そこで本章では、ヒュームが理性と探究に関する懐疑論を解消した後でも、依然として私たちが探究を再開してもよいと論じた理由を明らかにしたい。そのことによって、私は従来の自然主義解釈の深化を試みるつもりである。あらかじめ本書の解釈を述べておけば、ヒュームが理性と探究に関する懐疑論の解消によって示そうとしたのは、理性の習慣的基盤と探究の感情的基盤に他ならない。こうした二つの基盤に依拠することで、私たちは自然に探究を再開して、学問の真理性と知識の確実性を追究することができる。このことを示すためにまず、理性に関する懐疑論の論証構造を明らかにした上で、その解消がいかにして可能になるのかを論じる（第1節）。次に、探究に関する懐疑論の論証構造を示したのち、それがいかにして解消されるかを明らかにする（第2節）。そして、懐疑論の解消によって明らかになる知識と探究の基盤がどのようなものかを示した上で、それがヒュームの因果論にとっていかなる意義をもつのかを論じる（第3節）。

## 1　理性に関する懐疑論

まず、理性に関する懐疑論の論証構造を示す前に、理性に関する懐疑論者の目的を明らかにしておこう。本章の冒頭で見たように、ヒュームの理解する古代の懐疑論者、特にピュロン主義者は、全面的懐疑論から判断停止を導くことによって「心の平静」を得ることを目指していた。そしておそらく、ヒュームは、理性に関する懐疑論者がピュロン主義者と基本的な精神を同じくすると想定していたように思われる。そうだとすると、理性に関する懐疑論者の目的は、その基本的な要点だけを取り出せば、全面的懐疑論の正しさを示すことで、心の平静を得ようとすることにあると言えよう。なぜなら、全面的懐疑論が正しければ、「心の平静」を導く全面的な判断停止がもたらされることになるからである。

ただし、これはヒューム自身の目的ではないことに注意しよう。というのも、ヒュームは『人間本性論』第一巻第四部第一節において、全面的懐疑論が「想像上の学派の議論」（T 1.4.1.8）にすぎないと述べた上で、次のように言うからである。

この想像上の学派の議論をこれほど注意深く提示した際の私の意図は、「原因と結果に関する私たちの推論のすべては、習慣からのみ生じる」とし、「信念は、私たちの自然本性の認知的部分（the cognitive part）の作用というよりも、感受的部分（the sensitive part）の作用であるというのが、より正しい」とする、私の仮説の真実性を、読者にわかってもらうことだけだった。（T 1.4.1.8）

このように、ヒューム自身の目的は、あくまでも自らの仮説の正しさを証明することにあった。そうした目的のもとで、ヒュームは次のように論じている。すなわち、私たちは全面的懐疑論が正しいことを示すだけでは、心の平静を得るのに十分ではないということである。これを示すことがヒューム自身の目的であり、理性に関する懐疑論者の目的からは明確に区別されねばならない。このことをふまえ、以下では理性に関する懐疑論の論証構造を明らかにすることにしよう。

### (1) 理性に関する懐疑論の論証構造

はじめに、『人間本性論』第一巻第四部第一節で提示されている議論の骨格を明らかにしよう。「理性に関する懐疑論」の論証は次のように定式化される。

**理性に関する懐疑論**

($P_1$) すべての論証的知識は、理性の自己吟味によって蓋然的信念へと劣化する。
($P_2$) すべての蓋然的信念は、理性の自己吟味によって無へと帰する。
(C) したがって、すべての知識と信念は、理性の自己吟味によって無へと帰する。（全面的懐疑論）

ここで用語に関する補足をしておこう。本書第二章でも確認したように、ヒュームは日常の意味での「知識」を論証的知識と蓋然的信念に分ける。論証的知識は、前提となる知識からの演繹推論によって得られるものである。また、蓋然的信念は「確証」と純然たる「蓋然性」に分かれる。「確証」は、これまでの経験からして反例がないと全面的に確信されている信念であり、「純然たる蓋然性」は、これまでの経験が全面的な確信をもたらすには至ってない状況で、ある事象の生起を憶測する推論によって得られる信念である。

さて、以上のような知識に関する分類のもとで、ヒュームは「いかなる事柄においても真理と虚偽のいかなる基準ももっていない」（T 1.4.1.7）と主張する「全面的懐疑論（*total scepticism*）」（T 1.4.1.7）を提出する。「全面的懐疑論」は、私たちの信念のすべてを対象とする懐疑論であり、論証的知識だけでなく蓋然的信念も否定して「完全な判断停止」（T 1.4.1.9）を導く強い懐疑論である（久米 2005, 11）。しかし、上述の論証における（$P_1$）と（$P_2$）は、けっして自明ではない。そこで以下では、（$P_1$）を支持する論証を「劣化論証」、（$P_2$）を支持する論証を「減少論証」と呼び、それぞれの論証構造を明らかにしたい。

**①劣化論証——すべての論証的知識は蓋然的信念へと劣化する**

まず、ヒュームは「すべての論証的学問において、規則は確実であり不可謬である」（T 1.4.1.1）ことを認め、それにもかかわらず「私たちが規則を適用する際に、私たちの誤りやすい不確実な能力は、規則から外れて誤りに陥る傾向が強い」（T 1.4.1.1）と主張している。

実際、どれほど正確に推論できる人間であっても、ときには推論規則の適用に失敗することがあるだろう。そのため、推論を行う能力としての人間の理性は、常に信頼できるとは限らない、すなわち、高い確率で真なる信念を導くことができるとは限らないことになる。そこで、私たちは独断的に推論するのでない限り、あらゆる推論において理性自身が信頼できるか否かを自らの理性によって確かめる必要がある。

こうした理性の自己吟味において、私たちは以下のようにして最初の信念や判断の正確さを査定することになるとヒュームは言う。

> 私たちはすべての推論において、最初の判断または信念に対する抑制または制御として、新たな判断を形成しなければならず、視野を広げて、知性の証言が正しく真だった事例と比較された、知性が私たちを欺いたすべての事例の、いわば歴史（history）を考察の範囲に収めねばならない。（T 1.4.1.1）

ここで、「歴史」とはこれまでの経験のことを意味する。たとえば、何らかの数学的判断を導く推論を行ったとき、私たちは現在の推論と過去に行った同様の推論において、正しい結論を得た事例を間違った結論を得た事例と比較することによって、現在の判断が正確かどうかを確かめるだろう。どんなベテランの数学者であっても、新しい数学的真理を発見したとき、ただちにその真理を全面的に確信するわけではなく、何度も証明過程を見直したり、同僚に間違いがないか確かめてもらったりすることで、完全な確信をもつに至るのである（T 1.4.1.2）。

そのため、私たちは論証的推論によって得られた信念や判断ですら、その正確さを確かめるためには何らかの経験的な要素を考慮に入れざるをえない。私たちが理想的な計算能力や証明能力をもたない以上、論証的知識であっても蓋然的確信の域を超えるものにはならないというわけである。このようにして、「すべての知識は蓋然性に帰着し、最後には私たちが日常生活で使用する証拠と同じ性質のものとなる」（T 1.4.1.4）ということが帰結する。

以上のことをふまえ、「劣化論証」を次のように整理しておこう。

### 劣化論証

(i)私たちは論証的知識を導く推論において誤って推論規則を適用することがあるので、推論能力としての理性が常に信頼できるとは限らない。
(ii)そこで、私たちは独断的に推論をするのでない限り、理性によって理性そのものが信頼できるかどうかを自己吟味する必要がある。
(iii)論証的知識の場合、理性が信頼できるかどうかは、現在の推論と過去の同様の推論において、正しい結論を得た事例と間違った結論を得た事例を比較することによって、確かめられる。
(iv)そのため、論証的知識は独断的に主張されるのでない限り、その正当化に経験的要素が混入せざるをえない。
(v)したがって、すべての論証的知識は蓋然的信念へと劣化する。

### ②減少論証——すべての蓋然的信念は無へと帰する

以上の「劣化論証」をふまえた上で、ヒュームは、論理的知識の場合と同様に、蓋然的信念もまた理性による自己吟味が要求されることになると論じる。すなわち、蓋然的な事柄について「私たちは常に、対象の本性から生じる最初の判断を、知性の判断から生じる別の判断によって、修正しなければならない」(T 1.4.1.5)のである。

実際、どれほど経験豊富な識者であったとしても、自らの経験に絶対的な信頼をおくことはないだろう。こうした蓋然的信念についての理性による反省は、私たちが経験的な事柄について判断する際の慎重な姿勢を示しているという点で、きわめて穏健な要求である。しかし、理性に関する懐疑論者によれば、こうした反省は無限に続かざるをえず、しかも、吟味を重ねるごとに元の判断の蓋然性は減少していくことになるため、結局のところすべての蓋然的信念は無へと帰することになってしまう。『人間本性論』第一巻第四部第一節における以下の箇所を引用しておこう。

……すべての蓋然性において、主題に内在する元の不確実性のほかに、判断能力の弱さから生じた新たな不確実性を見出し、これら二つの不確実性を調整したのちに、私たちは自らの理性によって、自らの諸能力の真実性と正確さに対して行う評価における誤りの可能性から生じる新たな疑いを、つけ加えざるをえない。これは、ただちに生じる疑いであり、私たちが理性の歩みを忠実にたどるならば、決定を与えざるをえない疑いである。(T1.4.1.6)

たとえば、明日の天気の予測は、気圧や風向などの大気の状態を、過去の経験に照らすことで得られる蓋然的信念である。これが「主題に内在する不確実性」であり、それについての判断を「第一種の判断」と呼ぼう。次に、「明日、東京で雨が降るだろう」という予測を、「ツバメが低く飛んだら雨が降る」という経験則から導き出したとしよう。ここで、私が経験則を大気の状態にうまく適用できていたかどうかは、確実ではないと言える。これが「判断能力の弱さから生じる不確実性」であり、それについての判断を「第二種の判断」と呼ぼう。こうした二つの不確実性を前にして、私たちは、もし自らが理性的であろうとすれば、自らの「判断能力」に対する評価を反省してみなければならないことになる。これまで、私は何度も同じ経験則で正確に予測してきたと思ってきたが、私がこれまで同じ経験則で正確に予測してきたかどうかもまた、確実ではない。これが「判断能力の正確さに対する誤評価の可能性」であり、それについての判断を「第三種の判断」と呼ぼう。(1)

以上のような自らの判断に対する反省は、誤った判断を下しがちな私たちに対して、判断の正確さと知識の確実性を保証してくれるように思われる。しかし、理性に関する懐疑論者が下す結論は、これとは正反対の帰結である。

しかし、この決定は、それが先行する判断にどれほど有利なものであっても、ただ蓋然性にのみもとづいているので、最初の証拠をさらに弱めるはずであり、それ自身も、第四種の同様の疑いによって弱められるはずであり、同様のことが無限に続き、こうして、元の蓋然性をどれほど大きなものであったと仮定しようとも、また、新たな不確実性による減少をどれほど小さいと仮定しようとも、最後には、元の蓋然性がまったく残っていないという事態に、至るのである。（T 1.4.1.6）

このように、私たちは理性によって自己吟味を続けていくと、最初に下した判断の蓋然性が徐々に減少してゆき、ひいては蓋然性がゼロになるという帰結がもたらされることになる。この帰結は、単に知識の不確実性を主張する可謬主義ではなく、「いかなる事柄においても真理と虚偽のいかなる基準ももっていない」（T 1.4.1.7）と主張する「全面的懐疑論（*total scepticism*）」（T 1.4.1.7）を導くものである。このようにして、理性に関する懐疑論者は全面的懐疑論を導出するのである。

以上のことをふまえ、「減少論証」を次のように整理しておこう。

**減少論証**

(i) 私たちは論証的知識の場合と同様に、蓋然的信念を導く推論において誤って推論規則を適用することがあるので、推論能力としての理性が常に信頼できるとは限らない。

(ii) そこで、私たちは独断的に推論をするのでない限り、理性によって理性そのものが信頼できるかどうかを自己吟味する必要がある。

(iii) 蓋然的信念の場合、理性が信頼できるかどうかは、(a)「主題に内在する不確実性」、(b)「判断能力の弱さから生じる不確実性」、(c)「判断能力の正確さに対する誤評価の可能性」を自己吟味することによって、確かめられる。

(iv)理性の自己吟味は元の信念の蓋然性を減らすので、その過程を無限に繰り返してゆけば、元の信念の蓋然性が限りなくゼロへと近づいていく。

(v)したがって、すべての蓋然的信念は無へと帰する。

## (2)「減少論証」をめぐる解釈論争[2]

以上の「劣化論証」と「減少論証」によって、ヒュームの想定する「理性に関する懐疑論者」は私たちのあらゆる知識と信念を否定する全面的懐疑論を導出できることになる。以上の論証が妥当であるという点について、ヒュームは相当の自負をもっており、「先の議論には誤りを見つけることができない」(T 1.4.1.8)とまで主張している。すなわち、「理性に関する懐疑論」は、妥当な論証によって「全面的懐疑論」を導く議論だとみなされているのである。しかし、多くの解釈者は、「減少論証」が妥当な論証ではないことを指摘することで、ヒュームの誤りを糾弾してきた(Fogelin 1985; Dewitt 1985; Imlay 1995)。もし「減少論証」が妥当な論証ではないとすれば、ヒュームの想定する「全面的懐疑論」は導出されないため、懐疑論に対する正面からの「解決」を与えることになるだろう。本章ではこうした批判に対して十分に答える余裕はないが、フランシス・ダウアーと渡邊一弘の解釈を参考にしつつ「減少論証」に対する一つのモデルを与えることで、批判に答えるための道を開いておくことにする(Dauer 1996；渡邊 2006)。では、「理性に関する懐疑論」の「減少論証」で提示された議論を、できるだけ単純な仕方でモデル化しよう。何らかの命題を$Q$とおくとき、その命題に割り当てられる確率を次のように定義する[3]。

$$P_1(Q) = x_0$$

これは、ヒュームが「主題に内在する不確実性」と呼ぶものである。たとえば、$Q$が「サイコロを一回振って5の目が出る」であれば、$x_0 = 1/6$と判断するだろうし、$Q$が「明日も太陽は東から昇る」であれば、$x_0 = 1$と判断するだろう。

次に、命題$Q$に$x_0$を割り当てたときに依拠した推論を$R_1$とおき、さらに、「$R_1$は信頼できる」という命題を$r_1$とおくとき、$r_1$に割り当てられる確率を次のように定義する。

$$P_1(r_1) = x_1 : x_1 < 1$$

これは、ヒュームが「判断能力の弱さから生じる不確実性」と呼ぶものである。ここで$x_1$の値が1よりも小さいのは、私たちの判断能力が絶対確実なものではないからである。

そして、判断能力の吟味の後になされる命題$Q$への確率評価を$P_2(Q)$とすると、ヒュームの言う「判断能力の正確さに対する誤評価の可能性」は次のようになる。

$$P_2(Q) = f(x_0 : x_1) < x_0$$

ただし、ここではテクストから関数$f$がどのようなものかを明らかにできないので、さしあたり「判断能力の正確さに対する誤評価の可能性」を次のように定義する。

$$P_2(Q) = x_0 \times x_1$$

以上のことをふまえると、「減少論証」は次のような議論として解釈できる。

**減少論証（解釈１）**（Dauer 1996, 214：渡邊 2006, 10）

「$r_{i-1}$ に確率 $x_{i-1}$ を（$i=1$ のときには命題 $Q$ に確率 $x_0$ を）割り当てた推論 $R_i$ が信頼できる」という命題を $r_i$ とするとき、

（$A_1$）$P_1(r_i)=x_i; \quad x_i<1$

（$B_1$）$P_{i+1}(Q)=P_i(Q)\times P_1(r_i)$

ここで（$A_1$）と（$B_1$）を繰り返し適用すれば、$P_{i+1}(Q)$ は明らかに減少する。もし私たちがこうした理性の自己吟味を無限に繰り返すならば、最初の命題 $Q$ に割り当てられた確率が減少し、ついには元の確率が０になるという事態を招くことになるだろう。

以上のモデルに対して、ロバート・フォグランは、ある命題に割り当てられた確率が、「判断能力の弱さから生じる不確実性」を見出しても変動しない、という批判を提出している（Fogelin 1985, 17）。フォグランによれば、元の命題に対する私たちの確率判断は、「主題に内在する不確実性」という客観的証拠にもとづいているはずである。たとえば、「明日の東京の降水確率は〇・三である」という判断は、気圧や風向などの大気の状態に関する証拠全体にもとづいていると言えるだろう。それにもかかわらず、「判断能力の弱さから生じる不確実性」という主観的証拠のみにもとづいて、確率判断が再評価されるのは変である。実際、元の命題の確率に対する再評価を行うとしても、私たちはふたたび客観的証拠に目を向けるはずだろう。

以上のフォグランの批判をふまえ、解釈１のモデルを次のように修正しよう。まず、推論 $R_1$ の定義を「関連する証拠全体にもとづいて、命題$Q$に確率$x_0$を割り当てたときに依拠した推論」と修正する。[4] それに伴い、命題$r_i$の定義を「関連する証拠全体にもとづいて、$r_{i-1}$に確率$x_{i-1}$を（$i=1$のときには命題$Q$に確率$x_0$を）割り当てた推論$R_i$が、正しい確率の値を割り当てていた」と修正する。

その上で、「減少論証」をあらためてモデル化してみよう。フォグランの批判のポイントは、判断能力の評価の修正が元の命題の確率に何らの影響も与えない、ということにあった。そこで、命題$Q$に対する確率的再評価によって変更されるのは、関連する証拠全体にもとづいた「確信の度合い」であることをはっきりさせておこう。そうすると、まず、命題$Q$に対して割り当てられる確率は次のように定義される。

$$P_1(Q) = Pr(Q|r_1) = x_0$$

すなわち、$x_0$を、「推論$R_1$は命題$Q$に正しい確率の値を割り当てていた」という命題$r_1$が正しいという条件のもとでの、命題$Q$に対する確信の度合いをあらわすものとして理解する。これが「主題に内在する不確実性」である。

次に、私たちの判断能力の不完全さをふまえ、命題$r_1$を確率的に再評価する。このとき、推論$R_2$によって$r_1$の確率を$x_1$と定める。ここで、私たちは命題$r_2$を正しいとみなしているが、もはや$r_1$を正しいとみなすことはできない状況にある。そのため、$Q$と$r_1$に対する「確信の度合い」がそれぞれ修正されることになる。一般に、$i$回目の評価における$Q$に対する「確信の度合い」と、$r_{i-1}$に対する「確信の度合い」は、私たちが$r_i$を正しいとみなしているときに変更されるはずである。そこで、$P_i(\ )$を次のように定義する。

$$P_i(Q) = Pr(Q|r_i),\quad P_1(r_i) = Pr(r_i|r_{i+1})$$

以上のことをふまえると、「減少論証」は次のような議論として解釈できる。

**減少論証（解釈２）**（Dauer 1996, 220; 渡邊 2006, 14）

「関連する証拠全体にもとづいて、$r_{i-1}$ に確率 $x_{i-1}$ を（$i=1$ のときには命題 $Q$ に確率 $x_0$ を）割り当てた推論 $R_i$ が、正しい確率の値を割り当てていた」という命題を $r_i$ とするとき、

（$\mathrm{A}_2$）$Pr(r_i|r_{i+1})=x_i$;　$x_i<1$

（$\mathrm{B}_2$）$Pr(Q|r_{i+1})=Pr(Q|r_i)\times Pr(r_i|r_{i+1})$

ここで、（$\mathrm{A}_2$）は（$\mathrm{B}_2$）の右辺の $Pr(r_i|r_{i+1})$ が1以下の値であることを述べているため、（$\mathrm{A}_2$）と（$\mathrm{B}_2$）を繰り返し適用すれば、$i$ の数が増えるにしたがって $P_{i+1}(Q)$ の値が減少することになるだろう。

しかし、以上のモデルに対しては次のような批判がある。木曾によれば、私たちは自らの判断能力を過信することがあるだけでなく、それについて過小評価してしまうこともある（木曾 1995, 350）。これは、私たちが判断能力を過小評価した場合に、「主題に内在する不確実性」や「判断能力の弱さから生じる不確実性」を大きく見積もりすぎてしまうことがあるため、判断能力の信頼性についての確率を必ず減少させるとは限らない、という主旨の批判である。

以上の批判について正確に理解するため、ダウアーの提示している図3の樹形図を参考にしよう（Dauer 1996, 219）。まず、関連する証拠全体にもとづく「確信の度合い」が減少するという事態について、（$\mathrm{B}_2$）のように理解していたとする。ここで $i=2$ とすると、$Pr(Q|r_2)=Pr(Q|r_1)\times Pr(r_1|r_2)$ であることになる。しかし、こうした確率計算において考慮されているのは、樹形図における一番上の経路だけである。そこで、$r_1$ と $\sim r_1$ の両経路を考慮すれば、以下のようになるだろう。

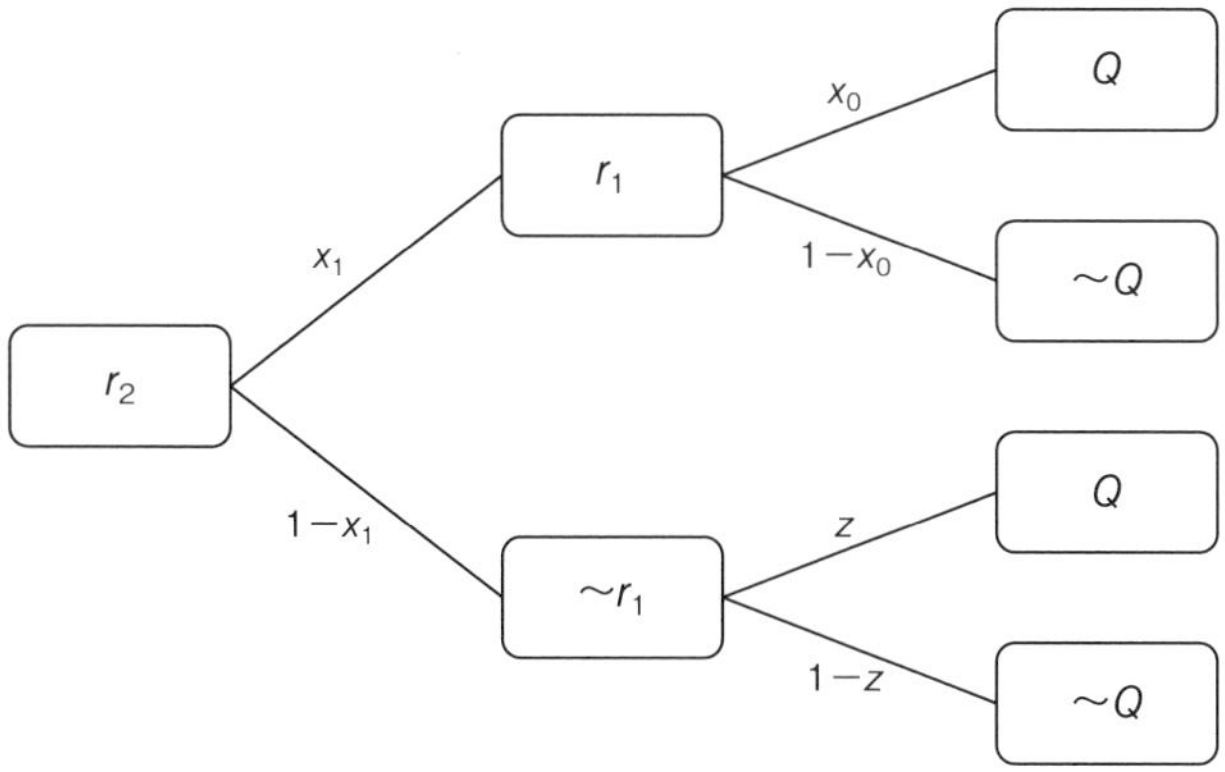


**図3　樹形図**

$$Pr(Q|r_2)=Pr(Q|r_1)Pr(r_1|r_2)+Pr(Q|{\sim}r_1)Pr({\sim}r_1|r_2)=x_0\times x_1+z\times(1-x_1)$$

ここにおいて、$x_0=0.8, x_1=0.7, z=0.3$とすれば、$Pr(Q|r_2)=0.65<Pr(Q|r_1)=x_0=0.8$となって、「確信の度合い」は減少することになる。だが、$x_0=0.8, x_1=0.7, z=0.9$とした場合には、$Pr(Q|r_2)=0.83>Pr(Q|r_1)=x_0$となってしまい、$i$の値が増えたにもかかわらず$Q$への「確信の度合い」は増大する（Dauer 1996, 221）。

渡邊の指摘するように、以上の樹形図におけるすべての経路を考慮して確率計算をすべきであることは、『人間本性論』第一巻第四部における以下の叙述からも明らかであるようにみえる（渡邊 2006, 16）。ふたたび該当箇所を引用しておこう。

> 私たちはすべての推論において、最初の判断または信念に対する抑制や制御として、新たな判断を形成しなければならず、視野を拡げて、知性の証言が正しく真だった事例と比較された、知性が私たちを欺いたすべての事例の、いわば歴史を考察の範囲に収めねばならない。
> （T 1.4.1.1）

この引用について渡邊が指摘するように、私たちの能力を真あるいは偽の証言を与えてくれる一種の「証人」として理解すれば、$r_1$は第一の証人による「$Q$の確率は$x_0$である」という証言として解釈できる（渡邊 2006, 16）。また、$r_2$は第二の証人による「第一の証人が私たちを欺く確率は$1-x_0$である」という証言であることになる。このとき、第二の証人が$Q$を確率的に評価するためには、最初の証人が私たちを欺いていた確率を考慮する必要が出てくる。したがって、解釈2における（$B_2$）は「確信の度合い」の減少を保証しないし、ヒューム自身の叙述ともかみあっていないことになる。

以上の批判に対する応答はダウアーらによって試みられているが、「減少論証」の解釈論争は現在でも決着がついていない。しかし、本章の目的はこうした解釈論争に決着をつけることでも、「減少論証」についての洗練されたモデルを定式化することでもないことに注意してほしい。むしろ、私たちは以上の解釈論争から、「減少論証」の誤りを示すことが一見したところよりも容易ではない、という教訓を学べば十分である。このことをふまえた上で、次節では、ヒュームがいかにして理性に関する懐疑論を「解消」しようと試みたのかを明らかにしよう。

### (3) 理性に関する懐疑論の解消

それでは、ヒュームはいかにして理性に関する懐疑論を解消しようと試みたのか。すでに本章の冒頭で述べたように、ヒュームの基本的な戦略は、全面的懐疑論が正しいことを認めたとしても、私たちが「心の平静」を得るのに十分ではないことを示す、というものである。こうしたことを念頭に置きつつ、以下ではヒュームによる懐疑論の解消の手続きを確認しよう。

まず、本書第四章で見たように、ヒュームは観念と信念を区別することによって、単なる虚構と現実の区別を与えようとしている。たとえば、「自分が水槽のなかの脳である」ということは理屈の上ではわかるが、誰も現実に成り立つとは信じないだろう。これと同様に、全面的懐疑論は理屈の上ではわかるが、誰も現実に起きていると信じることはないだろう、というのがヒュームの主張である。

また、単なる観念は判断や行為に対していかなる影響力ももたず、信念がそうしたものに対して影響力をもっている。このことは、『人間本性論』第一巻第三部第十節と『人間知性研究』第五章第二部で明確に主張されている。

要するに、観念が意志や情念にいかなる影響も与えない場合でさえ、それらの観念を想像力にとって面白いものとするためには、やはり真実性と現実性が必要なのである。（T 1.3.10.5）

信念は観念によりいっそうの重みと影響力を与え、それらをより重要なものとして出現させ、それらを心のなかに押し付け、かくしてそれらを私たちの行為の支配的原理とする。（EHU 5.2.12）

すなわち、私たちは単に理屈の上で全面的懐疑論が正しいと思ったとしても、全面的な判断停止へと導かれることはない。なぜなら、理屈の上でどれほど懐疑論が正しいと考えたとしても、それは現実の私たちの判断や行為に対して影響力をもたないからである。したがって、私たちが判断停止に至って「心の平静」を得るのに十分なのは、全面的懐疑論を正しいと信じるときに限られる。

それでは、私たちが理屈の上で全面的懐疑論を正しいと思うだけでなく、それを信じるためには何が要求されることになるのか。ここで、ヒュームは理性に関する懐疑論者が次のように論じていたことに着目する。

……すべての蓋然性において、主題に内在する元の不確実性のほかに、判断能力の弱さから生じた新たな不確実性を見出し、これら二つの不確実性を調整したのちに、私たちは自らの理性によって、自らの諸能力の真実性と正確さに対して行う評価における誤りの可能性から生じる新たな疑いを、つけ加えざるをえない。これは、ただちに生じる疑いであり、私たちが理性の歩みを忠実にたどるならば（if we wou'd closely pursue our reason）、決定を与えざるをえない疑いである。（T1.4.1.6：強調引用者）

以上の引用では、「私たちが理性の歩みを忠実にたどるならば」という反実仮想のもとで、懐疑が成立することが述べられている。こうした反実仮想において仮定されているのは、理性の導きに一貫してしたがい続けるという人間の能力である。そのため、全面的懐疑論が正しいと信じるためには、理性の導きにしたがって無限に操作を繰り返す完全な能力がなければならない。しかし、私たちは現実にはそうした完全な能力をもちあわせていない。というのも、私たちが自然にできるのは、せいぜい「減少論証」における第二種の判断（「判断能力の弱さから生じる不確実性」の反省）までであり、それ以上の反省は現実に行うことができないものだからである。

以上のことから、ヒュームは次のように結論づける。

私は次のように答える。第一種および第二種の判断を終えた後には、精神の働きが強制され、かつ不自然になるので、観念はかすかであいまいなものになる。判断の諸原理も対立する諸原因の比較考量も最初のままではあるが、それらが想像力に及ぼす影響力や、それらが思考に付加し、あるいは思考から減少させる勢いは、けっして等しくないのである。（T 1.4.1.10）

たとえば、私たちは「大気の状態に経験則をうまく適用できていた」という第二種の判断までは自然に行えるが、「これまで私が同じ経験則を正確に適用してきた」という第三種の判断を行うことが困難になる。なぜなら、第三種の判断は、第二種の判断が前提とする自然斉一性の原理に対する反省であるが、すでに本書第一章で見たように、自然斉一性の原理は、反省によってその正しさが確かめられるわけではなく、習慣によって暗黙のうちに自然と前提されているものだからである。

以上のようにして、ヒュームは全面的懐疑論が空転することを示そうとしたことがわかる。このことによって、「原因と結果に関する私たちの推論のすべては、習慣からのみ生じる」という仮説、および「信念は、私たちの自然本性の認知的部分の作用というよりも、感受的部分の作用というのが、より正しい」という仮説の正しさを証明しようとしたのである。理性の信頼可能性は、理性ではなく習慣に求められねばならない。ここにおいて、理性の習慣的基盤という論点が、理性に関する懐疑論の解消を通じてあらわになる。

しかし、ヒュームは『人間本性論』第一巻第四部第七節「この巻の結論」で、もう一つの懐疑論の可能性について言及している。それは、私たちが探究の内部で働かせる理性の信頼可能性に対する懐疑論ではなく、私たちがあらゆる探究において前提としている信念体系全体に対する懐疑論、すなわち「探究に関する懐疑論」である。次節では、探究に関する懐疑論の論証構造を明らかにした上で、それに対してヒュームがいかなる解消を試みたのかを論じることにしたい。

## 2　探究に関する懐疑論

まず、探究に関する懐疑論者の議論対象は、私たちがあらゆる探究において前提としている基礎的信念、たとえば外界存在の信念や自然斉一性の信念である。こうした基礎的信念の体系に対する全面的懐疑論の正しさを示し、私たちが「心の平静」を得ることにとって十分だと論じるのが探究に関する懐疑論者の目的である。

これに対して、ヒュームは、基礎的信念の体系への全面的懐疑論が正しいとしても、私たちが「心の平静」へと到達することにとって十分ではないと論じる。こうした議論においても、ヒュームの目的は、さきほど述べた自らの二つの仮説の正しさを証明することにある。以上をふまえ、探究に関する懐疑論の論証構造を明らかにしよう。

### (1)探究に関する懐疑論の論証構造

はじめに、『人間本性論』第一巻第四部第七節で展開される、探究に関する懐疑論の基本的な骨子を取り出しておこう。

**探究に関する懐疑論**

(A)因果信念、外界存在の信念、記憶の信念、人の同一性の信念は、いずれも想像力の「取るに足らない」性質にもとづいている。

(B)因果信念は、自然斉一性の原理を前提とした理性の働きによって導かれる。

(C)因果信念の基礎となる自然斉一性の原理と、因果信念、外界存在の信念、記憶の信念、人の同一性の信念の基礎となる外界存在の原理に同時にしたがうならば、そのことは私たちの信念体系内部の矛盾を導いてしまう。

(D)もし私たちが想像力の「取るに足らない」性質に盲従するならば、私たちは誤った信念や推論を修正する手段をもたないことになる。

(E)もし私たちが理性の導きに盲従するならば、私たちは全面的懐疑論の要求によって判断を停止せざるをえなくなる。

(F)したがって、私たちには誤った推論をするか、判断を停止するかの選択しか残されていない。

ここで、次の二つの点が仮定されていることに注意すべきである。第一に、因果信念、外界存在の信念、記憶の信念、人の同一性の信念は、私たちが行うすべての探究において前提としている信念だということである。たとえば、外界存在の信念について言えば、「物体が存在するということは私たちのあらゆる論究において当然のこととされなければならない点である」（T 1.4.2.1）。第二に、私たちが理性の導きに一貫してしたがう能力は、理性に関する懐疑論においては現実のものではないとして退けられたが、探究に関する懐疑論においては「もし私たちが現実世界において完全な能力をもっていたとしたら」という想定のもとで認められている、ということである。これら二つの仮定のもとで、探究に関する懐疑論者は、全面的懐疑論の正しさを認めることが、心の平静を得ることにとって必要であることを示そうとする。すでに(B)と(E)については前節で説明を与えたので、以下では(A)、(C)、(D)、(F)について説明することにしよう。

(A)、(D)：まず、観念連合や観念の活気づけという想像力の働きがもとづいているのは、想像力の「取るに足らない(trivial)」（T 1.4.7.3）性質にである。この性質をもつ想像力の作用は、私たちの誤った信念や推論を時に導くという点で「変わりやすく当てにならない（inconstant and fallacious）」（T 1.4.7.4）原因である。こうした想像力の働きにもとづくという理由により、因果信念、外界存在の信念、記憶の信念、人の同一性の信念に対して疑いが向けられることになる。詳しい議論は以下のようになっている。

第一に、私たちが二種類の出来事について恒常的連接を経験したとき、そうした出来事の間に因果関係があると信じるのは、一方の出来事を経験すれば思わず他方の出来事を思い浮かべてしまうという作用、言い換えれば、一方の出来事の観念と他方の出来事の観念を連合する作用が働くからである（T 1.3.6-8）。第二に、私たちに中断した知覚系列が与えられたとき、それでも外界に物体が存在すると信じるのは、そうした知覚系列が恒常性と整合性を示すことによって、想像力が物体の連続存在と別個存在を虚構するからであるが、その虚構を信念に変えるのはやはり想像力の活気づけという作用である（T 1.4.2.41–43）。第三に、私たちが過去の出来事を記憶していると信じるのは、単なる空想とは「勢いと生気（force and vivacity）」（T 1.3.5.3）が異なるからである。そして第四に、私たちが過去の自分と現在の自分が同一の人であると信じるのは、私たちが記憶と想像力によって人の連続性を虚構するからであり、その虚構が信念となるのは想像力の活気づけによってである（T 1.4.6.15–20）。このように、因果信念、外界存在の信念、記憶の信念、人の同一性の信念は、いずれも想像力の活気づけ作用という「変わりやすく当てにならない」原因に由来している。

以上のことから、もし私たちが想像力の「取るに足らない」性質に盲従するならば、私たちは誤った信念や推論を修正するための手段をもたないということが帰結する。というのも、私たちが「想像力の取るに足らない示唆」（T 1.4.7.7）に盲従する場合、私たちは問題なく因果信念や外界存在の信念をいだくことができるが、同時に「迷信（superstition）」（T 1.4.7.13）や「偏見（prejudice）」（T 1.3.13.7）などの誤った信念や推論をいだく恐れがあることになるからである。そのため、私たちが想像力の作用に盲従するとき、私たちは理性による反省作用に頼ることはできないのだから、常に自らの信念や推論が大きく誤る可能性に開かれていることになる。

(C)：次に、『人間本性論』第一巻第四部第四節において、自然斉一性の原理と外界存在の原理が互いに相反するということが確認される。それは次のような議論によって示される。まず、私たちは物体が通時的に同一であると信じるにもかかわらず、そこから得られる色や音などのいわゆる二次性質（secondary qualities）の印象は知覚者のあり方によって変化する。たとえば、激辛料理を食べた後に牛乳を飲むと、ふだんとは違った味がするだろう。また、ライブの後では他人の声が聞き取りづらいが、静かな部屋の中では少しの物音にも敏感になる。これは二次性質が知覚者の置かれた条件に対して相対的に変化するということである。ここにおいて、私たちは、いくつかの二次性質の印象が外界にその原型をもたず、ただ知覚者の精神のなかにのみ存在するものだとみなすことになる。そうした印象は他のすべての二次性質の印象と見かけ上まったく異ならないので、すべての二次性質の印象も同様に知覚者の精神のなかにのみ存在するということが帰結する(5)（T 1.4.4.3-4）。

さらに、延長や不可入性などの一次性質（primary qualities）の印象についても、同様の議論によって二次性質との同質性が主張される（T 1.4.4.5）。それによれば、延長や不可入性などの一次性質の印象は、二次性質なしには思考不可能であり、外界存在が色や音などの二次性質をもたないと考える場合、外界存在が一次性質をもつと考えることはできない。たとえば、チョコレートの固さを思い浮かべるとき、甘さや茶色といった情報なしにチョコレートの固さだけを思い浮かべることはできない、というわけである。このことから、一次性質と二次性質は共に知覚者の精神に依存するという帰結が導かれる。しかし、こうした帰結は、物体の連続存在が精神から独立するという主張に抵触することになる。したがって、「原因と結果から正しく規則的に推論しながら、同時に物体の連続存在を信じることは不可能である」（T 1.4.7.4）。このように、自然斉一性の原理と外界存在の原理は互いに「矛盾」（T 1.4.7.5）した帰結をもたらすため、信念体系全体に対する疑いが向けられる。

（F）：こうした議論から、私たちは次のようなジレンマに陥ることになる。すなわち、もし私たちが「想像力の取るに足らない示唆」に盲従するならば、私たちは常に自らの信念や推論が大きく誤る可能性に開かれることになる。他方で、もし私たちが理性の働きに盲従するならば、すべての知識や信念を拒否する「全面的懐疑論」の要求にしたがって「判断停止」に至らざるをえなくなる。外界存在の原理と自然斉一性の原理が互いに対立する以上、私たちは前者の原理にしたがって何かを信じると同時に、後者の原理にしたがって何かを信じることはできない。それゆえ、私たちには「誤った推論をするか、それともまったく推論しないかの選択しか残されていない」（T 1.4.7.7）。これは、私たちにとって「きわめて危険なジレンマ（a very dangerous dilenma）」（T 1.4.7.6）であり、解きがたい苦境として私たちの前に立ちはだかるのである。

以上の議論によって、探究に関する懐疑論者は次のような道をとることが許されているように思われる。すなわち、私たちは「想像力の取るに足らない示唆」に盲従して常に誤りの可能性をかかえることよりも、理性の導きにしたがって全面的懐疑論の要求を受け入れ「判断停止」に至ることの方が望ましい、ということである。なぜなら、誤った推論をし続けることは「心の平静」をもたらす可能性がないのに対して、判断を停止することは偶然とはいえ「心の平静」をもたらす可能性があるからである。したがって、探究に関する懐疑論者によれば、全面的懐疑論の正しさを認めれば、私たちは「心の平静」に到達することができる。

しかし、ヒュームによれば、「きわめて危険なジレンマ」は、皮肉なことに「心の平静」とは正反対の感情、すなわち「憂鬱と譫妄（melancoly and delirium）」（T 1.4.7.9）を私たちに生じさせる。探究に関する懐疑論から導かれるのは、私たちの探究内部における原理や信念体系の解きがたい「矛盾」が残り続けるということだった。けれども、ここで私たちには、想像力の「取るに足らない示唆」と理性の導きのどちらを優先すべきかを決定する手立てが与えられていない。なぜなら、どちらを優先すべきかを決めるためには、私たち自身の想像力もしくは理性に訴えざるをえないからである。

そのため、私たちが「きわめて危険なジレンマ」の解決を試みるとき、想像力を用いるならば誤りに開かれていることになるし、理性を用いるならば判断停止に至ることになる。したがって、私たちは想像力の「取るに足らない示唆」と理性の導きの選択に関して、自らの想像力や理性に訴えることはできず、「憂鬱と譫妄」という感情にとらわれるということになる。こうしたことをふまえ、ヒュームは、探究に関する懐疑論から生じる「きわめて危険なジレンマ」の解消へと向かったのである。次節では、ヒュームによる探究に関する懐疑論の解消の具体的な手続きを明らかにすることにしよう。

## ⑵ 探究に関する懐疑論の解消

古代の懐疑主義すなわちピュロン主義は、確実性へのコミットメントを捨て判断を停止することによって、「心の平静」という境地に達しようとした。しかしポプキンによれば、もし人間の自然本性に関するヒュームの主張が正しいとすれば、ピュロン主義は、確実性へのコミットメントを認めようとする人間の自然的本能と常に格闘しなければならないため、結局のところ「心の平静」に到達しない。むしろ、確実性へのコミットメントを自然に認めるヒュームの主張こそが、古代のピュロン主義が得ようとした「心の平静」を私たちにもたらしてくれる（Popkin 1951, 129）。ヒュームが探究に関する懐疑論の果てに見たのは、「きわめて危険なジレンマ」から生じる「憂鬱と譫妄」という感情だったと言える。「憂鬱と譫妄」は、ピュロン主義者が求めていた「心の平静」とは正反対の感情である。たしかに、「心の平静」の境地に達することが常に約束されているならば、私たちは安んじて探究を再開してもよいはずだろう。だが一方で、私たちは全面的懐疑論の正しさを認めたとしても、そうした境地に達することができない。他方で、私たちは「憂鬱と譫妄」という感情を乗り越えるための手立てを、「想像力の取るに足らない示唆」や理性の導きに求めることもできないのである。

こうしたことを認めたとしても、私たちが「心の平静」を得られないまま、探究を再開できない状態にとどまることにはならない、というのがヒュームの主張である。それによれば、私たちは「好奇心（curiosity）」（T 1.4.7.12）や「野心（ambition）」（T 1.4.7.12）という感情にしたがって探究を自然に再開するのであり、またそうせざるをえないのである。「好奇心と野心」は、人間の自然本性によって探究へと私たちを動機づける特殊な感情である。こうした特殊な感情のおかげで、私たちは自然に探究を再開することができる。ここでヒュームが示そうとしているのは、「憂鬱と譫妄」という感情を乗り越えるための手立てを「自然」に求めるという道、より具体的には、人間の自然本性にもとづく特殊な感情に求めるという道である。

ヒュームによれば、「憂鬱と譫妄」という感情に伴う苦の感覚から逃れるための唯一の方策は、理性的な探究に「とらわれず気にしないこと（carelessness and in-attention）」（T 1.4.2.57）へと自らを置くことである。そうした状況に自らを置くためには、私たちが他人との社交・会話へと身を委ねるしかない。「私は、友人と食事をし、バックギャモンをして遊び、会話をして、愉快になる。そして、三時間か四時間楽しんだ後、これらの〔理性的な〕考察に戻ろうとすると、冷たく無理のある滑稽なものにみえるので、私はこれ以上それらの考察を行う気になれない」（T 1.4.7.9）。

ただし、私たちは意識的・人為的に社交・会話へと参入するのではなく、無意識的・自然的に社交・会話へと導かれるのである。これは、『人間知性研究』第一章の以下の箇所でも強調されているように、人間の自然本性が社交的で行為的なものだからである。

〔人間の〕自然本性は次のように言っている。学問への情念に身を委ねよ。しかし学問を人間的に、つまり、行動と社会とに直接関係しうるものにせよ。難解な思想と深遠な探究とを私〔人間の自然本性〕は禁ずる。つまり、それらが持ち込む思弁的な憂鬱、それらがあなたを巻き込む終わることなき不確実さ、あなたが発見したと称するものが世に伝わるときに出会うであろう冷ややかな応対を与えることによって、そうした思想や探究を厳しく罰する。哲学者であれ。しかし哲学のただなかにおいてもなお人間であれ。（EHU 1.6）

この引用で述べられているように、人間の自然本性が社交的で行為的であるがゆえに、私たちは「きわめて危険なジレンマ」を前にした際の「憂鬱と譫妄」の感情にとらわれることがなくなる。こうした人間の自然本性こそが、社交・会話のなかで私たちに「心の平静」をもたらしてくれるのである。そして、社交・会話のなかで「心の平静」を得た後に、私たちは「好奇心と野心」という感情によって、「探究を再開してもよい」という信念を自然にいだくようになる。この論点は、「信念は、私たちの自然本性の認知的部分の作用というよりも、感受的部分の作用というのが、より正しい」という仮説の正しさを証明する試みの一環である。このようにして、ヒュームは、全面的懐疑論の正しさを認めても「心の平静」には到達しない、ということを示したのである。

## 3　探究の「論理」と感情の「論理」

それでは、「憂鬱と譫妄」の感情から解放された私たちは、いかにしてふたたび探究を開始することができるようになるのだろうか。この点を確認するために、ここでギャレットの解釈（Garrett 1997, Chapter 10）を取り上げて簡単に検討することにしよう。

ギャレットによれば、ヒュームは『人間本性論』第一巻第四部第七節において、私たちの探究を規制する次のような原理を提出している（Garrett 1997, 234）。

> 理性が生き生きとしており、何らかの傾向と共存するときには、理性は同意されるべきである（it［reason］ought to be assented to）。そうでないときには、理性は私たちに働きかけるいかなる資格もけっしてもつことができない。（T 1. 4. 7. 11）

この引用において、「理性は同意されるべきである」と述べられているように、ここでヒュームは私たちがしたがうべき規範的な原理を提出しているようである。ギャレットは、この原理を「資格原理（Title Principle）」（Garrett 1997,

234）と呼ぶ。資格原理は、それじたい理性によって根拠づけられるものではなく、ただ私たちによって自然にしたがわれるようになる原理である。私たちは、自然に資格原理にしたがっているかのようにふるまい、生活や学問の中で不可欠な役割を担っている生気を伴う推論を優先して、いわば遡行的に資格原理の適切さを擁護する（Garrett 1997, 235）。このように擁護される資格原理こそが、私たちに対して「哲学的主題に関する洗練された巧妙な推論」（Garrett 1997, 234）を行う許可を付与するのであり、探究を再開する出発点をかたちづくるのである。

しかし、ヒュームは探究の再開という主題について、ギャレットの言うような規範原理を本当に提出したのだろうか。この問いに対して、明確な回答を与えるのは非常に困難である。資格原理についての解釈論争を整理すると、(1)資格原理は規範原理であるのかどうか、(2)資格原理が規範原理であるとしたら、それが要求する「べきである」という表現はいかなる種類の規範性として理解されることになるのか、という問いが争点になっていると言える。[6]現在、『人間本性論』では資格原理が一種の規範原理として理解されているという解釈が有力である一方で、『人間知性研究』ではそうした見解を撤回しているという解釈上の問題が指摘されている（Qu 2016）。

ここでは、資格原理が探究を規制する規範原理であるのかどうかという解釈論争には立ち入らない。むしろ、資格原理についてヒュームが述べている箇所で、探究を自然に促す「感情」の重要性が強調されているという点に注目したい。このことによって、「憂鬱と譫妄」から解き放たれた私たちを探究へと促すと同時に、私たちの探究の出発点をかたちづくっているのは「感情」であるという論点が、明らかになるからである。

以上の論点について、ヒュームは『人間本性論』第一巻第四部第七節で議論の概略を示しているが、その内実が具体的に解明されるのは『人間本性論』第二巻で展開される情念論においてである。すでに本書第三章で確認したように、ヒュームは「真理」を目的とした議論という言語実践の場を視野に入れて考察を展開している。特に重要なのは、私たちは「好奇心、すなわち真理愛（curiosity, or the love of truth）」という「探究の第一の源泉」（T 2.3.10.1）をもつがゆえに、探究を開始するよう動機づけられるのだ、というヒュームの議論である。それによれば、議論に参与する哲学者や自然科学者などの学者は、自らの利益にならないにもかかわらず、「真理」の発見が公共的利益に資するものであるがゆえに、探究へと動機づけられるのである。

『人間本性論』第二巻第三部第十節における問題の箇所を引いておこう。

> 多くの哲学者は、世界にとって重要かつ有用であると自ら評価した真理を探し求めることに時間を費やし、健康を害し、自分の世俗的成功を無視してきた。けれども、哲学者の振る舞い全般からは、彼らが公共心を備えておらず、人類の利益に対して関心をもっていないことが見て取れるように思われる。もし、哲学者が自分たちの発見は〔世界にとっては〕何らの重要性ももたないと確信していたら、彼らは自分たちの研究に向ける興味をすべて完全に失ってしまうだろう。しかも、研究の帰結が〔世界にとっては重要であっても、人類の利益に関心をもたない〕彼らにとってはどうでもよいにもかかわらず、彼らは興味を失う。これは矛盾であるように思われる。（T 2.3.10.4）

このように、議論に参与する学者は、「真理」の発見が自分の利益にはならない場合でも、なぜ公共的利益のゆえに「真理」の追究へと動機づけられるのかわからなくなる、という困難がある。この困難は「共感（sympathy）」（T 2.3.10.5）の働きによって解消されることになる、というのがヒュームの主張である。

ヒュームによれば、学者が公共的利益のゆえに「真理」を探究するのは、「真理」が「有用性（utility）」（T 2.3.10.5）をもっているために、それに見合った「快と満足（pleasure and satisfaction）」（T 2.3.10.5）を獲得できるからである。こうした「快と満足」は、「真理」を追究するという「精神の働き」（T 2.3.10.6）がそれ自体として面白いものであるために、学者に与えられる。そして、学者は、同僚や他の学者の振る舞いを観察することによって、そうした人びとの快苦や感情が伝播されるという「共感」の働きによって、自らもまた「快と満足」を受け取り、そこから「好奇心と野心」という感情をもつようになる。このようにして生じた「好奇心と野心」が、「真理」を追い求める探究へと私たちを動機づける。以上のような「共感」を主軸とした一連の議論は、『人間本性論』第二巻の情念論全体で解明されるものであり、『人間本性論』第一巻の因果論の内部では果たされない課題である。

以上のような「共感」の働きがあるおかげで、私たちは探究の果てに「きわめて危険なジレンマ」へと到達したとしても、再び探究を開始することができる。まず、私たちは、理性的な探究に「とらわれず気にしない」仕方で社交と会話へと参与することで、「憂鬱と譫妄」の感情を追い払うことができる、しかし、ただ「楽しさ」を目的とした社交・会話へと参与するだけでは、私たちが探究を再開するのには不十分である。そのためには、「真理」を目的とした議論へと参与するように動機づける「好奇心と野心」という特殊な感情の力が必要なのであり、そうした感情は「共感」の働きによって生じるのである。

ヒュームは、『人間本性論』第一巻第四部第七節で次のように述べている。

それゆえ、私は娯楽にも人と一緒にいることにも飽きて、自分の部屋で、あるいは川端を独りで歩きながら、夢想にひたっていると、私は自らの精神が集中力を回復してくるのを感じ、私が読書や会話においてそれについての多くの論争に出会ったような問題に私の考えを向けるように、自然に傾くのである。私は、道徳的な善と悪の原理や、政府の本性と基礎や、私を動かし支配するさまざまな情念と傾向の原因を知りたいという好奇心（curiosity）を、もたざるをえない。私は、私がいかなる諸原理にもとづいてそうするのかを知らずに、ある対象を是認し、別の対象を否認し、あるものを美しいと呼び、別のものを醜いと呼び、真と偽、理性と愚かさについて決定するということを考えて、不安になる。私は、これらの諸問題においてかくも嘆かわしい無知の状態にある、学界の現状が心配になる。私は、人類の啓発に寄与し、自らの創意と発見によって名を挙げたいという野心（ambition）が、私のうちに生じるのを感じる。これらの感情（sentiments）は、私の現在の気分のうちにおいて、自然にわき起こるものであり、もし私が、何か他の仕事や気晴らしに自分を縛りつけることによって、これらの感情を追い払うように努めるならば、私は快楽という点で損をするものであると感じる。これが私の哲学の起源なのである。（T 1.4.7.12）

こうした「好奇心と野心」という特殊な感情の力によって、私たちは「再び探究を開始してもよい」と信じるようになり、そうした信念が私たちを探究へと動機づけるのである。探究の出発点を設定するのは「感情」であって「理性」ではない。ここにおいて、探究の感情的基盤という論点が、探究に関する懐疑論の解消によってあらわになる。

ヒュームにとって、私たちの探究の出発点を形成するのは「感情」である。しかし、ヒュームは、任意の感情にしたがって思うままに探究を開始してよいという主張に与していたわけではない。むしろ、ヒュームは探究を開始するのに「適切な感情」が何であるのかを解明することへと向かったのであり、それは『人間本性論』第二巻の情念論における感情の「論理」の研究によって補完されることになるのである。実際、ヒュームは『人間本性論』前書きで「知性と情念とは、それだけでまったく一続きの論究の主題をなす」（T advertisement）と述べており、知性論と情念論が内容的に連続するものであることを強調している。そして、ヒュームは後に出版した『人間知性研究』において、知性論と情念論を統合させる仕方で議論を再構成したのである。このことは、ヒュームの「論理学」が第一巻の知性論で完結せず、第二巻の情念論をもって終結することを示していよう。『人間本性論』第一巻の因果論において探究の「論理」の構築を終えたヒュームは、『人間本性論』第二巻の情念論において感情の「論理」を構築することへと向かったのである。

## 4　本章のまとめ

本章の議論をまとめよう。第1節では、まず理性に関する懐疑論者の目的が全面的懐疑論の正しさを示すことで「心の平静」を得ようとすることにあるという点を確認した。また、理性に関する懐疑論の論証構造を明らかにした上で、そうした懐疑論が自然的で原初的な習慣の働きによって解消されることになる点を示した。その結果として、全面的懐疑論の正しさを認めても心の平静をもたらすことがないという結論が得られる。こうした議論によってヒュームが示そうとしたのは、「理性の習慣的基盤」という論点である。

第2節では、まず探究に関する懐疑論者の目的も全面的懐疑論の正しさを示すことで「心の平静」を得ようとすることである点を確認した。また、探究に関する懐疑論の論証構造を明らかにした上で、そうした懐疑論が人間の自然本性に根差した「好奇心と野心」という特殊な感情によって解消されることになり、その結果として、全面的懐疑論の正しさを認めることはやはり心の平静をもたらさないことが示される、という点を明らかにした。こうした議論によってヒュームが示そうとしたのは、「探究の感情的基盤」という論点である。

そして第3節では、私たちの探究を動機づける「好奇心と野心」が、「共感」の働きによって生じることを示した。そうした「共感」のメカニズムは、特に『人間本性論』第二巻の情念論において解明されるものであり、『人間本性論』第一巻の因果論における探究の「論理」の解明という仕事を補完する役割を担っている。以上のヒュームの議論は、探究の「論理」と探究の出発点を共に人間の自然本性から説明しようとする姿勢に貫かれており、そうした意味で彼は自然主義の立場を徹底させたのだと言える。

# 結語

ここまでの議論で、本書では、ヒュームの因果論を彼のテクストにもとづいて包括的に再構成するという方針のもと、できるかぎり彼の議論に対する誤解や偏見を解くことを試みてきた。本書の議論を終えるにあたって、あらためて本書の冒頭で提示した解釈を確認しておこう。

($H_1$) 帰納推論は、理性的推論によって正当化できないにもかかわらず、正当なものとそうでないものを区別できる。

($H_2$) 原因や結果に関する蓋然的信念は、主観的な信念の度合いによって理解することができる。こうした信念の度合いは確率によって表現される。

($H_3$) 因果性は、本当は実在していないにもかかわらず、私たちの社会の中であたかも実在するかのようにふるまい、現実に実在するときと同様の機能を果たしている。そのため、因果性の実在を前提する発話や判断は、誤った認知にもとづくものと考える必要がない。

$(H_4)$ 原因と結果の間の必然性は、本当は実在しないにもかかわらず、私たちによって実在するように語られ、受け入れられている。こうした必然性に関する発話や判断は、原因から結果（あるいは結果から原因）への推論の傾向性を表出する機能をもっており、何らかの性質や事実の認知を前提しないため、誤っているとはみなされない。

$(H_5)$ 自然法則は、本当は実在していないにもかかわらず、私たちによって実在するように語られ、受け入れられている。こうした自然法則に関する発話や判断は、いくつかの制約条件によって、単なる規則性に関する判断から区別される。

$(H_6)$ 帰納推論と因果判断は、理性的な根拠がなかったとしても、人間の自然本性に根差した感情のゆえに、日常生活や科学的探究の基礎となる。

以上のテーゼから構成される本書の解釈に共通する論点は、因果関係の考察におけるヒュームの基本的な姿勢が、因果関係そのものに直接アプローチするのではなく、因果関係を理解するという人間の実践の観点から、因果関係について論じようとするものだったということである。

こうした姿勢がもっともよく表れているのは、事象の原因や結果の探究に用いられる帰納推論の分析である。帰納推論に関するヒュームの議論は、因果関係について私たちがどのような理解をしているのかという観点から展開されている。

まず、本書第一章で明らかにしたように、そこで検討されているのは「帰納推論が理性によって正当化できるのか」という帰納の問題ではなく、「帰納推論は理性的根拠をもたないにもかかわらず、正当な帰納推論とそうでないものを区別できるのはなぜか」という問題である。この問題に対して、まずヒュームは帰納推理と帰納推論を区別する。帰納推理は、形式的には妥当ではないが自然斉一性の原理を暗黙のうちに組み込んでいる私たちの実践である。こうした帰納推理が私たちにとって正当であるのは、そうした推理の習慣が無数に積み重ねられた経験の歴史によって支えられているからである。

また、本書第二章で見たように、帰納推理と区別される帰納推論について、ヒュームは客観的ベイズ主義の立場から説明を試みている。それによれば、私たちが不確実な事象について帰納推論を行うとき、そこには経験の頻度、経験の重み、そして関連する経験の選別という合理的な制約が働いている。こうした主張は、私たちの蓋然的信念の度合いを確率によって解釈する姿勢や、私たちの帰納推論の時間的推移を心理学的に考察する試みによって明確にされている。ここでは、合理的な帰納推論の背景に人間の自然本性が横たわっているという論点が繰り返し強調される。このことは、古典的な確率算の規則や「原因と結果を判定するための規則」という推論規則が帰納推論を正当化すると論じるときにも同様である。

本書第一章と第二章の解釈に共通するポイントは、ヒュームが帰納推論の分析にあたって、人間の自然本性に訴える種類の自然主義の立場から議論を展開している、ということである。今後のヒューム研究にとっては、彼の自然主義が帰納推論の分析にとってどこまで有効かを検討することが一つの課題となるだろう。

さらに、本書第三章で論じたように、ヒュームは因果言明の意味に関して反実在論の立場をとっている。このことに伴って、意味の使用説の観点から「原因」や「結果」という言葉の意味を解明しようと試みたことを確認した。ヒュームは因果言明の意味を主観的な心のイメージに還元したり、真偽の問えない情動の表出として扱ったりしているわけではない。ここにおいて強調されるのは、ヒュームが因果言明の意味を考察するとき、帰納推論においてそうした言明がいかに使用されているかという点に着目しているということである。私たちは、社交や会話のなかでさまざまな言語実践を営んでいるが、ヒュームの議論ではそうした営みにおける帰納推論の位置づけが確認されている。

本書第三章の解釈を推し進めるためには、言語に関するヒュームの断片的な考察を、さまざまなテクストを横断する視点から精査する作業が不可欠になるだろう。また、因果言明以外の言明、たとえば知覚言明や道徳言明についてはいかなる議論を展開しており、それら相互の関係がどのようになっているのかといったことも課題になると考えられる。さらには、まず私たちの側の投影があって世界の側の性質が構成されるのではなく、反応と性質は相互に依存しあっているという、デイヴィッド・ウィギンズによるヒューム解釈（厳密には、ヒューム主義の洗練）にも目を向ける必要があるだろう（Wiggins 1998）。ウィギンズによれば、ヒュームの議論は実在論を出発点としながら、感受性という主観的な要素を取り入れる立場である。こうした解釈が妥当かどうかは、そこで提示されている見解に理論的な説得力があるかどうかという点も含めて、検討に値する問題だろう。

本書第四章では、ヒュームが必然性の信念を推理への傾向性の表出として理解しているということを確認した。このことは、私たちが心的状態を世界へと投影した上で、本当は実在しない必然性があたかも世界の側に実在するかのように誤って認知されているという、錯誤説の立場として理解されてはならない。私たちの必然性の信念が生じる過程に錯誤は介在しないのであり、私たちが目を向けるべきなのは推理への傾向性がいかにして必然性の信念を生じさせるのかという点である。しかし、傾向性が信念内容としての必然性をいかにして生じさせるのかについてヒュームはほとんど何も語っていないため、この点についてはヒューム主義の観点から議論を補う必要があるだろう。

続く本書第五章では、自然法則に関するヒュームの見解が、自然法則そのものではなく自然法則に対する私たちの信念や解釈態度が成立する条件を提示するものだったということを明らかにした。そうした条件を探し求めた理由は、自然法則と偶然的一般化を明確に区別するためだと考えられる。従来の解釈では、そうした信念の成立条件として、①帰納的支持の条件、②予測的確信の条件、③理想的観察者の条件という三条件が提案されている。こうした解釈には一定の説得力がありつつも、自然法則の信念がいかにして客観性という特徴をもつにいたるのか、また、因果律の信念がどのように生じるのかといった課題が残されているだろう。これらの課題についても、テクスト読解の限界を十分に把握した上で、ヒューム主義の観点からのさらなる説明が期待される。

最後に、本書第六章では、ヒュームが人間の自然本性の根源性によって懐疑論の無力さを示す自然主義の立場をとっているということを確認した。そこでは、ヒュームの因果論に深くかかわる「理性に関する懐疑論」と「探究に関する懐疑論」がいかなる論理構造をもつのか、そして、これらの懐疑論がいかにして自然主義的に無効化されることになるのかを論じた。こうした議論を通じてヒュームが提示しようと試みているのは、理性の習慣的基盤と探究の感情的基盤という二つの論点である。

本書第六章の解釈が示しているのは、ヒュームの因果論が知性論にとどまるものではなく、意図的行為や自由意志などについて論じている情念論、ひいては道徳的行為の動機づけや道徳感情について論じている道徳論まで視野に収めて検討されねばならない、ということである。本書では、ほんの一部しか情念論や道徳論での議論に触れることができなかったが、宗教論・文芸論・歴史論といった広範なトピックに関するヒュームの著書やエッセイにおいて、彼の因果論がいかなる役割を果たしているかということを、今後の研究で明らかにしていく必要があるだろう。

このようにして、本書の解釈によれば、ヒュームは、私たちが日常や科学の探究においてしたがうべき新たな「論理」の構築をめざし、そうした「論理」が人間の自然本性に根差していることを明らかにしようと試みたのである。そのため、『人間本性論摘要』末尾の有名な一節も、私たちが精神の働きによって世界を構成できるということを主張しているのではないことになる。

これらの〔観念連合の〕原理が人間本性の学においていかに広大な帰結をもつかは、次のこと、すなわち、宇宙の諸部分をともに結び合わせ、あるいは私たちを自分自身にとって外的な人間や対象と結合させる結び目が、精神に関する限りはこれらの原理だけであること、このことを考察すれば容易に理解できるであろう。なぜなら、ある事物が私たちの情念に対して作用するのは思考のみによってであるし、また、私たちの情念のみが思考の唯一の紐帯なのであるから、それらの連合原理はまことに私たちにとっては宇宙の接着剤 (the cement of universe) であり、精神のすべての作用は多大にこの原理に依存しているからである。(A 35)

ここでは、私たちが観念連合原理によって世界を構成できるということが主張されているわけではない。右の引用において「私たちにとっては」と強調されている箇所を読み落としてはならない。ここでは、私たちが世界を理解するときに観念連合という精神の原理が働いているということが主張されているのである。

ヒュームの因果論は、その端緒から一貫して因果関係についての私たちの理解を問うており、因果関係そのものをいかにして構成するかという課題には向けられていない。ヒュームの主著である『人間本性論』は「実験的推論法を精神の問題に導入する試み」という副題が付されているが、それは自然のあり方と人間の生き方を切り離そうとして書かれたものではないのである。むしろ、自然のあり方と人間の生き方は自然本性という観点から統一的に理解されねばならず、常識と懐疑の狭間を縫うように進むのが哲学のあり方であることを示そうと試みたヒュームの思考の足跡をはっきりと示している。

こうした理解のもとではじめて、私たちはヒューム哲学における「因果」と「自然」のかかわりの一端を正しく見て取ることができるだろう。すなわち、「因果」は、一見してバラバラに見える世界を私たちが理解するための「宇宙の接着剤」としての役割を果たしているが、それは「自然」という人間の原初的な岩盤の支えがあってはじめて可能になっている、ということである。

# 注

## 序

（1）「因果」は、もともと仏教に由来する用語であり、「善い原因には善い結果が、悪い原因には悪い結果が訪れる」という価値評価のために用いられることがある。ただし、本書で扱う「因果」は、事象の間に成り立つ原因と結果の関係を意味しており、善さや悪さといった価値評価を前提しない用語であることに注意してほしい。なお本書では、因果（causation）、因果性（causality）、因果関係（causal relation）といった用語をそれぞれ互換的に用いることにする。

（2）意味論的考察、心理学的考察、認識論的考察という分類は、ビービーによる（Beebee 2006, 5-6）。ただしビービー自身は、おそらくヒュームの時代には「心理学」という学問が確立していなかったという事情を考慮して、心理学的考察を「発生論的（genetic）」考察と呼んでいる。

（3）本書では、論理学史の観点から当時の論争状況を精査する作業は行わない。そうした試みの一例として、『ポール・ロワイアル論理学』やその他の論理学の教科書からの影響を詳細に論じたEchelbarger 1997を挙げることができる。

## 第一章

（1）「帰納の問題」という名称は、アルフレッド・エイヤーに由来する（Ayer 1946, 34）。

（2）もちろん、ヒュームの言う「論証的推論」と「蓋然的推論」という言葉が、現代論理学での「演繹推論」と「帰納推論」という言葉に厳密な仕方で対応しているかどうかは議論の余地があるだろう。この点について慎重な態度をとらざるをえないのは、神野慧一郎の指摘するように、ヒューム自身が「帰納（induction）」という表現をほとんど用いていないからである（神野 1984, 256）。

（3）演繹推論と帰納推論の違いについて、詳しくは戸田山 2005, 46-52を参照。

（4）以上の議論は、『人間知性研究』においても同様のことが当てはまる。詳しくは、Beebee 2006, 38-43を参照。

（5）成田正人による「帰納の問題」に関する研究は、注目に値する（成田 2016）。成田によれば、「帰納の問題」は標準的には「帰納的一般化は正当であるか」という問題として定式化されるが、それとは独立に「未来の経験」の問題がある。そして、私たちの帰納にとって本当に問題になるのは、前者の認識論的問題ではなく、後者の形而上学的問題だということになる。私の理解では、「帰納の問題」にとって時間の概念が本質的だという成田の主張は、ヒューム自身の議論を明らかにする上でも、きわめて重要な意味をもつと考えられる。この点については本書第三章で論じる。

(6) こうした解釈の道を開く意図は、帰納の問題は「妥当な帰納推論とそうでない帰納推論の違いを定義する問題」であるというネルソン・グッドマンの議論を、ヒュームの議論へと接続することにある（Goodman 1983, 82：邦訳一二九頁）。

(7) ただし、久米自身は帰納推理を「非理性的な帰納推理」と呼び、帰納推論を「理性的な蓋然的推論」と呼んでいる（久米 2005, 93-94）。

(8) 厳密に言えば、ここでの結論が真であることを受容するためには、①前提が真で、②推論が正しい形式をもち、③推論の前提が適切な証拠を入手可能なかぎりすべて取り入れていることが必要となる（Salmon 1983, Chapter 3, section 23）。

(9) 帰納推理と区別される帰納推論についても、ヒュームは心理学的考察を行っている。この点については本書第二章で詳しく論じる。

(10) これが子ども、農夫、詩人の特徴づけとして適切であるかどうか疑問に思われるかもしれないが、その点はひとまず措いておくことにする。

(11) ただしヒュームは、標準的な人間や高等動物による正常な判断をモデルケースとしており、健康状態などに起因する異常な判断や、狂人の下す判断のケースをあらかじめ排除していると考えられる。

(12) ここでの問題意識は、グッドマンのヒューム解釈に端を発している。グッドマンによれば、ヒュームは記述的・心理学的説明によって帰納の正当化を試みようとしていたわけではない。「ヒュームの説明の本当に不十分なところは、彼が記述的アプローチを取ったところにあるのではなく、彼の記述が不正確なところにある。彼によれば、経験における規則性は期待の習慣を生じさせる。そこで、正常な、あるいは、妥当な予言は過去の規則性に一致したものということになる。しかし、ヒュームは、規則性の中でもこのような習慣を確立するものと、そうでないものがある、すなわち、或る規則性に基づく予言は妥当であるが他の規則性に基づく予言は妥当ではない、という事実を見逃している」（Goodman 1983, 82：邦訳一二九頁）。

(13) ここでの内在主義は、アクセス内在主義（access internalism）と呼ばれる見解が念頭に置かれている。しかし、笠木雅史の指摘するように、内在主義の中には、内的状態・出来事が認識主体によってアクセスできるものに限定されないメンタリズム（mentalism）と呼ばれる見解もある（笠木 2012, 84）。

(14) 内在主義解釈の代表的なものは、Meeker 2013, Qu 2014b, 澤田 2014 である。それに対し、外在主義解釈の代表的なものは、Craig 1987, Loeb 2002, 2006, Beebee 2006, Cre-

an 2010, Schmitt 2014, Udono 2015 である。

(15) なお、ここで外在主義に対するありがちな誤解にもとづく反論を差し止めておきたい。その反論によれば、外在主義は内観や推論による正当化を完全に拒否しているため、内観や推論に訴えた議論を展開するヒュームにはそぐわないのである。しかし、すべての種類の外在主義が、認識主体によって反省的にアクセスできるものを正当化の要素から排除しているわけではなく、そうした反論が当てはまるのはせいぜい極端なタイプの信頼性主義だけである。したがって、ヒュームが内観や推論に訴えて信念を正当化しようとしているからといって、すぐさま外在主義解釈が退けられるわけではない。

(16) 正当化概念についての外在主義的解釈は、「習慣」をどのようなものとして理解するかによって立場が分かれている。たとえば、習慣を「固有機能 (proper function)」としてみなす解釈 (Craig 1987, 81)、環境への「適応 (adaptation)」としてみなす解釈 (Schmitt 1992, 68-72)、そして「安定性 (stability)」としてみなす解釈 (Loeb 2002, 2006) などがある。

(17) ただし、ビービー自身の言葉では、「因果推論 (causal reasoning)」と「帰納推論 (inductive reasoning)」の区別である (Beebee 2006, 38)。

(18) 本書の解釈によれば、「無数の実験」は、自身の経験や学習だけでなく、思考実験や他人からの証言や伝聞によっても共有される (証言や伝聞についてのヒュームの見解については、萬屋 2017 を参照してほしい)。こうした解釈の背景には、「一個人の記憶に貯えられた経験というより、父母未生のはるか昔から、私たち日本語を語る者の祖先が繰り返してきた経験であり、特定の人間に帰属させることは難しい、「無名性」をもって特徴する経験」(黒田 1983, 270) という、因果了解に関する黒田亘の見解がある。

(19) 以上の解釈は、グッドマンによる「擁護 (entrenchment)」の概念を想起させるかもしれない (Goodman 1983, 94：邦訳一四九頁)。グッドマンによれば、帰納の問題は、妥当な帰納推論とそうでない帰納推論の違いを定義する問題である。そして、妥当な帰納推論において私たちが使用できる述語は、私たちの属する共同体においてこれまで多くの予測に用いられ、そうした予測に成功してきたがゆえに、擁護されている述語である。私たちの帰納推論は、私たちの属する共同体における過去の使用履歴によって定義される。グッドマンのアイデアがヒューム自身の議論にも見出せることを指摘した研究として、Watanabe 2011 を挙げることができる。本書も、基本的にこの解釈に賛同する。

(20) なお、ヒュームは外界存在の信念や人の同一性の信念に関しても、因果信念と同様に外在主義的な観点からの解明を行ったと考えられる。たとえば、外界存在の信念に関して、ヒュームは感覚印象による知覚の正当化という主題には触れず、当該の信念がいかなるメカニズムによって生じるのかを集中的に論じている。このことは、外界存在の信念の外在主義的正当化への道を示唆するだろう。

**第二章**

(1) ここで「確証」という訳語を用いたのは、論理学・数学における「証明」概念との違いを明確にするためである。

(2)「確証」は、ヒュームの定義にしたがうならば厳密な意味での「知識」ではないが、日常の意味では「経験的知識」として分類されるものだろう。

(3) ヒュームは『人間知性研究』第十二章第三部において、「哲学的判断は、組織立てられ修正された、日常生活の反省にほかならない」(EHU 12.3.25) と述べている。

(4) ここでは伊藤による図示を参考にしたが、本書の表現に合わせて言葉を多少改変してある (伊藤 2002, 51)。

(5) ここでの「確証 (confirmation)」という用語は、ほとんど確実な蓋然的信念のことを意味するヒュームの「確証 (proof)」とは意味が異なることに注意してほしい。

(6) 現代において確率算の規則は、「コルモゴロフの公理」として定式化されている。コリン・ホーソンとピーター・アーバックは、ベイズ的確証理論におけるコルモゴロフの公理を次のように再構成している (Howson and Urbach 2006, 13-16)。

　まず、確率付値の公理は、0以上1以下の実数を、可能な事態のクラスに (適当な表象を媒介して) 割り当てる。このとき、可能な事態のクラスを「議論領域」と呼び、連言 (&)、選言 (∨)、否定 (¬) の操作について閉じていると仮定する。また、議論領域にふくまれる表象を「命題」と呼ぶ。議論領域には、互いに異なるが論理的に等値なものが含まれる ($a$と$b$が論理的に等値な命題であるとき、$a \Leftrightarrow b$と表す)。さらに、必然的に生じる事態を表すものを「論理的真理」、必然的に生じない事態を表すものを「論理的虚偽」と呼び、諸表象を総括する記号としてそれぞれ$t$、$\bot$を用いる。

　さて、確率関数$P$を命題の領域上に定義されるものとし、$P(a)$を「$a$の確率」と呼ぶとき、確率の公理は以下のようなものになる。

(1) $P$の領域上に含まれるすべての$a$について、$P(a) \geqq 0$

(2) $P(t)=1$

(3) $a$と$b$が両立しない ($a \& b \Leftrightarrow \bot$) ならば、$P(a \vee b) = P(a) + P(b)$

(4) $P(a|b) = P(a \& b)/P(b)$　ただし、$P(b) \neq 0$

(7) ベイズ的確証理論は、ベイズ的条件づけ (Bayesian Conditionalization) と呼ばれる原理を次のように定式化する (仮説を$h$、証拠を$e$とし、$P_{pri}(a)$を$a$の事前確率、$P_{pos}(a)$を$a$の事後確率とする) (一ノ瀬 2006, 215-216)。

$$P_{pos}(h) = P_{pri}(h|e) = \frac{P_{pri}(h \& e)}{P_{pri}(e)}$$

$$= \frac{P_{pri}(e|h)P_{pri}(h)}{P_{pri}(e)} \quad (P_{pri}(e) \neq 0)$$

$$= \frac{P_{pri}(e|h)P_{pri}(h)}{P_{pri}(e|h)P_{pri}(h) + P_{pri}(e|\sim h)P_{pri}(\sim h)}$$

これは、そのままでは数学的確率論の成果にすぎないベイズの定理を、確証という私たちの経験的認識に応用したものである。より正確には、背景知識$k$を含めた定式化が行われるが、背景知識の有無は定式化の本質に影響しない。

（8）イアマンは、基本的に『人間知性研究』の奇跡論で提示されている議論をもとに、ヒュームの蓋然性理論を解釈している。しかし私の見解では、『人間知性研究』から「私たちの蓋然的信念が古典的確率算の規則に適っている」という主張を支持するテクスト上の証拠を引き出すことは困難である。そこで、私は藁人形論法を避けるため、『人間本性論』からその主張を支持するテクスト上の証拠を挙げてイアマンの解釈を補強した上で、それに対する批判的検討を行いたい。

（9）無差別の原理は、「二つ以上の事象について、どれか特定の事象を支持する根拠がないかぎり、いずれの事象についても等確率を割り当てる」というものである。詳細な説明については、Howson and Urbach 2006, 266–269 を参照してほしい。

（10）ここで、大数の法則（law of large numbers）の存在が示唆されるかもしれない。大数の法則とは、概して言えば、確率論的に独立な試行列が与えられたとき、確率分布を特徴づける数学的確率が、十分な試行回数を重ねることによって、事象の相対頻度という統計的確率によって捉えられることを主張するものである。十八〜十九世紀の多くの論者（特に頻度主義者）は、因果的に独立にみえる試行列が与えられたとき、相対頻度の観測によって、試行を特徴づける数学的確率を推測することが正当化されると考えていたが、現在ではこの議論の妥当性について異論の余地がある（Howson and Urbach 2006, 43–44）。

（11）ヒュームが条件付き確率に関するベイズの枠組みを意識していたことは、書簡からも読み取ることができる。伊藤が指摘するように、ヒュームは、ベイズの条件付き確率の着想を背景としたリチャード・プライスの批判に一定の同意を示している（伊藤 2002, 257）。プライスはベイズの確率論に関する遺稿を公刊しており、のちの神学者や数学者に多大な影響を与えた人物である。ヒュームはプライス宛の手紙（一七六七年三月十八日）の中で、「あなたがこの論争を、新しく、もっともらしく、独創的で、そしておそらくは堅固な光のもとへともたらしたことに、私は感謝しています。しかし、私自身はこのことを満足のゆく仕方で宣言するためには、いま少し考えるための時間が必要です」（NL 126 to Richard Price）と述べている。

（12）ジョーダン・ソーベルとロバート・フォグランは、ヒュームを「直観的ベイズ主義者（intuitive Bayesian）」として特徴づけている（Sobel 1987, 166–186; Fogelin 2003, 47）。またオーウェンは、ヒュームの奇跡論が「プロトベイズ的な論証（proto-Bayesian argument）」を提示したものだと解釈する（Owen 1987, 187）。特に、オーウェンは「対立する証拠の力の差」についてのヒュームの議論が、その根底においてベイズの定理を利用しているとまで主張している（Owen 1987, 191）。

（13）本節での議論は、ほぼ全面的に伊藤とムーラの客観的ベイズ主義解釈を下敷きにしている。本書では、いくつかの論点を補うことによって彼らの解釈の擁護を試みる。

（14）伊藤は、経験の「重み」を確率論に組み込むアプローチが、ニコラ・コンドルセの「信頼性の根拠（motif de credibilite）」の分析に萌芽的な着想を見出すことができるものであり、のちにジョン・ケインズによって「推論の重み（the weight of argument）」として復活させられたものであると主張している（伊藤 2002, 59）。確率に関するコンドルセとケインズの見解については、伊藤 1997, 第二章および第三章が詳しく解説を与えている。

（15）ムーラは、ヒュームの「限界的な重み」が次のように定式化されると提案している（Mura 1998, 319–324）。仮説$h$を支持する経験数を$e$とし、経験数$e$と比較される別の経験数を$b$とする。また、仮説$h$について経験数$b$と比較された経験数$e$の重みを$W(e|b)$とする。このとき、確率関数$P$のもとでの$W(e|b)$は、次のように定義される。

$$W_p(e|b) = \log \frac{(P(e|h\&b)}{P(e|\sim h\&b)}$$

ここで、ベイズの定理の両辺を$P(e|\sim h)$で割ると、

$$\frac{P(e|h)}{P(e|\sim h)} = \frac{P(h)}{P(e|\sim h)} \times \frac{P(e|h)}{P(e|\sim h)}$$

を得る。このとき、仮説$h$に対する事前オッズ$O(h)$を、

$$O(h) = \frac{P(h)}{P(\sim h)}$$

と定義する。これは、賭けなどの状況下での信念の度合いをあらわしたオッズ比を意味する。つまり、ある事象の起こりやすさを二つの群で比較したときの統計学的な尺度である。

また、ここで尤度比$L(e|h)$を、

$$L(e|h) = \frac{P(e|h)}{P(e|\sim h)}$$

と定義する。このとき、経験数$e$と$b$のもとでの仮説$h$の事後オッズ$O(h|e\&b)$は、事前オッズと尤度比の積として、次のように定式化される。

$$O(h|e\&b) = O(h|b) \times \frac{P(e|h\&b)}{P(e|\sim h\&b)}$$

ここで、オッズ比の対数をとると確率のロジットの差に等しくなることに注意しよう。

　このことをふまえると、結局のところ $W_P(e|b)$ は、次のように定式化される（ただし、対数の底は1よりも大きい値であるとする）。

$$W_p(e|b) = \log O(h|e\&b) - \log O(h|b)$$

なお、ムーラによる以上の定式化は、基本的にはジャック・グッドの着想にしたがったものである（Good 1950, 62-75）。

(16) 限界的な重みと限界効用の類比については、Mura 1998, 323を参照してほしい。そこでは、特にダニエル・ベルヌーイの限界効用の理論（Bernoulli 1738）との類比が指摘されている。

(17) なお、ヒュームにとって類似性の判断は直観的な判断の一種である。ヒュームによれば、何と何が類似しているのかということについて、私たちは直観に頼らざるをえない。類似性についてのヒュームの見解については、本書第三章をみてほしい。

(18) もちろん、「一般人」は「哲学者」になることができないわけではない。むしろヒュームは、自らの判断や推論を理性によって訂正する「習慣」を形成することによって、成人に達したひとであれば誰でも「哲学者」の視点に立つことができると考えている。「この際注意に値することは、ここで説明した種類の蓋然性〔原因にもとづく蓋然性〕が、順序においては最初のものであり、どんな完全な証明が存在するよりも以前に自然に生じるものであるが、成人に達したひとは誰も、もはやこの蓋然性を知っていることはありえない、ということである。なるほど、どれほど進んだ知識のある人びとでも、多くの個別的な事象の不完全な経験しか獲得していないということは、もっともありふれたことである。そしてこの不完全な経験は、当然、ただ不完全な習慣と移行とを生み出すだけである。しかしながら、その際考えるべきことは、精神が原因と結果の結合について、それとは別の観察を得ていて、この観察にもとづいて、推論に新たな力を加え、実験がしかるべく準備され吟味されたものである場合には、単一の実験にもとづいて議論を立てることができる、ということである」（T 1.3.12.3）。

(19) ただし、客観的ベイズ主義解釈をとったとしても、奇跡の証言に関するヒュームの議論にはいくつかの難点が含まれている。この点に関する詳細な検討については、伊藤 2002, 85-92を見てほしい。

(20) このことはのちに、ダッチブック論証（dutch book argument）や確かなことの原理にもとづく論証（sure things argument）によって示されている。ダッチブック論証は、確率論の公理にしたがわない信念の度合いをもつと、必ず負ける賭けを組み立てることができるということを示すものである（Ramsey 1990）。また、確かなことの原理にもとづく論証は、次のようなものである。すなわち、まず、確率がどうであれ帰結の効用が同一であるような可能性を度外視する。次に、それ以外の可能性についてのみ賭けを行うという「確かなことの原理」を利用して、確率論の公理にしたがう行動の合理性を示す、というものである（Savage 1954）。

（21）ミル自身は、これら四つのカノンに加えて、「一致差異併用法」というもう一つのカノンを提示している（Mill 1843, 394）。ただし、「一致差異併用法」は「一致法」と「差異法」を組み合わせて一つの独立したカノンとして提示したものであり、基本的には以上の四つのカノンが帰納法にとって重要である。

**第三章**

（1）本章の議論は、谷川卓、新川拓哉両氏とのやり取りに多くを負っている。

（2）ヒュームによる説明が少々わかりにくいので、ここでは意味が通りやすいようにいくつかの言葉を補ってある。

（3）ルイスによれば、ヒュームは規則性によって因果関係を定義した人物として解釈される傾向にあったが、少なくとも『人間知性研究』では反事実的条件法によって因果関係を定義しようとしている形跡が見られる（Lewis 1973, 159–161）。ただし、ルイス自身のねらいはヒューム解釈にはなく、ヒュームのテクストを手がかりとして因果関係の反事実的条件法理論を展開・擁護することにある。

（4）原因の二つの定義をめぐる解釈論争の歴史的経緯については、鵜殿 2011 を参照してほしい。

（5）因果性に関する規則性説がヒュームの公式見解として受容されてきた歴史を把握する上では、スタティス・シロスによる周到なサーベイが参考になる（Psillos 2009）。

（6）自然主義解釈の諸相については、神野 1998, Strawson 1985, Mounce 1999, 久米 2005 を参照してほしい。ヒュームの自然主義は、すべての事象が自然科学によって解明できると主張する科学的自然主義（scientific naturalism）ではない。井頭昌彦によれば、哲学的自然主義は「第一哲学の拒否」と「体系内在主義」のみを最小限の要素とする立場であり、物理主義的一元論を含意するものではないのである（井頭 2010）。

（7）現在、懐疑的実在論解釈を支持する文献の数は膨大になっているため、そのすべてをここで検討することはできない。それゆえ、ここでは最も懐疑的実在論の要点を明確に出しているストローソンの解釈を検討することに集中することにしたい。その他の文献としては、Craig 1987, Wright 1983, Kail 2007 が代表的なものとして挙げられる。

（8）現在では、準実在論解釈についても多くの文献が出版されている。ここでは、その嚆矢であるブラックバーンの解釈の検討に焦点を合わせたい。その他の文献としては、Beebee 2006, Coventry 2006 を挙げることができる。

(9) ニュー・ヒューム論争の概観については、Richman 2007 が有益である。また、この論争に関するわが国の先駆的研究として、中才 1990 を挙げることができる。さらに、懐疑的実在論解釈に対する批判としては、矢嶋 2012 を参照してほしい。

(10) ジョン・ライトによれば、自然的信念に関するヒュームの議論は、ニコラ・マルブランシュの自然的判断と類似した発想にもとづいている(Wright 1983, 225)。具体的には、人間本性は外的対象について私たちを欺くにもかかわらず、そうした対象が実在するように私たちを自然に信じさせ判断させるのだ、という説明において両者は類似している。

(11) なお、ブラックバーンはヒューム解釈にとどまらず、メタ倫理学における道徳言明の意味に関する準実在論が認めるべき真偽基準について述べている(Blackburn 1981)。それによれば、道徳言明が真であるのは、私たちの道徳的感受性が歪められていないとき、かつそのときに限る、という条件である。この主張の妥当性を検討することは、それじたい哲学的に意味のある試みだろう。しかし、本書において試みるのは、ブラックバーンの準実在論解釈がヒューム解釈としてどこまで適切であるのかを確かめることである。

(12) ただし、ロックやバークリの用いていた「観念」という用語は、必ずしも「心の中のイメージ」だけを意味するわけではない。この点に関する詳しい議論については、冨田 2005 を参照せよ。

(13) ここにおいて、ヒュームはバークリの意図を誤解していると思われる。というのも、バークリ自身は、言語を排除して観念のみに目を向けるべきだという主張を擁護するために、独自の抽象理論を展開しようとしていたからである(Berkeley 1710, 93-96)。

(14) ポール・アーダル、フレデリック・ウィーラン、フレッド・ウィルソンらは、私とは異なる観点からヒュームの言語論を解釈しようと試みている。それによれば、ヒュームの言語論は『人間本性論』第三巻における「言語は、いかなる約束もなしに人間の慣習(human convention)によって漸次的に確立される」(T 3. 2. 2. 10)という箇所にもとづいて解釈されねばならず、特に実践哲学の観点から捉えられねばならない(Àrdal 1977; Whelan 1985; Wilson 2008)。

(15) 「第二種の類似性」については、ケンプ・スミス、ギャレット、ガンボアらも同様の指摘を行っている(Kemp Smith 1941, 269; Garrett 1997, 51; Gambore 2007, 24)。

(16) そのため、ヒュームが二つの種類の類似性を区別していたとしても、やはり一般性を前提していることに変わりはないという、ケンプ・スミスの解釈は誤りである(Kemp Smith 1941, 270)。また、矢嶋直規は「一般観念の成立は一般的観点の成立によって初めて可能になる」(矢嶋 2012, 67)と主張しているが、むしろ自然な類似性が成立していなければば一般的観点も成立しないと考えられる。
(17) ただし、黒田とオットはそれぞれ本書とは異なる仕方で、意味に関するヒュームの見解を解釈している。具体的には、黒田は「意味とは習慣である」という見解を読み取っているのに対し（黒田 1987, 39）、オットは「言葉は話者の観念を信頼可能な仕方で指示するものである」という記号的経験主義（semiotic empiricism）の見解を読み取っている（Ott 2006, 245）。
(18) もちろん、ここで「習慣」や「傾向性」を「能力（capacity, ability）」として解釈することには議論の余地があるだろう。ここでは、次の二点を指摘しておきたい。第一に、抽象名辞を使用する能力は、意志の力能からの類推によって理解されてはならない。というのも、意志作用と身体運動からの類推によって能力を理解する方向は、すでにヒュームによって退けられているからである（T 1.3.14.12）。第二に、抽象名辞を使用する能力は、行動主義的に理解されてはならず、むしろ、ある種の習得可能な実践的能力として理解されるべきである。これらの点に関する詳細な検討は、他日を期することにしたい。
(19) ギャレットは、習慣が話者の目的や意図に応じて呼び出す個別の観念の集合を「再生集合（revival set）」と呼んでいる（Garrett 1997, 103）。
(20) ヒュームの道徳哲学における「エッセイを書くことについて」の意義については、林 2009 を参照してほしい。そこでは特に、ヒュームにおける「社交・会話」の議論が『人間本性論』第三巻や『道徳原理研究』における「人間性（humanity）」という主題と深くかかわることが指摘されている。
(21) 以上の解釈を裏付けるテクストとして、『人間本性論』第三巻第二部第五節の「約束（promise）」をめぐる言語行為論的考察を挙げることができるだろう。
(22) たとえば、ウォルシュやライトは、ヒュームの議論を真理の対応説を表明したものとして解釈している（Walsh 1972, 101; Wright 1983, 20）。
(23) こうした解釈の可能性は、アネット・ベイアーやアンジエラ・カヴェントリーによって示唆されている。ベイアーによれば、ヒュームは「真理の前文指示説（prosentential theory of truth）」と呼ばれる見解、すなわち、「何らかの言明を真だと言うことは、単にそれを述べ直すこと、つまり、それに同意することに他ならない」（Baier 1991, 63）という見解に近い立場をとっている。また、カヴェントリーによれば、ヒュームにとっての真理の基準は、美的趣味や道徳感情の場合と同様に、何らかの「理想的基準（ideal standard）」にあると言える（Coventry 2006, 133-137）。だが本書第五章で論じるように、『人間本性論』や『人間知性研究』から「理想的基準」に関する議論を読み取るのは無理がある。そのため本書では、基本的にはベイアーの解釈に賛同したい。
(24) 真理のデフレ説には、さまざまなバリエーションが存在する（藤本 2014, 153-157）。たとえば、真理の余剰説と呼ばれる見解によれば、真理概念は余剰であり空虚である。しかし、ここで念頭に置いているのは、真理概念がさまざまな目的のために不可欠な言語的・論理的装置だと主張するタイプのデフレ説である。真理に関するヒュームの見解がどのような意味でのデフレ説であるのかは、今後の研究の課題としたい。

(25) なお、準実在論は表出主義の一種であるが、準実在論以外にも表出主義とみなされる立場をとることは可能である。たとえば、「因果判断は他者への推奨や指令である」と考える指令主義や、「因果判断は私たちが受け入れている規範の表出である」と考える規範表出主義などが候補として挙げられるだろう。ヒュームがいかなる種類の表出主義をとっているかということは議論の余地があると思われるが、本章の議論で示したのは彼が何らかの表出主義をとっているということだけである。

**第四章**

(1) 豊川祥隆によれば、「必然的結合の印象」をめぐるヒュームの議論は、その混乱の元が「すべての単純観念は何らかの単純印象と正確に対応していなければならない」という模写原理（コピー原理）にある（豊川 2017, 第四章）。この指摘は重要だが、のちに論じるように、精神の被決定性は「反省印象」であるという論点が十分にふまえられていないという問題点がある。

(2) デイヴィッド・ペアーズも、ストラウドと同様の議論を展開する（Pears 1991, 112-113）。

(3) ベネットやマクナブも、ヒュームは感覚印象についての意識を感覚質（qualia）によって理解していると解釈する（Bennett 1971; MacNabb 1966）。この解釈の詳細な検討については、Seppalainen and Coventry 2012 を参照してほしい。

(4) ここで、ある心的状態が表象的であるとは、それが何かについてのものであり、何らかのものを正確に模写しているということを意味する。ここでは「表象」の概念史を検討することはせず、ただヒューム哲学において用いられるかぎりでの「表象」について論じる。

(5) ヒューム哲学における出来事的心的状態と傾性的心的状態の区別は、ルイス・ロープの指摘による（Loeb 2002, 5）。

(6) ただし、クリプキ自身はヒューム解釈を目的としていないため、以下の説明は「概略」にすぎないことを断っている。しかし、その洞察はヒューム哲学の要点を外していないと考えられる。

(7) この箇所は、『人間本性論』第一巻付録一において、はじめて付け加えられた。

(8) 林誓雄は、Loeb 2002 の指摘をもとに、信念論における「勢いや生気（force or vivacity）」（T 1.3.7.7）と「心の作用（act of the mind）」（T 1.3.7.7）の役割を明確に区別すべきだと主張している（林 2006）。私はこの解釈の方向性におおよそ同意するが、次のことを指摘しておく。すなわち、「勢いと生気」は観念に伴う感じであり、「心の作用」はそうした感じを伝達するメカニズム（あるいは、伝達する「仕方（manner）」（T 1.3.7.7））だということである。

第五章

（1）ヒュームは、『人間知性研究』第十章第一部の注で、より正確な奇跡の定義を以下のように与えている。「奇跡は以下のように正確に定義されるかもしれない。すなわち、神の特別な意志による、あるいは何らかの不可視の行為者の介在による、自然法則の侵犯である」（EHU 10.1.12. n23）。この第二の定義は、ヒュームの奇跡論が宗教に関する限りでの奇跡の信念の合理性を問題にしていることを明示化する点で、非常に重要な意味をもつ（小林 2006, 342）。しかし、第一のものであれ第二のものであれ、自然法則についての明確な議論が提示されているとは言いがたい。よって、奇跡の定義の相違は本章の議論に直接影響しない。

（2）ヒュームは、自然法則の典型例として物理法則を念頭に置いている。たとえば、「運動中のある物体の運動量や力がその物体の固体物量と速度の複合的な割合や比例をなすということは、経験によって発見された運動法則である」（EHU 4.1.13）という仕方で運動の第二法則に言及し、また、鉛は自然的には空中に宙釣りの状態でいることはできないという出来事が「自然法則に一致する」（EHU 10.1.12）とも述べている。

（3）自然法則の必然性を根拠として規則性説を批判する議論は、ウィリアム・ニールを嚆矢とする（Kneale 1949, 78）。また、アームストロングはニールの議論の問題点を指摘した上で、規則性説に対する批判をより徹底した仕方で展開している（Armstrong 1983, 17–18）。

（4）ただし、これはビーチャムとローゼンバーグの解釈である。本書の解釈では、第四章で論じたように、必然性は推理の傾向性が「準実在」とみなされるようになった性質である。

（5）この考え方は、幾何学の提示する尺度が観測や測定装置に相対的な仕方で決まることを示唆しており、近代の物理学における物理量の数量化の仕方に沿うものである（cf. 小林 1996, 32）。

（6）幾何学に関する以上の主張は、特に『人間本性論』、『人間本性論摘要』、そして『人間知性研究』の一七四八年版と一七五一年版において見られる。幾何学に関するヒュームの見解の変遷については、樫 1987 を参照してほしい。

（7）以上のようなボームの解釈は、いわゆる認識論の社会化（epistemology socialized）を想起させるだろう（戸田山 2002, 220–225；伊勢田 2004）。しかし、認識論的作業の分業体制といった認識論の社会化に求められる要素は、『人間本性論』や『人間知性研究』のテクスト読解から導き出すことが困難であると考えられる。ヒュームの議論が認識論の社会化を目指したものかどうかという問いについては、別の機会に詳しく検討したい。

（8）ここには、認識論において一般性問題（genrality problem）と呼ばれている難問が立ちはだかっている。一般性問題とは、何らかの能力や技能の評価において参照すべき状況クラスを任意に設定できてしまうため、評価決定のための理論的基準を定めるのが難しいという問題である。この指摘は笠木雅史による。

（9）黒田の指摘するように、ヒュームは知覚や行為や宗教など、広範な人間的事象を対象としたさまざまな形式の懐疑論を扱っている（黒田 1959）。しかし、それらをすべて扱うことは本書の目的から大きく外れてしまうので、次章では因果論にかかわる限りでのヒュームの懐疑論について論じたい。

## 第六章

（1）「減少論証」における第一種の判断から第三種の判断までの整理は、渡邊 2006, 3-4 による。

（2）本項は、「減少論証」の解釈に関する少しテクニカルな議論を含むので、関心のない読者は⑶に進んでいただいても構わない。解釈論争の整理は、多くの部分を Dauer 1996 と渡邊 2006 に負うが、必要に応じて論証の再構成や表記の変更を行っている。ただしダウアー自身の提案している「減少論証」の解釈モデルの紹介は、本章の趣旨から外れてしまうために割愛している。というのも、ダウアーのモデルにもさらなる問題点があると考えられること、また、ここでは理性に関する懐疑論の誤りを示すのが容易でない、という事情を理解すれば十分だからである。

（3）ここで *P*(　) と表記しているのは、少なくともこの時点ではヒュームの言う「蓋然性」が数学的・統計的確率としての条件を満たしているかどうか不明だからである（Dauer 1996, 213）。そのため、数学的・統計的確率は *Pr*(　) で表すことにする。

（4）渡邊の指摘するように、フォグランの批判のポイントは、主観的証拠と客観的証拠の区別にあるのではなく、むしろ関連する証拠全体にもとづいた確率評価がなされているかどうかということにある（渡邊 2016, 12）。

（5）ここでは、現象原理（Phenomenal Principle）と呼ばれる原理が適用されている。それによれば、知覚的性質が見かけにおいてまったく異ならないものであれば、それは存在においても同一のものであるということを導く原理である（Robinson 1994, 32）。

（6）資格原理は規範原理であるのかという問いに対して、肯定的に答える解釈は、Årdal 1976, Owen 1999, Ridge 2003, Kail 2005, McCormick 2005, Schefer 2014, Qu 2014a である。また、資格原理の要求する「べきである」の規範性について、Owen 1999 と Ridge 2003 は道徳的規範性であるという解釈を提示するのに対し、Schafer 2014 と Qu 2014a は認識的規範性であるという解釈を提示する。

# あとがき

本書は、二〇一三年五月に東京大学から学位を授与された課程博士論文「因果と自然――ヒューム因果論の構造」をもとに、刊行にあわせて大幅な加筆・修正を施したものである。出版にあたっては、これまでに学会や研究会で発表した論文を利用しているが、不十分な論点を補ったり議論を追加したりした部分が多いため、ほとんど原型をとどめていない。参考までに、本書のもとになった論文を挙げておこう。

・「ヒュームにおける自然法則と偶然的規則性の問題」『イギリス哲学研究』第三四号、日本イギリス哲学会、二〇一一年三月、四九～六四頁。（本書第五章）
・「ヒュームの因果論と神学批判」『思想』第一二号、No. 1052、岩波書店、二〇一一年十二月、三七五～三九四頁。（本書第三章）
・「ヒュームにおける意味と抽象」、『哲学』第六三号、日本哲学会、知泉書館、二〇一二年四月、二九七～三一一頁。（本書第二章）

・「ヒュームにおける因果推理の正当化」、『哲学雑誌』第一二八号、哲学会、有斐閣、二〇一三年十月、一九四〜二一五頁。（本書第一章）

本書では、ヒュームの因果論に焦点を定め、読者が（現段階で）最新の研究動向まで近づけるよう配慮しながら、できるかぎりテクストにもとづいて彼の議論を包括的に再構成することを試みた。こうした試みが少しでも成功しているなら、筆者としてこれにまさる喜びはない。

本書が刊行にいたるまで、本当に多くの方々のお世話になった。お世話になった方々すべての名前を挙げることはできないが、ここに記して感謝の言葉を述べさせていただくことにしたい。まず感謝の言葉を捧げたいのは、筆者が東京大学大学院に在籍していた頃の指導教員であり、博士論文の主査を引き受けてくださった一ノ瀬正樹先生（東京大学）である。一ノ瀬先生には、ヒューム研究と現代哲学・倫理学研究の両者について的確な研究指導をしていただき、ゼミや研究会などで多くの助言と励ましをいただいた。

博士論文の副査である久米暁先生（関西学院大学）は、関西学院大学文学部在籍時にゼミ生としてお世話になって以来、さまざまな場面で私の研究を支え続けてくださった。二〇一二年から二〇一五年にかけては、日本学術振興会特別研究員（PD）として私を関西学院大学に快く受け入れてくださった。先生の導きがなければ、現在までヒューム研究を続けることはできなかっただろう。

もう一人の副査である伊藤邦武先生（龍谷大学）は、私の博士論文を精読していただいたのみならず、的確なコメントと今後の研究についての励ましをいただいた。先生からは主に著作を通じて多くのことを学ばせていただいたが、直接いただいたコメントやアドバイスをこれからの研究の糧とさせていただきたい。

大庭健先生（専修大学名誉教授）は、専修大学大学院のゼミに門外漢の私が参加することを快く認めてくださっただけでなく、「実技」を通じて哲学書の正確で厳密な読み方を学ぶ機会を与えてくださった。私がまがりなりにも哲学を続けてこられたのは、先生による実技指導があってのことである。本書をもって先生方のご恩に報いたい。

ヒューム研究に関しては、さまざまな場面で多くの先生方に貴重な指導や助言をいただいてきた。特に感謝の気持ちをお伝えしたいのは、ヒューム研究学会や日本イギリス哲学会でたいへんお世話になった、伊勢俊彦先生（立命館大学）、犬塚元先生（法政大学）、井上治子先生（札幌大学）、奥田太郎先生（南山大学）、神野慧一郎先生（大阪市立大学名誉教授）、坂本達哉先生（慶應義塾大学）、島内明文先生（東京大学）、下川潔先生（学習院大学）、壽里竜先生（慶應義塾大学）、勢力尚雅先生（日本大学）、柘植尚則先生（慶應義塾大学）、中才敏郎先生（大阪市立大学名誉教授）、真船えり先生（日本大学）、森直人先生（高知大学）、矢嶋直規先生（国際基督教大学）である（五十音順）。

また、同世代の研究者・研究仲間に恵まれたことは、私にとって非常に幸運なことだったと思う。特に、大学院時代の先輩である池田喬さん（明治大学）、今村健一郎さん（愛知教育大学）、滝沢正之さん（駒澤大学）、佐藤暁さん（駒澤大学）、千葉雅也さん（立命館大学）には、日頃からさまざまな議論につきあっていただいていることに、心からのお礼を申し上げたい。また、同年代の友人である相松慎也さん（東京大学）、富山豊さん（東京大学）、中村隆文さん（釧路公立大学）、林誓雄さん（福岡大学）、宮園健吾さん（広島大学）、八重樫徹さん（広島工業大学）、渡邊一弘さん（東京大学）には、言い尽くせない感謝の気持ちがある。いつもありがとう。

そして、本書の草稿に目を通し、有益なコメントをくださった多くの方々に感謝する。特に、鵜殿慧さん（京都府立医科大学）、清水雄也さん（一橋大学）、鈴木生郎さん（鳥取大学）、次田瞬さん（埼玉大学）、蝶名林亮さん（創価大学）、野村智清さん（東京大学）には、草稿のすべてもしくは大部分に目を通していただき、重要なコメントやアドバイスを頂戴することができた。心よりお礼申し上げたい。

現在の勤務校である広島工業大学では、充実した研究・教育活動に従事させていただいている。教職員の方々、建築デザイン学科の先生方、そして教養グループのメンバーに、この場を借りて心からの感謝を申し上げたい。

なお、本書の刊行にあたっては、平成二九年度東京大学学術成果刊行助成制度による補助を受けている。そして、勁草書房の土井美智子さんには、企画の段階から刊行にいたるまで、たいへんお世話になった。心からの感謝と敬意を表したい。

最後になったが、学者という生き方に理解ある祖母、父、母、妹がいなければ、現在の私はなかっただろう。ここまで私を育ててくれた両親と、暖かく見守ってくれた祖母と妹に最大限の感謝を述べたい。本書を家族に捧げる。

二〇一七年十月

萬屋博喜

# 人名索引

## あ　行

アーダル　Àrdal, P.　219
アームストロング　Armstrong, D.　150, 222
アーロン　Aaron, R.　101-103, 107
イアマン　Earman, J.　44-52, 57, 69-70, 215
井頭昌彦　218
一ノ瀬正樹　18, 46, 51, 121, 153, 214
伊藤邦武　38-39, 48, 50, 52-57, 70, 153, 214-217
ウィーラン　Whelan, F.　219
ウィギンズ　Wiggins, D.　208
ウィルソン　Wilson, F.　219
ウィンクラー　Winkler, K.　79, 84-86
ウォルシュ　Walsh, W.　220
鵜殿慧　26-30, 218
エイヤー　Ayer, A. J.　88, 211
エンペイリコス　Empiricus, S.　172-173
オーウェン　Owen, D.　24-25, 216, 223
オット　Ott, W.　105, 220

## か　行

カヴェントリー　Conventry, A.　133, 219-221
笠木雅史　212, 223
ガスキン　Gaskin, J.　74, 151
神野慧一郎　9, 211, 218
ガンボア　Gambore, S.　219
木曾好能　33, 104, 126-129, 132, 138, 168, 186
ギャレット　Garrett, D.　viii, 24
クゥ　Qu, H.　200, 212, 223
グッド　Good, I. J.　217
グッドマン　Goodman, N.　212, 213
久米暁　xiii, 2, 9, 11-13, 15-16, 18, 31-32, 96-97, 126, 133-140, 174, 177, 212, 218
クリプキ　Kripke, S.　142
黒田亘　105, 112, 213, 220, 223
ケイル　Kail, P.　218, 223
ケインズ　Keynes, J. M.　216
ケンプ・スミス　Kemp Smith, N.　viii, 74-77, 219
ゴーワー　Gower, B.　42-44
コンドルセ　Condorcet, M. N.　216

## さ　行

澤田和範　131, 212
シャファー　Schafer, K.　28-30, 223
シロス　Psillos, S.　218
ストラウド　Stroud, B.　viii, 76, 126, 129-132, 151, 221
ストローソン, G.　Strawson, G.　74, 77-86, 97, 116, 218
ストローソン, P.　Strawson, P.　31, 173-174, 218
ソーベル　Sobel, J.　215-216

## た　行

ダウアー　Dauer, F. W.　182-188, 223
谷川卓　218
豊川祥隆　221

## な　行

中才敏郎　42-44, 76, 219
成田正人　211
新川拓哉　218
ニール　Kneale, W.　222
野家啓一　i

## は　行

バークリ　Berkeley, G.　98, 219
林誓雄　108, 220, 221

ビーチャム　Beauchamp, T. L.　151, 154-161
ビーティ　Beattie, J.　ii, 74
ビービー　Beebee, H.　9, 26-27, 31, 91-92, 151, 211, 212, 213, 219
フォグラン　Fogelin, R.　184, 215-216
プライス　Price, R.　11
ブラックバーン　Blackburn, S.　79, 86-97, 133, 219
フリュー　Flew, A.　99
ブロード　Broad, C. D.　2
ペアーズ　Pears, D.　96, 221
ベイアー　Baier, A.　220
ベネット　Bennett, J.　vii, 99, 221
ベルヌーイ　Bernoulli, D.　217
ホーソン　Howson, C.　9
ボーム　Boehm, M.　164-167
ポパー　Popper, K.　1-2
ポプキン　Popkin, R.　173, 197

ま　行

マクナブ　MacNabb, D. G. C.　101-102, 124, 126, 221
マッキー　Mackie, J.　124, 150
マルブランシュ　Malebranche, N.　219
ミリカン　Millican, P.　86, 95
ムーラ　Mura, A.　52-57, 216-217
メイヤスー　Meillassoux, Q.　9
メルセンヌ　Mersenne, M.　173

や　行

矢嶋直規　219

ら　行

ライト　Wright, J. P.　218, 219, 220
ライヘンバッハ　Reichenbach, H.　48
ラムジー　Ramsey, F.　46, 218
リード　Reid, T.　74, 102
ルイス　Lewis, D.　ix, 218
ローゼンバーグ　Rosenberg, A.　151, 154-161
ローブ　Loeb, L.　213, 221
ロック　Locke, J.　98

わ　行

渡邊一弘　182-188, 213, 223

# 事項索引

## さ　行

# 参考文献


**欧語文献**

Aaron, R. (1952), *The Theory of Universals*, Oxford: Clarendon Press.

Árdal, P. (1976), "Some Implications of the Virtue of Reasonableness in Hume's Treatise", *Hume: A Re-evaluation*, edited by D. Livingston and J. King, Fordham University Press.

── (1977), "Convention and Value", *David Hume, Bicentenary Papers*, edited by G. Morice.

Armstrong, D. (1983), *What is a Law of Nature?*, Cambridge University Press.

Ayer, A. J. (1946), *Language, Logic, and Truth*, 2nd ed., London: Victor Gollancz Ltd. (A. J. エイヤー『言語・論理・真理』, 吉田夏彦訳, 岩波書店, 1955 年.)

── (1980), *Hume*, Oxford: Oxford University Press. (A. J. エア『ヒューム』, 篠原久訳, 日本経済評論社, 1994 年.)

Baier, A. (1991), *A Progress of Sentiments*, Harvard University Press.

Beattie, J. (1770), *An Essay on the Nature and Immutability of Truth*, New York: Garland Pub., 1983.

Beauchamp, T. L. and Rosenberg, A. (1981), *Hume and the Problem of Causation*, Oxford: Oxford University Press.

Beebee, H. (2006), *Hume on Causation*, London: Routledge.

── (2007), "The Two Definitions and the Doctrine of Necessity", *Proceedings of the Aristotelian Society*, vol. CVII, Part 3, 413-431.

Bell, M. and McGinn, M. (1990), "Naturalism and Scepticism", *Philosophy* 65, 399-418.

Bennett, J. (1971), *Locke, Berkeley, Hume*, Oxford: Clarendon Press.

Berkeley, G. (1710), *A Treatise Concerning the Principles of Human Knowledge*, edited by J. Dancy, Oxford: Oxford University Press, 1998. (ジョージ・バークリ『人知原理論』, 大槻春彦訳, 岩波文庫, 1958 年.)

Bernoulli, D. (1738), "Specimen theoriae novae de mensura sortis", Commentarii Acad. Sc. Imperialis Petropolitanae 5, 175-192. Translated by C. G. Allen in *Biometrika* 48, 3-13, 1961.

Blackburn, S. (1981), "Reply: Rule-following and Moral Realism", *Wittgenstein: To*

*Follow a Rule*, edited by S. Holtzman and C. Leich, London: Routledge and Kegan Paul, 163-187.

—— (1984), *Spreading the Word: Groundings in the Philosophy of Language*, Oxford: Oxford University Press.

—— (1993), "Hume and Thick Connexions", *Essays in Quasi-Realism*, Oxford: Oxford University Press, 94-107.

—— (2007), "Postscript: Hume and Thick Connexions", *The New Hume Debate*, Revised Edition, edited by R. Read and K. Richman, London: Routledge, 2007, 109-112.

—— (2008), *How to Read Hume*, Granta UK.

Boehm, M. (2014), "Hume's Definitions of 'Cause': Without Idealizations, within the Bounds of Science", *Synthese* 191 (16), 3803-3819.

Broad, C. D. (1951), *Ethics and the History of Philosophy: Selected Essays*, London: Routledge and Kegan Paul.

Buckle, S. (2001), *Hume's Enlightenment Tract*, Oxford: Oxford University Press.

Connon, R. W. (1979), "The Naturalism of Hume Revisited", *McGill Hume Studies*, edited by D. F. Norton, N. Capaldi, and W. L. Robinson, San Diego: Austin Hill Press, 121-145.

Coventry, A. (2006), *Hume's Theory of Causation: A Quasi-Realist Interpretation*, Continuum.

Craig, E. (1987), *The Mind of God and the Works of Man*, Oxford: Oxfrod University Press.

Crean, A. (2010), "Humean Humility", *Logical Analysis and History of Philosophy* 13, 17-37.

David, P. and Gillies, D. (1989), "A Bayesian Analysis of Hume's Argument Concerning Miracles", *The Philosophical Quarterly* 39, 57-65.

DeWitt, R. (1985), "Hume's Probability Argument of I, iv, 1", *Hume Studies* 11, No. 2, 125-140.

Earman, J. (2000), *Hume's Abject Failure: The Argument Against Miracles*, Oxford and New York: Oxford University Press.

Echelbarger, C. (1997), "Hume and the Logicians", *Logic and the Workings of the Mind: The Logic of Ideas and Faculty Psychology in Early Modern Philosophy*, edited by P. Easton, 137-152.

Empiricus, S. (1994), *Outline of Scepticism*, Translated by J. Annas and J. Barnes, Cambridge University Press. (abbr. *PH*)（セクストス・エンペイリコス『ピュロン主義哲学の概要』, 金山弥平・金山万里子訳, 京都大学学術出版会, 1998 年.）

Flew, A. (1961), *Hume's Philosophy of Belief*, Reprinted, St. Augustine Press, 1997.

Fogelin, R. J. (1985), *Hume's Skepticism in the Treatise of Human Nature*, London: Routledge and Kegan Paul.

—— (2003), *A Defense of Hume on Miracles*, Princeton and Oxford: Princeton University Press.

Gambore, S. (2007), "Hume on Resemblance, Relevance, and Representation", *Hume Studies* 33, No. 1, 21-40.

Garrett, D. (1997), *Cognition and Commitment in Hume's Philosophy*, Oxford: Oxford University Press.

—— (2009), "Hume", *The Oxford Handbook of Causation*, edited by H. Beebee, C. Hitchcock and P. Menzies, 73-91.

Gaskin, J. C. A. (1988), *Hume's Philosophy of Religion*, 2nd ed., Oxford: Oxford University Press.

Good, I. J. (1950), *Probability and the Weighing of Evidence*, London: Griffin.

Goodman, N. (1983), *Fact, Fiction, and Forecast*, 4th edition, Harvard University Press. (N・グッドマン『事実・虚構・予言』, 雨宮民雄訳, 勁草書房, 1987年.)

Gotterbarn, D. (1971), "Hume's Light on 'Cause'", *Philosophical Quarterly* 21, 168-171.

Gower, B. (1991), "Hume on Probability", *British Journal for the Philosophy of Science* 42, 1-19.

Howson, C. (2002), *Hume's Problem: Induction and the Justification of Belief*, Oxford University Press.

Howson, C. and Urbach, P. (2006), *Scientific Reasoning: The Bayesian Approach*, 3rd edition, Chicago and La Saile, Illinois: Open Court.

Imlay, R. (1995), "Hume's Of Scepticism with Regard to Reason: A Study in Contrasting Themes", *David Hume: Critical Assessments* 1, edited by S. Tweyman, London: Routledge, 278-288.

Kail, P. (2005), "Hume's Ethical Conclusion", *Impressions of Hume*, edited by M. Frasca-Spada and P. Kail, Oxford University Press.

—— (2007), *Projection and Realism in Hume's Philosophy*, Oxford: Oxford University Press.

Kemp Smith, N. (1905), "The Naturalism of David Hume (I)", *Mind* 14, No. 54, 149-173.

—— (1941), *The Philosophy of David Hume: A Critical Study of Its Origin and Central Doctrines*, Macmillan.

Kneale, W. (1949), *Probability and Induction*, Oxford: Clarendon Press.

Kripke, S. (1982), *Wittgenstein on Rules and Private Language*, Harvard University Press. (ソール・クリプキ『ウィトゲンシュタインのパラドックス——規則・私的言語・他人の心』, 黒崎宏訳, 産業図書, 1983年.)

Lewis, D. (1973), "Causation", *Philosophical Papers* II, Oxford University Press, 1983, 159-213.

Locke, J. (1689), *An Essay concerning Human Understanding*, edited by P. H. Nidditch, Oxford: Oxford University Press. (ジョン・ロック『人間知性論（一）～（四）』，大槻春彦訳，岩波文庫，1972～1977 年．)

Loeb, L. E. (2002), *Stability and Justification in Hume's Treatise*, New York: Oxford University Press.

—— (2006), "Psychology, Epistemology, and Skepticism in Hume's Argument about Induction", *Synthese* 152 (3), 321-338.

Mackie, J. L. (1974), *The Cement of Universe: A Study of Causation*, Oxford: Oxford University Press.

—— (1977), *Ethics: Inventing Right and Wrong*, Viking Press. (J. L. マッキー『倫理学——道徳を創造する』，加藤尚武訳，哲書房，1990 年．)

MacNabb, D. G. C. (1951), *David Hume: His Theory of Knowledge and Morality*, London: Huchinson University Library.

McCormick, M. (2005), "Why Should We Be Wise?", *Hume Studies* 31 (1), 3-20.

Meeker, K. (2013), *Hume's Radical Scepticism and the Fate of Naturalized Epistemology*, Palgrave: Macmillan.

Meillassoux, Q. (2006), *After Finitude: An Essay on the Necessity of Contingency*, Translated by R. Brassier, Continuum, 2008. (カンタン・メイヤスー『有限性の後で』，千葉雅也・大橋完太郎・星野太訳，人文書院，2016 年．)

Mersenne, M. (1625), *La Verite des Sciences contre les septiques ou pyrrhoniens*, Paris: T. Du Bray.

Mill, J. S. (1843), *The Collected Works of John Stuart Mill, Volume VII: A System of Logic*, Ratiocinative and Inductive Part I, edited by J. M. Robson, Toronto: University of Toronto Press, 1973.

Millican, P. (2002), "Hume's Sceptical Doubts Concerning Induction", *Reading Hume on Human Understanding*, edited by P. Millican, Oxford: Clarendon Press, 107-173.

—— (2007), "Against the 'New Hume'", *The New Hume Debate*, Revised Edition, edited by R. Read and K. Richman, London: Routledge, 2007, 211-252.

Mounce, H. (1999), *Hume's Naturalism*, Routledge.

Mura, A. (1998), "Hume's Inductive Logic", *Synthese* 115, 303-331.

Nagel, E. (1961), *The Structure of Science: Problems in the Logic of Scientific Explanation*, New York: Harcourt, Brace and World.

Noonan, H. (1999), *Hume on Knowledge*, London: Routledge.

Ott, W. (2006), "Hume on Meaning", *Hume Studies* 32 (2), 233-252.

Owen, D. (1987), "Hume versus Price on Miracles and Prior Probabilities: Testimony and Bayesian Calculation", *Philosophical Quarterly* 37, 147, 187-202.

—— (1999), *Hume's Reason*, Oxford: Oxford University Press.

Pears, D. (1990), *Hume's System: An Examination of the First Book of His Treatise*,

Oxford: Oxford University Press.
Popkin, R. H. (1951), "David Hume: His Pyrrhonism and His Critique of Pyrrhonism", *The High Road to Pyrrhonism*, edited by R. A. Watson and J. E. Force, San Diego: Austin Hill, 1980, 103-132.
―― (1979), *The History of Scepticism: From Erasmus to Spinoza*, London: University of California Press.
Popper, K. (1979), *Objective Knowledge: An Evolutionary Approach*, Oxford: Oxford University Press.（カール・ポパー『客観的知識』，森博訳，木鐸社，1974年.）
Prinz, J. (2016), "Hume and Cognitive Science", *The Oxford Handbook of Hume*, edited by P. Russell, Oxford University Press.
Psillos, S. (2009), "Regularity Theories", *The Oxford Handbook of Causation*, edited by H. Beebee, C. Hitchcock and P. Menzies, Oxford: Oxford University Press, 131-157.
Qu, H. (2014a), "Hume's Practically Epistemic Conclusions?", *Philosophical Studies* 170 (3), 501-524.
―― (2014b), "Hume's Positive Argument on Induction", *Noûs* 48, 4, 595-625.
―― (2016), "The Title Principle (or lack thereof) in the Enquiry", *History of Philosophy Quarterly* 33 (3), 257-274.
Ramsey, F. P. (1990), *Philosophical Papers*, edited by D. H. Mellor, Cambridge: Cambridge University Press.（F. P. ラムジー『ラムジー哲学論文集』，伊藤邦武・橋本康二訳，勁草書房，1996年.）
Read, R. and Richman, K. (eds.) (2007), *The New Hume Debate*, Revised Edition, London: Routledge.
Reichenbach, H. (1949), *Theory of Probability: An Inquiry into the Logical and Mathematical Foundations of the Calculus of Probability*, Translated by E. Hutten and M. Reichenbach, Berkeley and Los Angeles: University of California Press.
Reid, T. (1785), *Essays on the Intellectual Powers of Man*, MIT Press, 1969.
Richman, K. (2007), "Debating the New Hume", *The New Hume Debate*, edited by R. Read and K. Richman, London: Routledge, 1-15.
Robinson, H. (1994), *Perception*, London: Routledge.
Robinson, J. A. (1962), "Hume's Two Definitions of 'Cause'", *Philosophical Quarterly* 12, 129-147.
Russell, B. (1945), *A History of Western Philosophy*, New York: Simon and Schuster.（バートランド・ラッセル『西洋哲学史 1〜3』，市井三郎訳，みすず書房，1970年.）
Salmon, M. H. et al. (eds.) (1992), *Introduction to the Philosophy of Science*, Hackett Publishing Company.

Salmon, W. (1983), *Logic*, Pearson College Div.
Savage, L. (1954), *The Foundations of Statistics*, New York: John Wiley and Sons.
Schafer, K. (2014), "Curious Virtues in Hume's Epistemology", *Philosopher's Imprint* 14 (1), 1–20.
Schmitt, F. (1992), *Knowledge and Belief*, London: Routledge.
—— (2014), *Hume's Epistemology in the Treatise: A Veritistic Interpretation*, Oxford: Oxford University Press.
Sobel, J. H. (1987), "On the Evidence of Testimony for Miracles: A Bayesian Interpretation of David Hume's Analysis", *Philosophical Quarterly* 37, 147, 166–186.
Strawson, G. (1989), *The Secret Connexion: Causation, Realism, and David Hume*, Oxford: Clarendon Press.
—— (2000), "David Hume: Objects and Power", *The New Hume Debate*, Revised Edition, edited by R. Read and K. Richman, London: Routledge, 2007, 31–51.
Strawson, P. (1985), *Skepticism and Naturalism: Some Varieties*, Columbia University Press.
Stroud, B. (1977), *Hume*, Routledge and Kegan Paul.
Udono, K. (2014), "Agency, Virtues and Reliability in Hume's Epistemology", *Kwansei Gakuin Philosophical Studies* 48, 84–100.
—— (2015), "Internalism vs. Externalism in Hume's Epistemology", *Kwansei Gakuin Philosophical Studies* 49, 23–65.
van Fraassen, B. (1989), *Laws and Symmetry*, Oxford: Oxford University Press.
Walsh, W. (1972), "Hume's Concept of Truth", *Reason and Reality: Royal Institute of Philosophy Lectures* 5, 99–116.
Watanabe, K. (2011), "On Goodman's Reading of Hume: The Old Problem, The New Riddle, and Higher-Order Generalizations", *Tesugaku Ronsou* 38, Kyoto University, 73–84.
Whelan, F. (1985), *Order and Artifice in Hume's Political Philosophy*, Harvard University Press.
Wiggins, D. (1998), "A Sensible Subjectivism?", *Needs, Values, Truth*, 3rd edtion, Oxford: Oxford University Press, 185–214.（デイヴィッド・ウィギンズ「賢明な主観主義？」萬屋博喜訳，大庭健・奥田太郎監訳『ニーズ・価値・真理——ウィギンズ倫理学論文集』，勁草書房，2014 年.）
Wilson, F. (1997), *Hume's Defence of Causal Inference*, University of Toronto Press.
—— (2008), *The External World and Our Knowledge of It: Hume's Critical Realism, and Exposition and a Defence*, University of Toronto Press.
Williamson, J. (2010), *In Defence of Objective Bayesianism*, Oxford: Oxford University Press.
Winkler, K. (2007), "The New Hume", *The New Hume Debate*, edited by R. Read and K. Richman, London: Routledge, 2007, 1–15.

Wright, J. P. (1983), *The Sceptical Realism of David Hume*, University of Minnesota Press.

**邦語文献**

飯田隆（2004）『クリプキ――ことばは意味をもてるか』，NHK 出版.
井頭昌彦（2010）『多元論的自然主義の可能性――哲学と科学の連続性をどうとらえるか』，新曜社.
伊勢俊彦（2011）「社会的世界における規則と偶然――ヒュームの探求と不確実なものへの賭け」，『哲学』第 62 号，日本哲学会，87～103 頁.
伊勢田哲治（2004）『認識論を社会化する』，名古屋大学出版会.
一ノ瀬正樹（2001）『原因と結果の迷宮』，勁草書房.
――（2004）「ヒューム因果論の源泉――他者への絶え間なき反転」，デイヴィッド・ヒューム『人間知性研究――付・人間本性論摘要』，斎藤繁雄・一ノ瀬正樹訳，法政大学出版局，227～278 頁.
――（2006）『原因と理由の迷宮』，勁草書房.
伊藤邦武（1997）『人間的な合理性の哲学――パスカルから現代まで』，勁草書房.
――（2002）『偶然の宇宙』，岩波書店.
――（2003）「自然主義的認識論と懐疑論――ヒュームの場合」，『哲学』第 54 号，日本哲学会，55-70 頁.
鵜殿慧（2011）「ヒュームによる「原因」の「定義」」，『イギリス哲学研究』第 34 号，日本イギリス哲学会，19～33 頁.
――（2013）「ヒュームの信頼性主義」，『アルケー』，No. 21，関西哲学会，73～85 頁.
笠木雅史（2012）「内在主義と一般性問題」，『科学哲学』45-2，日本科学哲学会，83～98 頁.
樫則章（1987）「ヒュームの幾何学思想」，『イギリス哲学研究』第 10 号，5～15 頁.
神野慧一郎（1984）『ヒューム研究』，ミネルヴァ書房.
木曾好能（1995）「ヒュームの理論哲学」，デイヴィッド・ヒューム『人間本性論第 1 巻 知性について』，木曾好能訳，法政大学出版局，367～616 頁.
工藤怜之（2009）「自然法則とは何か――ナンシー・カートライトを手がかりに」，『哲学・科学史論叢』第 11 号，東京大学教養学部哲学・科学史部会，197～224 頁.
久米暁（2005）『ヒュームの懐疑論』，岩波書店.
――（2011）「科学を感情モデルで理解する――三〇〇年後のヒュームの因果論」，『思想』第 12 号，No. 1052，395～415 頁.
黒田亘（1959）「ヒュームの懐疑」，『法文論叢』第 11 号，熊本大学法文学会，14～28 頁.
――（1983）『知識と行為』，東京大学出版会.
――（1987）「言語論の素描」，『デイヴィッド・ヒューム研究』，斎藤繁雄・田中敏弘・杖下隆英編，御茶ノ水書房，25～48 頁.

小林道夫（1996）『科学哲学』，産業図書.
小林優子（2006）「証言に基づく信念の合理性と宗教――ヒューム「奇蹟論」に対する一考察」，『論集』24，東京大学大学院人文社会系研究科哲学研究室，341～354頁.
澤田和範（2011）「ヒュームの因果論における必然性の観念について」，『哲学論叢』第38号，京都大学哲学論叢刊行会，61～72頁.
――（2014）「ヒュームの自然主義と因果推論の正当化問題」，『哲学論叢』第41号，京都大学哲学論叢刊行会，35～46頁.
杖下隆英（1982）『ヒューム』，勁草書房.
戸田山和久（2002）『知識の哲学』，産業図書.
――（2005）『科学哲学の冒険――サイエンスの目的と方法をさぐる』，NHK出版.
冨田恭彦（2005）『観念説の謎解き――ロックとバークリをめぐる誤読の論理』，世界思想社.
豊川祥隆（2017）『ヒューム哲学の方法論――印象と人間本性をめぐる問題系』，ナカニシヤ出版.
中才敏郎（1990）「ヒュームにおける力能と必然性」，『人文研究』第四二号第三分冊，大阪市立大学文学部紀要，23～40頁.
――（2001）「ヒュームにおける奇跡と蓋然性」，『人文研究』第53巻第1分冊，大阪市立大学文学部紀要，15～30頁.
成田正人（2016）『帰納を巡る一般化と未来の問題――ヒュームを手がかりとして』，日本大学博士学位論文.
野家啓一（2008）「科学のナラトロジー――「物語り的因果性」をめぐって」，『岩波講座哲学01 いま〈哲学する〉ことへ』，岩波書店，51～72頁.
林誓雄（2006）「ヒューム道徳哲学における認識論的基礎」『実践哲学研究』第29号，京都大学実践哲学研究会，25～45頁.
――（2008）「解題：ヒューム道徳哲学における「エッセイを書くことについて」の位置づけと意義」，『実践哲学研究』第32号，京都大学実践哲学研究会，91～103頁.
――（2010）「ヒュームにおける社交・会話と人間性の増幅――自然的徳論に関する一考察」，『イギリス哲学研究』第33号，日本イギリス哲学会，35～50頁.
――（2015）『襤褸を纏った徳――ヒューム 社交と会話』，京都大学学術出版会.
藤本健太郎（2014）「デフレ主義と保存性」，『哲学雑誌』第129巻第801号，131～158頁.
水谷雅彦（2008）「だれがどこで会話をするのか――会話の倫理学へむけて」，『実践哲学研究』第31号，京都大学実践哲学研究会，1～18頁.
萬屋博喜（2017）「証言と徳――ヒュームの証言論」，『哲学』第68号，日本哲学会，知泉書館，231～245頁.
渡邊一弘（2006）「ヒューム「理性に関する懐疑論」の論理と含意」，ヒューム研究学会第17回例会発表原稿.

**著者略歴**

1983年　山口県生まれ、広島県育ち
2012年　東京大学大学院人文社会系研究科博士課程単位取得退学　博士（文学）
現　在　広島工業大学環境学部助教
主論文　「証言と徳――ヒュームの証言論」『哲学』第68号（2017年）
「ヒュームにおける「意志の弱さ」の問題」『倫理学年報』第64号（2015年）
「ヒュームにおける因果推理の正当化」『哲学雑誌』第128号（2013年）
「ヒュームにおける意味と抽象」『哲学』第63号（2012年）ほか

ヒューム　因果と自然

2018年3月10日　第1版第1刷発行

著　者　萬《よろず》　屋《や》　博《ひろ》　喜《ゆき》

発行者　井　村　寿　人

発行所　株式会社　勁《けい》　草《そう》　書　房

112-0005　東京都文京区水道2-1-1　振替　00150-2-175253
（編集）電話　03-3815-5277／FAX　03-3814-6968
（営業）電話　03-3814-6861／FAX　03-3814-6854
大日本法令印刷・牧製本



ISBN978-4-326-10267-9　　Printed in Japan